百年大党
何以引领新时代

何毅亭　著

红旗出版社

红旗出版社
RED FLAG PRESS
推动进步的力量

图书在版编目（CIP）数据

百年大党何以引领新时代 / 何毅亭著. -- 北京：红旗出版社, 2021.4
ISBN 978-7-5051-5259-5

Ⅰ. ①百… Ⅱ. ①何… Ⅲ. ①中国共产党－党史－学习参考资料 Ⅳ. ①D23

中国版本图书馆CIP数据核字（2021）第072657号

书　　名　**百年大党何以引领新时代**
著　　者　**何毅亭**

责任编辑　赵　洁　　　　责任印务　金　硕
责任校对　吕丹妮
出版发行　红旗出版社
地　　址　北京市沙滩北街2号　　　　邮政编码　100727
　　　　　杭州市体育场路178号　　　邮政编码　310039
编 辑 部　0571-85310198　　　　发 行 部　0571-85311330
E-mail　498416431@qq.com
图文排版　北京时代华语国际传媒股份有限公司
印　　刷　北京盛通印刷股份有限公司
开　　本　700毫米 ×1000毫米　1/16
字　　数　215千字　　　　印　　张　25.75
版　　次　2021年4月北京第1版　　　　印　　次　2021年4月北京第1次印刷
ISBN　978-7-5051-5259-5　　　　定　　价　78.00元

目　　录

第一部分　总　论

第二部分　理论创新

第三部分　制度创新

第四部分　道路创新

第五部分　文化创新

第一部分

总　论

大党就要有“大的样子”

——站在历史和时代前列的中国共产党

中国共产党已经成立百年。从一大时全国50多名党员到今天的9100多万名党员，从6个国内早期党组织到今天460多万个基层党组织，从一大为躲避搜查而移地开会到今天执掌全国政权70多年并且使一个14亿人口的东方大国成为世界第二大经济体。这一百年创造了史无先例的伟大奇迹，也走出了一个世所罕见的伟大政党。习近平总书记讲：“中国共产党是世界上最大的政党。大就要有大的样子。”这“大的样子”，不仅仅指中国共产党的党员人数超大规模、组织体系超大规模，更重要更本质的是中国共产党政治品格、组织塑造、领导智慧、精神境界等方面的集中体现。这“大的样子”，来自中国共产党在百年奋斗中对初心的坚守、对使命的担当、对责任的自觉。这“大的样子”，在中国共产党为中国人民谋幸福、为中华民族谋复兴的恢宏实践中已经充分展现并不断发扬光大。

一个思想伟大有大志向大追求的党

在中国这样一个占世界人口五分之一、经济文化落后的大国夺取全国政权、建立社会主义制度，进而建设社会主义现代化强国，是马克思主义发展史上的崭新课题，遇到的困难和矛盾之多、经历的挑战和风险之大都是世界上任何政党所不能比拟的。因此，对于领导中国革命、建设、改革的中国共产党来说，最重要的就是把马克思主义基本原理同中国具体实际相结合，既继承前人又突破陈规，既借鉴世界经验又不照搬别国模式，坚定不移走自己的路。

中国共产党把马克思主义作为立党立国的指导思想，这使党一成立就得以用最先进的理论武装起来。一百年来，党在推进中华民族伟大复兴的实践中不断开辟马克思主义中国化新境界，创立和形成了毛泽东思想、邓小平理论、“三个代表”重要思想、科学发展观、习近平新时代中国特色社会主义思想，为党和人民事业发展提供了不可或缺的科学指南。正是在马克思主义和马克思主义中国化成果指引下，中国共产党能够摆脱以往一切政治力量追求自身特殊利益的局限，以追求真理的科学精神、无私无畏的博大胸怀领导和推动中国革命、建设、改革，团结带领人民完成了近代以来各种政治力量不可能完成的艰巨任务，干成了前人不可能企及的千秋伟业。重视思想建党、理论强党，拥有自己一整套既一脉相承又与时俱进的科学理论并用以武装全党、指导实践，从而把科学理论转化为亿万人民强大的物质力量——这种特质、这种优势、这种效果，在当今世界所有政党中是独一无二的。

中国共产党政治抱负远大、政治追求崇高。党的一大纲领就明确提出“以社会革命为自己政策的主要目的”，党的二大进而提出“消除内乱，打倒军阀，建设国内和平；推翻国际帝国主义的压迫，达到中华民族完全独立”的反帝反封建民主革命纲领，并提出了“渐次达到一个共产主义的社会”的最高纲领。党把最高纲领同最低纲领统一起来，同党正在做的事情统一起来，这就保证党能够始终站在时代发展最前沿带领人民群众不断开辟前进的道路。一百年来，对社会主义和共产主义的信仰，成为一代又一代共产党人的政治灵魂和经受任何考验的精神支柱；为中国人民谋幸福、为中华民族谋复兴的初心使命，吸引和鼓舞着一代又一代共产党人前赴后继为之奋斗。为什么中国共产党在那么弱小的情况下能够逐步发展壮大起来，在腥风血雨中能够一次次绝境重生，在攻坚克难中能够不断从胜利走向胜利？根本原因就在于不管是处于顺境还是逆境，也不管是在革命、建设、改革时期，党始终胸怀远大理想、践行初心使命，义无反顾、矢志不移地向着既定目标迈进，从而赢得了人民衷心拥护和坚定支持。

历史深刻表明，一个政党能够有多大作为，根本取决于这个政党能够在多大程度上发挥人民群众的历史主体作用。中国共产党之所以“能”，归根到底靠的是人民的力量。20 世纪 60 年代，英国元帅蒙哥马利访问中国，在同毛泽东会见后深有感慨地说：“毛泽东的哲学非常简单，就是人民起决定作用。”这句话，客观上揭示了中国共产党同资产阶级政党的根本区别，彰显了我们党人民至上的大情怀和天下为公的大境界。中国共产党始终坚持全心全意为人民服务的根本宗旨，把群众路线作为贯彻党的政治路线、思想路线、组织路线的根本工作路线，把不断实现好、维护好、发展好最广大人民群众的根本利益作为党的全部工作的出发点和落脚点，从人民群众的智慧和力量中汲取前进的不竭动力，使之成为推动革命、建设、改革的力量源泉。纵观世界各国政党，哪一个政党像中国共产党这样近百年始终如一坚持一切为了人民、一切依靠人民，始终如一与人民风雨同舟、生死与共，始终如一同人民群众保持着血肉联系！得人心者得天下。老一辈革命家习仲勋同志曾深刻指出：“人民就是江山，江山就是人民。”这 12 个字，把我们党和人民之间的鱼水关系、舟水关系讲透了。

中国共产党这种信仰的伟大、理想的伟大、使命的伟大、宗旨的伟大，从政治品格上鲜明展示和体现了这个世界最大政党的“大的样子”。

一个组织强大有大团结大一统的党

思想伟大使中国共产党牢牢站上站稳人类社会道义的制高点，组织强大则使中国共产党不断迈向事业发展的新高峰。习近平总书记指出：“党的力量来自组织，组织能使力量倍增。”这是千真万确的。一百年来，中国共产党之所以能够在革命、建设、改革中攻克一个又一个看似不可攻克的难关，创造一个又一个彪炳史册的人间奇迹，关键在于党拥有严密系统的组织体系、德才兼备的干部队伍、健全严格的组织纪律、科学管用的组织制度。这种组织上的巨大资源和巨大优势，使中国共产党具备“振臂一呼、应者云集”的强大组织动员力和政治执行力，这同样是当今世界上无论哪个政党都不具备、都做不到的。

中国共产党按照马克思主义建党原则，建立了由党的中央组织、地方组织和基层组织构成的，覆盖全国各个地方、各个领域、各个系统、各个行业的组织体系，使全党形成一个上下贯通、运转高效、联系广泛、执行有力的统一整体，共同为实现党的纲领和目标任务而奋斗。中国工人阶级的先进分子和中国人民、中华民族的先进分子，全国各个民族、各个领域、各个方面的优秀人才，大多数集中在中国共产党内。确保党的集中统一，充分发挥各级党委的核心领导作用，充分发挥基层党组织的战斗堡垒作用，把千千万万党员的力量拧成一股绳，把千千万万党员的智慧汇聚到一起，把千千万万党员的意志凝聚到同一个方向，这就形成改天换地的磅礴伟力，天下还有什么困难不能克服、还有什么事情不能干成?!

在中国共产党的宏大队伍中，起关键作用的无疑是党的干部队伍特别是各级领导骨干。党在领导革命、建设、改革中，坚持五湖四海、任人唯贤，德才兼备、人岗相适的用人原则，重视基层和艰苦岗位锻炼、重视干部实绩和群众公认的用人导向，在干部培养、选拔、使用、教育、管理等方面形成一系列科学理念和一整套制度机制。在各个历史时期都培养造就了一支与实现党的政治路线和中心任务相适应、能够担当重任、经得起各种风浪考验的干部队伍，特别是造就了一大批德才兼备、干练而充满活力的领导骨干。回顾中国共产党百年的奋斗史，无论战争年代、和平时期，无论政治军事、财政经济、科教文化等领域，无论内政外交国防、治党治国治军，各方面都是人才济济、精英荟萃、阵容齐整。正是靠着这样一支优秀干部队伍和这样一批高素质领导骨干，中国共产党在带领人民创业奋斗中从稚嫩走向成熟、从弱小走向强大，一直走到今天。毛泽东说，政治路线确定之后，干部就是决定的因素；习近平总书记说，治国之要，首在用人。中国共产党领袖的这些精辟论断，正是对党的干部队伍和各级领导层在中国革命、建设、改革中关键作用的高度概括。

建设和管理好中国共产党这样超大规模的党，制度更带有根本性、全局性、稳定性、长期性。党实行民主基础上的集中和集中指导下的民主相结合的制度，即民主集中制的根本组织制度。这一制度正确规范了党内政治生活、处理党内关系的基本准则，既充分发挥各级党组织和广大党员的积极性创造性，又形成全党的统一意志、统一行动，既切实完善和扩大党内民主、倡导讲真话讲实话，又实行“四个服从”、坚决维护党中央权威和集中统一领导，从而保证了我们这个世界第一大党既朝气蓬勃、充满活力又始终保持全党政治上高度统一、行动上强大有力。战争年代党中央和毛泽东仅凭电台“嘀嗒、嘀嗒”就能运筹帷幄、决胜千里，就是一个例证。实践证明，民主集中制是保证党的路线方针政策和重大决策部署得以正确制定和有力执行的制度，是科学的合理的有效率的制度。

一个目光远大有大智慧大谋略的党

大党就要有大智慧。中国共产党围绕革命、建设、改革不同历史时期的目标任务，运用辩证唯物主义和历史唯物主义观察和分析问题，制定一系列符合中国国情和时代特征的路线、方针、政策，提出一系列对党和人民事业发展有重大意义的战略、策略、谋略，作出一系列影响深远的重大决策部署，展示出目光敏锐、高瞻远瞩、多谋善断、举要驭繁的政治智慧和政治经验。

党的政治路线是党和国家的生命线、人民的幸福线，政治路线正确与否是决定一切的。中国共产党在民主革命时期制定了无产阶级领导的，人民大众的，反对帝国主义、封建主义和官僚资本主义的新民主主义革命总路线，把革命引向了胜利。新中国成立后，党制定了在一个相当长的时间内逐步实现国家的社会主义工业化，并逐步实现国家对农业、手工业和资本主义工商业的社会主义改造的过渡时期总路线，在中国建立起社会主义制度。十一届三中全会确立了社会主义初级阶段以经济建设为中心、坚持四项基本原则、坚持改革开放的基本路线，从根本上改变了中国的面貌。党在制定和坚持这些正确政治路线上表现出的政治智慧，是富有独创性的大智慧大谋略。

政策和策略是实现党的政治路线的重要手段和保证。没有正确的政策和策略，党的政治路线就是空的、虚的。所以毛泽东把政策和策略提到党的生命的高度，要求全党在这个问题上万万不可粗心大意。百年来，中国共产党把原则性和灵活性结合起来，根据政治形势和实际情况及其变化制定政策和策略。比如民主革命时期提出：弱小的革命力量在变化着的主客观条件下能够最终战胜强大的反动力量，战略上要藐视敌人，战术上要重视敌人，要掌握斗争的主要方向，不要四面出击，对敌人要区别对待，利用矛盾、各个击破等。比如社会主义革命和建设时期提出：人民内部在政治上实行“团结——批评——团结”，在党与民主党派关系上实行“长期共存、互相监督”，在科学文化工作中实行“百花齐放、百家争鸣”，在统一战线上调动一切积极因素，化消极因素为积极因素，以便团结全国各族人民建设社会主义强大国家等。比如改革开放新时期提出：公有制为主体、多种所有制共同发展，允许和鼓励一部分地区、一部分人先富起来，以建立社会主义市场经济体制为改革目标，分“三步走”基本实现现代化，在祖国统一方面实行“一国两制”方针等。凡此种种，无不蕴涵着丰富的政治智慧和政治谋略。特别是党的十八大以来，以习近平同志为核心的党中央提出一系列新理念新思想新战略，出台一系列重大方针政策、推出一系列重大举措，尤其是提出“十四个坚持”的基本方略，充分展现出深谋远虑的政治判断、卓越高超的政治智慧、娴熟老练的政治韬略。

中国共产党在重大历史关头和重大问题上作出关系全局的重大战略决策，同样表现出巨大的政治勇气、高超的政治智慧和强烈的历史担当。比如在中华民族危亡的严重时刻发生“西安事变”，党提出正确的政策主张，使事变得以和平解决，推动实现了第二次国共合作和全民族抗战。“皖南事变”后，面对国民党的反共气焰和党内一些错误情绪，党提出对国民党“政治上取攻势、军事上取守势”的方针，使形势朝着有利于我党的方向发展。抗日战争胜利后中国面临两种命运两种前途的决战，党提出“向北发展、向南防御”的战略方针，派 10 万大军经略东北、抢占先机，为解放战争的胜利发挥了独特战略作用。再比如十一届三中全会后，党坚持科学评价毛泽东的历史地位和毛泽东思想的科学体系，根本否定“文化大革命”的错误实践和理论，同时坚决顶住否定毛泽东和毛泽东思想的错误思潮。在 20 世纪 80 年代末、90 年代初国内国际发生政治风波的重大历史关头，党旗帜鲜明地坚持四项基本原则，维护国家的独立、尊严、安全和稳定，同时毫不动摇地坚持经济建设这个中心，坚持改革开放，使党和国家事业继续沿着十一届三中全会确定的路线蓬勃发展。现在回过头来看，当年作出这两个重大决策的政治魄力和政治远见是多么不同凡响。

这里要特别指出，进入新时代，在世界经历百年未有之大变局之际，以习近平同志为核心的党中央积极推动构建以合作共赢为核心的新型国际关系，明确提出并积极推进构建人类命运共同体，创造性地提出“一带一路”倡议，为破解人类难题贡献了中国智慧、中国方案。如今，“构建人类命运共同体”理念被写入联合国决议，成为照亮人类未来的明灯；“一带一路”倡议推动各国共建和平、繁荣、开放、创新、文明之路，中国共产党的大智慧大情怀大担当为人类和平与发展的崇高事业作出了新的更大贡献。

一个胸怀博大有大境界大担当的党

世界最大政党是否有“大的样子”，还要看这个党的胸怀、境界、格局和担当。如果世界上政党之间比胸怀之开阔、比境界之高尚、比格局之宏大、比担当之勇敢，那么中国共产党必定首屈一指。为什么？最重要的是中国共产党有其他政党不具备的自我革命精神。

勇于进行自我革命是马克思主义政党的根本要求。马克思曾经说过，无产阶级革命与其他革命不同之处就在于：它自己批评自己，并靠批评自己壮大起来。列宁也讲过：“一个政党对自己的错误所抱的态度，是衡量这个党是否郑重，是否真正履行它对本阶级和劳动群众所负义务的一个最重要最可靠的尺度。公开承认错误，揭露犯错误的原因，分析产生错误的环境，仔细讨论改正错误的方法——这才是一个郑重的党的标志。”

中国共产党的发展历程，就是党在推进伟大社会革命中不断进行伟大自我革命的历程。近百年来，我们党有高奏凯歌的辉煌，也有失误挫折的低谷，甚至一次次站在生死存亡的悬崖边上。但在历史紧要关头，中国共产党总能够一次次力挽狂澜，就在于党敢于坚持真理，善于修正错误，始终保持自我革命、从头再来的勇气；就在于党敢于刀刃向内，敢于刮骨疗毒，敢于壮士断腕，始终具有极强的自我纠错能力和自我修复能力。

中国共产党勇于进行自我革命，是基于对自己初心使命的清醒认识和责任担当，是基于对中国革命、建设、改革伟大任务艰巨性、复杂性、长期性的清醒认识和责任担当，是基于对“中国要出问题，还是出在共产党内部”和“没有什么外力能够打倒我们，能够打倒我们的只有我们自己”这种政治考验、政治风险的清醒认识和责任担当。这样的自我革命，覆盖党的思想建设、组织建设、作风建设、反腐倡廉建设、纪律建设、制度建设各个方面，通过自我净化、自我完善、自我革新、自我提高，使党获得更加强大的生机活力。

请看，民主革命时期，面对大革命的失败，党进行深入总结反思，毛泽东提出枪杆子里面出政权的战略思想，探索和开创了农村包围城市、武装夺取政权道路；遵义会议后纠正王明错误路线，批判张国焘分裂党和红军的错误，经过延安整风使全党在毛泽东思想基础上实现空前统一，中国共产党和中国革命出现崭新局面。社会主义建设时期，总结反思“大跃进”的教训，提出社会主义建设规律的宝贵经验。十一届三中全会以后，总结反思“文化大革命”的沉痛教训，开创了改革开放和社会主义现代化建设新时期。

再请看，党的十八大以来，以习近平同志为核心的党中央以全面从严治党开局起步，以刀刃向内的政治勇气向党内顽瘴痼疾开刀，在刮骨疗毒中解决了自身思想、组织、作风、纪律等方面存在的一系列突出问题，扭转了长期以来存在的管党治党宽松软局面，实现了自身革命性锻造和自身战斗力的极大提升，实现了党心军心民心的极大凝聚，实现了党和国家事业的历史性变革，开辟了坚持和发展中国特色社会主义崭新境界。

由此及彼，其兴也勃焉、其亡也忽焉的历史周期率不只是中国历史上政权的兴衰治乱、往复循环，也是世界政党政治中执政在野、上台下台的历史写照。世界上那些有过不凡历史和政绩的老党大党之所以没有跑赢历史周期率而垮台，很重要的原因就是在掌控执政资源、创造执政业绩的光环下，存在着忽略自身不足、忽视自身问题的状况，陷入“革别人命容易、革自己命难”的怪圈。只有中国共产党坚持不懈进行自我革命，勇于正视和解决自身问题，正在不断破解历史周期率的魔咒，也正在进一步塑造和丰富自己的政党优势。这种卓尔不群、独树一帜，恰恰是中国共产党永葆活力、长盛不衰的奥秘和关键所在。

《共产党宣言》发表170多年来，马克思主义在世界范围内得到广泛传播，马克思主义政党在全世界雨后春笋般建立和发展起来，深刻改变了整个世界，也深刻改变了整个中国。中国共产党成立已百年，在全国执政也已70多年，这在马克思主义发展史和世界社会主义发展史上都是极为罕见的，这个现实不仅对中国和中华民族的发展，而且对世界社会主义的发展都具有十分重大的意义。

中国共产党作为百年大党，大有大的优势，大也有大的难处。如何永葆先进性和纯洁性、永葆青春活力，如何永远得到人民拥护和支持，如何实现长期执政，是必须解决好的一个根本性问题。正在全党开展的“不忘初心、牢记使命”主题教育就是通过深刻的政治洗礼，为中国共产党加强新时代党的建设汇聚起磅礴的正能量，让中国共产党的伟大品格更加彰显。一个思想伟大的党、一个组织强大的党、一个目光远大的党、一个胸怀博大的党，一言以蔽之，一个始终走在时代前列、人民衷心拥护、勇于自我革命、经得起各种风浪考验、朝气蓬勃的马克思主义执政党，正带领着中国各族人民昂首阔步走向富强民主文明和谐美丽的社会主义现代化强国，走向中华民族的伟大复兴。这，就是新时代中国共产党“大的样子”。

百年大党与民族复兴

习近平同志在党的十九大报告中指出："中国共产党一经成立，就把实现共产主义作为党的最高理想和最终目标，义无反顾肩负起实现中华民族伟大复兴的历史使命。"100年来，为了实现中华民族伟大复兴的历史使命，一代又一代中国共产党人同中国人民接续奋斗，攻克了一个又一个看似不可攻克的难关，创造了一个又一个彪炳史册的人间奇迹。

中国共产党是民族复兴使命的合格担当者

历史的长河大浪淘沙，也昭示历史担当者的风采。实现中华民族伟大复兴是近代以来中华民族最伟大的梦想，谁能够承担起这个历史使命，谁就能赢得中国各民族人民的衷心拥护，成为中华民族的主心骨。

中华民族有5000多年文明历史，为人类进步与发展作出了卓越贡献。鸦片战争后，中国陷入内忧外患的黑暗境地，中国人民经历了战乱频仍、山河破碎、民不聊生的深重苦难。为了民族复兴，无数仁人志士“以爱国相砥砺，以救亡为己任”，不屈不挠、前仆后继，进行可歌可泣的斗争，进行各式各样的尝试。不甘屈服的中国人民一次次抗争，一次次失败，又一次次奋起。历史呼唤真正合格的使命担当者。在历史的反复比较中，在各种政治力量的反复较量中，在马克思列宁主义同中国工人运动的结合过程中，中国共产党应运而生。我们党一经成立，就义无反顾肩负起实现中华民族伟大复兴的历史使命。

我们党团结带领人民进行28年浴血奋战，打败日本侵略者，打败国民党反动派，推翻帝国主义、封建主义、官僚资本主义统治，完成了新民主主义革命，建立了中华人民共和国，实现了中国从几千年封建专制政治向人民民主的伟大飞跃，为中华民族伟大复兴扫清了根本障碍。

我们党团结带领人民完成社会主义革命，确立社会主义基本制度，推进社会主义建设，完成了中华民族有史以来最为广泛而深刻的社会变革，实现了中华民族由近代不断衰落到根本扭转命运、持续走向繁荣富强的伟大飞跃，为中华民族伟大复兴奠定了坚实基础。

我们党团结带领人民进行改革开放新的伟大革命，开辟了中国特色社会主义道路，使中国大踏步赶上时代，迎来了中华民族从站起来到富起来、强起来的伟大飞跃，为中华民族伟大复兴开辟了光明前景。

回顾近代以来的中国历史，正是有了中国共产党，才改变了中国人民的命运，创造了中华民族新辉煌。实践充分证明，中国共产党是民族复兴使命的合格担当者，只有中国共产党才能带领人民实现中华民族伟大复兴的梦想。

越是接近民族复兴的目标越要付出更为艰苦的努力

党的十八大以来，在新中国成立特别是改革开放以来我国发展取得的重大成就基础上，党和国家事业发生历史性变革，我国发展站到了新的历史起点上，中国特色社会主义进入了新时代。今天，我们比历史上任何时期都更接近、更有信心和能力实现中华民族伟大复兴的目标。行百里者半九十。在新的历史条件下实现党的历史使命，意味着面临的新情况新问题越来越多，矛盾和困难越来越多，风险和挑战越来越多，阻力和压力也会越来越大，必须准备付出更为艰巨、更为艰苦的努力。

当今世界，和平与发展仍然是时代主题。世界多极化、经济全球化、社会信息化、文化多样化深入发展，全球治理体系和国际秩序变革加速推进，各国相互联系和依存日益加深，国际力量对比更趋平衡，和平发展大势不可逆转。同时，世界面临的不稳定性不确定性突出，人类面临许多共同挑战。特别是中国的发展壮大必然对现有国际格局产生重大影响，国际社会期待我国在更多领域承担更多责任，但也有一些国家不愿看到社会主义中国发展壮大，千方百计对我们进行防范、阻挠和遏制。如何顺应和平、发展、合作的时代潮流，在识变、应变、求变中急起直追？如何更好统筹国内国际两个大局，在激烈的国际竞争中赢得优势、赢得主动、赢得未来？如何在参与全球治理中扩大话语权、规则制定权，坚定捍卫我国主权、安全、发展利益，维护世界和平、促进共同发展？这些都需要我们付出更加艰苦的努力，以新的作为作出回答。

当前，我国经济社会发展呈现良好势头，社会总体和谐稳定，人民生活继续改善，经济增速在世界主要国家中一直名列前茅。同时，改革进入深水区，经济发展进入新常态，经济下行压力加大，各种矛盾叠加，风险隐患增多，形势变化之快前所未有，改革发展稳定任务之重前所未有，矛盾风险挑战之多前所未有，对党治国理政的考验之大前所未有。如何破解前进道路上面临的各种难题？如何有效应对重大挑战、抵御重大风险、克服重大阻力、解决重大矛盾？这些都需要我们付出更加艰苦的努力，拿出新的理念和办法。

经过党的十八大以来全面从严治党，党的建设取得重大成效，党内政治生活气象更新，党内政治生态明显好转。同时，我们党面临的执政环境是复杂的，影响党的先进性、弱化党的纯洁性的因素也是复杂的，党内存在的思想不纯、组织不纯、作风不纯等突出问题尚未得到根本解决，一些老问题反弹回潮的可能依然存在，还出现了一些新情况新问题。全面从严治党依然任重道远。如何推动全面从严治党向纵深发展？这同样需要我们付出更加艰苦的努力。

统揽伟大斗争、伟大工程、伟大事业、伟大梦想

新时代给党的历史使命提出了新要求，我们必须紧紧围绕实现伟大梦想去进行伟大斗争、建设伟大工程、推进伟大事业。

党的十九大把伟大斗争、伟大工程、伟大事业、伟大

梦想作为一个统一整体提出来，是一个重大理论创新，明确了党在新时代治国理政的总方略、引领全局的总蓝图、谋划工作的总坐标，体现了奋斗目标、实现路径、前进动力的高度统一，体现了历史传承、现实任务、未来方向的高度统一，体现了党的前途命运、国家的前途命运、民族的前途命运的高度统一，深刻回答了什么是新时代党的历史使命、怎样实现新时代党的历史使命这一重大理论和实践问题，使我们党对自身肩负历史使命的认识达到了新的高度。

实现伟大梦想，必须进行伟大斗争。社会是在矛盾运动中前进的，有矛盾就会有斗争。今天，新的伟大斗争的内容十分广泛，表现形式也必然复杂多样，需要我们始终保持高度政治警觉，随时准备进行斗争。要更加自觉地坚持党的领导和我国社会主义制度，对一切否定党的领导、否定我国社会主义制度、否定改革开放的言行，对一切歪曲、丑化、否定中国特色社会主义的言行，对一切违背、歪曲、否定党的基本路线的言行，必须旗帜鲜明地反对和抵制。要更加自觉地维护人民利益，坚决防止和反对脱离群众、损害和侵占群众利益的行为。要更加自觉地投身改革创新时代潮流，敢于向积存多年的顽瘴痼疾开刀，坚决清除妨碍生产力发展的体制机制障碍。要更加自觉地维护我国主权、安全、发展利益，坚决反对一切分裂祖国、破坏民族团结和社会和谐稳定的行为。要更加自觉地防范各种风险，增强忧患意识、风险意识，坚决战胜一切在政治、经济、文化、社会等领域和自然界出现的困难和挑战。在推进伟大斗争中，我们要强化斗争意识、鼓足斗争勇气、把握斗争规律、讲究斗争艺术、提高斗争本领，坚决摒弃一切贪图享受、一切消极懈怠、一切回避矛盾的思想和行为，不断夺取伟大斗争新胜利。

实现伟大梦想，必须建设伟大工程。新的历史条件下，我们党要始终成为时代先锋、民族脊梁，保持马克思主义政党本色，自身必须始终过硬。越是目标远大、任务艰巨，越是挑战频仍、矛盾集中，越是要把党建设得更加坚强有力，越是要求全党同志精神状态、思维方式、行为方式、工作方式有新的转变，素质能力有新的提升。要按照党的十九大提出的党的建设总要求和重点任务，牢固树立全面从严治党永远在路上的理念，消除一切损害党的先进性和纯洁性的因素，清除一切侵蚀党的健康肌体的病毒，不断增强管党治党的系统性、预见性、创造性、实效性，不断增强党的政治领导力、思想引领力、群众组织力、社会动员力，确保我们党永葆旺盛生命力和强大战斗力。尤其要把党的政治建设摆在首位，用习近平新时代中国特色社会主义思想武装全党，建设高素质专业化干部队伍，加强基层组织建设，持之以恒正风肃纪，夺取反腐败斗争压倒性胜利，健全中国特色国家监察体制，全面增强执政本领。

实现伟大梦想，必须推进伟大事业。中国特色社会主义是改革开放以来党的全部理论和实践的主题，是党和人民历尽千辛万苦、付出巨大代价取得的根本成就，是当代中国发展进步的根本方向。新时代推进伟大事业，必须保持强大政治定力，坚定道路自信、理论自信、制度自信、文化自信，既不走封闭僵化的老路，也不走改旗易帜的邪路，坚定不移走中国特色社会主义道路。要深刻认识新时代坚持和发展中国特色社会主义的新要求，顺应我国社会主要矛盾发生的新变化，准确把握实现“两个一百年”奋斗目标新的战略安排，统筹推进“五位一体”总体布局，协调推进“四个全面”战略布局，在继续推动发展的基础上，着力解决好发展不平衡不充分问题，大力提升发展质量和效益，更好满足人民在经济、政治、文化、社会、生态等方面日益增长的需要，更好推动人的全面发展、社会全面进步。

伟大斗争、伟大工程、伟大事业、伟大梦想紧密联系、相互贯通、相互作用，是一个有机统一的整体。伟大梦想指引正确方向，为伟大斗争、伟大工程、伟大事业提供领航导向；伟大斗争昭示担当精神，为伟大工程、伟大事业、伟大梦想扫除障碍、提供牵引；伟大工程锻造领导力量，为伟大斗争、伟大事业、伟大梦想提供坚强保证；伟大事业宣示道路旗帜，为伟大斗争、伟大工程、伟大梦想开辟前进路径。在新时代，我们要把伟大斗争、伟大工程、伟大事业、伟大梦想贯通起来理解、协同起来贯彻，牢固确立“四个意识”，在思想上政治上行动上同以习近平同志为核心的党中央保持高度一致，肩负起新时代中国共产党人的历史使命，在坚持和发展中国特色社会主义伟大实践中不断创造新的辉煌业绩。

从应对危局和困局读懂百年大党

中国共产党成立以来这100年，是党团结带领中国人民在实现中华民族伟大复兴道路上顽强拼搏、接续奋斗、不断取得辉煌成就的100年。在中国共产党的坚强领导下，久经磨难的中华民族实现了从站起来、富起来到强起来的伟大飞跃。

中国共产党成立以来这100年，也是党团结带领中国人民战胜一切艰难险阻，在应对和化解各种危局和困境中不断推进事业发展的100年。从稚嫩到成熟、从弱小到强大，一次次遭受挫败，一次次力挽狂澜，一次次浴火重生。中国共产党100年来取得的成就之所以震古烁今，就是因为这些成就实在来之不易，就是因为取得这些成就的历程中往往有危难之际的绝处逢生，有挫折之后的毅然奋起，有失误之后的拨乱反正，有磨难之中的百折不挠。

“苦难辉煌”4 个字，正是中国共产党 100 年奋斗历程的真实写照。

（一）

中国共产党 100 年来经历和应对的危局、困境、风险很多，我们择其要者述之。

应对 1927 年大革命失败后的危局，开创土地革命战争全新局面。中国共产党从 1921 年成立后登上中国政治舞台到同国民党合作胜利进行北伐战争，不到 6 年时间就由 50 多名党员发展成为拥有近 6 万名党员、领导着 280 余万工人和 970 余万农民、具有相当群众基础的党。1927 年春夏，国民党叛变革命实行屠杀政策，使处于幼年时期的党猝不及防，遭到惨重损失。1927 年 3 月到 1928 年上半年，被杀害的党员和革命群众 31 万多人，其中党员 2.6 万多人。党员人数锐减到 1 万多人，党领导的工会、农民协会等遭到查禁或解散，全国处于腥风血雨之中。国内外敌人都认定共产党从此必将彻底失败，党的队伍里也有不少人动摇悲观，有的甚至自首、叛变。但是，党并没有被巨大的困难压倒，而是以大无畏的革命精神领导人民顽强地战斗。“八七”会议确定了实行土地革命和武装起义的总方针，为党从失败走向新胜利指明了出路。党发动南昌起义、秋收起义、广州起义和其他起义，创建人民军队，建立农村根据地，实行耕者有其田的革命，开创农村包围城市的道路。革命星火很快汇成燎原之势。到 1930 年初，党领导创建了大小十几块农村根据地，红军发展到 7 万人。1930 年 9 月，全国党员人数增至 12 万人。大革命失败后几乎陷于绝境的中国共产党，经过 3 年艰苦卓绝的斗争获得了新生，迎来土地革命战争的高潮。

应对 1934 年中央根据地第五次反“围剿”失败后的困境，推动全民族抗日战争新局面兴起。红军和农村根据地的巩固与发展，引起国民党统治集团的震惊和恐慌，大规模的军事“围剿”疯狂而至。从 1930 年 10 月至 1932 年底，中央根据地红军先后粉碎国民党军队的 4 次“围剿”。其他根据地也取得了反“围剿”战争的胜利。但由于“左”倾教条主义、冒险主义的错误，中央根据地红军未能打破敌人第五次“围剿”，被迫实行战略转移。南方其他根据地的红军也先后进行了长征。这次严重失误，使红军和根据地损失了 90%，党在国民党统治区的力量几乎损失殆尽。红军从 30 万人减少到 3 万人左右，党员从 30 万人减少到 4 万人。中国革命再次濒临绝境。在极其危险的历史关头，1935 年 1 月召开的遵义会议确立毛泽东在红军和党中央的领导地位，挽救了党和红军，挽救了中国革命。遵义会议后，党领导红军胜利完成了长征。1935 年 10 月中央红军到达陕北，1936 年 10 月红军第一、二、四方面军在黄土高原实现了胜利会师。中共中央制定抗日民族统一战线新政策，促成西安事变和平解决，进而实现了第二次国共合作，推动了全民族抗日战争的兴起。正是在全民抗战中，中国共产党领导的革命力量空前壮大，为夺取全国政权、创建新中国奠定了坚实基础。

应对抗日战争结束后全面内战爆发的严峻局面，加速中国革命胜利伟大进程。抗日战争胜利后，中国共产党为争取和平民主作出很大努力，但国民党政府拒绝和平民主要求，公然发动内战。当时，国民党军队有 430 万，人民解放军只有 127 万。国民党军队拥有飞机大炮和各种先进武器，人民解放军主要依靠“小米加步枪”。国民党政府控制各大城市、交通干线以及绝大部分近代工业，统治着全国四分之三以上的地区，还得到美国的巨大援助；解放区大部分地区经济落后、土地贫瘠、资源匮乏。敌我力量对比如此悬殊，中国共产党又一次面临严峻考验。在中国两种命运、两种前途决战的重大历史关头，毛泽东告诫全党吸取 1927 年面对突然袭击毫无准备招致失败的教训，作好应付复杂局面的充分准备。毛泽东在七大上一口气列举了党可能遭遇的“十七条困难”，提出“要在最坏的可能性上建立我们的政策”，尤其是党的高级负责干部更要有“对付非常的困难，对付非常的不利情况”的精神准备。党中央审时度势，领导人民解放军进行气势磅礴的解放战争，经过辽沈、平津、淮海三大战役和渡江作战，消灭国民党 800 万军队，仅用了 3 年多时间就推翻了国民党反动政府。中国革命的胜利，是第二次世界大战以后最重大的政治事件。

应对新中国成立之初国内外困难复杂局势，在建设新国家、新社会、新制度方面取得伟大胜利。新中国成立伊始，国内百废待兴、百业待举。由于长年战乱和恶性通货膨胀，国民经济严重衰退，农业减产，工厂倒闭，物价飞涨，失业众多，社会动荡不安。在国际上，美国等西方国家采取政治上孤立、军事上威胁、经济上封锁等政策，企图扼杀新生的人民共和国。1950 年美国进行侵略朝鲜的战争，派海军第七舰队入侵台湾海峡，更使新中国的国家安全受到直接威胁。面对国内经济困局和外部军事威胁，党领导人民开展了一系列卓有成效的工作。肃清反革命残余力量，战胜帝国主义的封锁、破坏和武装挑衅，巩固了新生的人民政权。迅速医治战争创伤，荡涤旧社会污泥浊水，完成全国土地改革，短短 3 年把国民经济恢复到历史最高水平。在这些工作基础上，采取符合中国特点的步骤和措施创造性地进行社会主义改造，确立了社会主义基本制度并进行大规模社会主义建设，逐步建立起独立的、比较完整的工业体系和国民经济体系。新中国成立前后，一些人认为，“共产党在军事上得了满分，在政治上是八十分，在经济上恐怕要得零分”。还有人预言：“中共的胜利不过是昙花一现。”在中国共产党领导下，新中国在短短几年里就用事实雄辩地回答了这些怀疑和攻击，初步实现了毛泽东在七届二中全会上提出的“我们不但善于破坏一个旧世界，我们还将善于建设一个新世界”的政治目标。

应对1958年“大跃进”造成的困境，采取措施使国民经济得到恢复和发展。社会主义基本制度确立以后，为了迅速改变一穷二白的面貌，全国各族人民迸发出空前的建设热情。由于社会主义建设经验不足，对经济发展规律和中国经济基本情况认识不足等原因，党在1958年发动了以超英赶美为目标、以大炼钢铁和农村人民公社化为标志的“大跃进”运动，使得以高指标、瞎指挥、浮夸风和“共产风”为主要标志的“左”倾错误严重泛滥。主要由于“大跃进”和“反右倾”的错误，我国国民经济在1959年到1961年发生严重困难。农业特别是粮食生产大幅度减产，食品供应极度短缺，严重危害了人民群众的健康和生命。这是党在探索社会主义建设道路过程中遭遇到的第一次严重危局。面对这种局势，党中央加强调查研究，对国民经济实行调整、巩固、充实、提高的方针，制定和执行一系列正确政策，采取压缩基本建设规模、缩短工业战线、大力精简职工、减少城市人口、加强和支援农业战线等有针对性的措施。到 1962 年，国民经济就得到比较顺利的恢复和发展。到 1964 年 12 月周恩来总理在第三届全国人大一次会议上提出实现“四个现代化”宏伟任务时，国民经济已实现稳步增长，社会呈现健康发展景象。

应对“文化大革命”造成的严重局面，开创改革开放和社会主义现代化建设新时期。10 年“文化大革命”，使党、国家和人民遭受新中国成立以来最严重的挫折和损失，国民经济濒临崩溃边缘。粉碎“四人帮”的胜利从危难中挽救了党和国家，但“文化大革命”遗留下来的政治、思想、组织和经济上的混乱还极其严重，要摆脱困境、打开局面非常不容易。党在 1978 年领导和支持了对拨乱反正具有重大意义的关于实践是检验真理唯一标准的大讨论。十一届三中全会从根本上冲破长期“左”的错误的严重束缚，端正了党的指导思想，重新确立了马克思主义的思想路线、政治路线和组织路线，实现了新中国成立以来党的历史上具有深远意义的伟大转折。党对重大历史是非进行认真清理，采取一系列措施平反冤假错案，落实有利于增强团结和调动一切积极因素的各项政策。十一届六中全会通过了《关于建国以来党的若干历史问题的决议》，根本否定“文化大革命”和“无产阶级专政下继续革命”的理论，同时坚决顶住否定毛泽东和毛泽东思想的错误思潮，维护了毛泽东的历史地位，肯定了毛泽东思想的指导作用。随着国内局势的发展和国际局势的变化，越来越显示出党作出这个重大决策的政治勇气和政治远见。

应对20世纪80年代末90年代初国际国内政治风波的冲击，引领改革开放和社会主义现代化建设航船沿着正确方向前进。1989年春夏之交，国内发生政治风波，1989年到1991年国际上发生东欧剧变、苏联解体，世界社会主义出现严重曲折，我国社会主义事业面临新的巨大困难和压力。以美国为首的西方国家借机对我国在政治上施压，在经济上搞所谓“制裁”。党面临改革开放以来最严峻的挑战和考验。在决定党和国家前途命运的重大历史关头，党紧紧依靠人民，在邓小平等老一辈革命家支持下，果断平息政治风波，捍卫了社会主义国家政权，捍卫了人民的根本利益。同时毫不动摇地全面坚持党的基本路线，继续抓住经济建设这个中心，努力纠正“一手比较硬、一手比较软”的现象，加强思想政治工作和党的建设工作，保证了改革开放和现代化建设沿着正确方向继续前进。1992 年，邓小平南方谈话从理论上深刻回答了长期困扰和束缚人们思想的许多重大问题。同年召开的党的十四大，确立邓小平理论在全党的指导地位，确定建立社会主义市场经济体制的改革目标，作出抓住机遇加快发展的战略决策。以邓小平南方谈话和党的十四大为标志，中国改革开放和现代化建设进入一个新的阶段。

应对 1997 年下半年亚洲金融危机冲击和 1998 年严重洪涝灾害，保持经济平稳较快发展，取得抗洪抢险全面胜利。1997 年 7 月以后，东南亚一些国家和韩国相继发生金融危机，日本也出现金融动荡。短短半年时间，亚洲经济遭受重创，国际金融市场动荡不止，世界经济环境日益恶化。这场金融危机，是中国对外开放走向世界进程中遭遇到的第一次国际经济变局带来的重大冲击。党中央果断采取扩大内需的措施，综合运用财税、货币和投资等宏观调控手段，在剧烈动荡的国际经济环境中保持了经济平稳较快增长。在周边国家货币大幅度贬值情况下，中国坚持人民币不贬值，对亚洲乃至世界金融和经济稳定作出积极贡献。在应对亚洲金融危机过程中，1998 年入汛后国内一些地方发生严重洪涝灾害，长江发生继 1954 年以来又一次全流域性大洪水，给灾区群众生命财产造成重大损失，对国民经济发展带来直接影响。面对大洪水的袭击，在党中央坚强领导下，举国上下紧急动员，军民一致协同作战，夺取了抗洪抢险斗争的全面胜利，把损失减少到最低限度，大灾之年农业仍然取得好收成。

应对 2003 年突如其来的非典疫病灾害，取得防治非典和保持经济较快增长的双胜利。2003 年春天，我国遭遇了一场突如其来的非典疫病灾害，广东、北京尤为严重，引起举国上下担忧，也受到国际社会关注。这是新中国成立以来遭遇到的第一次如此大规模的公共卫生事件。能否迅速制止非典蔓延，有效救治病患，尽快解除疫情对广大群众健康和生命安全的严重威胁，是对中国共产党执政能力的严峻考验。党中央果断作出一系列重大决策部署，明确提出沉着应对、措施果断、依靠科学、有效防治、加强合作、完善机制的总要求，确定早发现、早报告、早隔离、早治疗的措施；成立统一指挥和协调全国防治工作的指挥部，在全国范围内实行群防群治，统一调度人力物力财力，充分发挥城乡基层组织的作用。党中央一手抓防治非典不放松，一手抓经济建设不动摇，最大限度地减轻了疫情对经济发展的影响。这场艰苦卓绝的斗争，极大地提高了中国共产党和中国人民战胜困难的勇气和能力，也积累了应对突发事件的重要经验。

应对四川汶川特大地震等重大自然灾害和拉萨“3·14”事件、乌鲁木齐“7·5”事件，取得抗灾救灾重大胜利，保持了西藏、新疆稳定。2008 年初，南方大部分地区遭遇新中国成立以来罕见的大面积雨雪冰冻灾害，5 月 12 日四川汶川又发生新中国成立以来破坏性最强、波及范围最广、救灾难度最大的特大地震。2010 年 4 月 14 日青海玉树发生强烈地震，8 月 8 日甘肃舟曲发生特大山洪泥石流灾害。2008 年 3 月 14 日，拉萨市发生“藏独”暴徒打砸抢烧事件。2009 年 7 月 5 日，乌鲁木齐市发生新中国成立以来人员伤亡最多、损失最大、影响最恶劣的打砸抢烧严重暴力犯罪事件。这些突发事件，既有天灾又有人祸，发生时间集中，前后交替，此起彼伏，使人民生命财产和经济社会发展遭受巨大损失，使国家安全受到严重危害。党中央领导全党全军全国人民团结奋战，有效开展一场场抢险救灾和反分裂斗争。特别是汶川大地震紧急救援，是我国历史上动员范围最广、救援速度最快、投入力量最大的救灾斗争，人民生命财产损失得到最大程度的挽救。“3·14”事件和“7·5”事件也在短时间内得到平息，维护了当地正常社会秩序。

应对国际金融危机严重冲击造成的困境，遏止了经济增长明显下滑态势，在全球率先实现经济形势总体回升向好。2008 年 9 月以来，由美国次贷危机引发的国际金融危机，使全球经济遭受到 20 世纪大萧条以来最严重的挑战。在国际金融危机影响下，我国出口急剧回落，部分企业经营困难，社会就业面临巨大压力，进而导致经济增长速度迅速下滑，使 2009 年成为新世纪以来我国经济社会发展最为困难的一年。党中央全面分析和及时判断国内外经济形势的复杂变化，制定并完善一系列保增长、扩内需、调结构政策，全面实施并不断完善应对国际金融危机的“一揽子”计划，迅速扭转了经济增速明显下滑的局面，全面完成了“十一五”规划确定的目标任务。中国在 2009 年取代法国成为世界上最大的出口国，2010 年又超越日本成为世界第二大经济体。同时，中国积极参与国际对话与合作，阐述中国立场，发出中国声音，以中国经济发展促进世界经济复苏，充分展示了负责任大国形象。

应对百年未遇的新冠肺炎疫情，进行了一场惊心动魄的抗疫大战，有效统筹疫情防控和经济社会发展，实现两手硬、两手赢。2020 年初，一场席卷全球的新冠肺炎疫情突袭而至，给人民生命安全造成严重威胁。面对新中国成立以来传播速度最快、感染范围最广、防控难度最大的重大突发公共卫生事件，习近平总书记亲自指挥、亲自部署，党中央统揽全局、果断决策，以非常之举应对非常之事，成立中央应对疫情工作领导小组，派出中央指导组，建立国务院联防联控机制，把提高收治率和治愈率、降低感染率和病亡率作为突出任务来抓，举全国之力实施规模空前的生命大救援，有效有力开展了疫情防控的人民战争、总体战、阻击战，用1个多月时间初步遏制疫情蔓延势头，用2个月左右时间将本土每日新增病例控制在个位数以内，用3个月左右时间取得武汉保卫战、湖北保卫战的决定性成果，进而又接连打了几场局部地区聚集性疫情歼灭战，夺取了全国抗疫斗争重大战略成果。及时将全国总体防控策略调整为“外防输入、内防反弹”，推动防控工作由应急性超常规防控向常态化防控转变。抓紧恢复生产生活秩序，使我国成为疫情发生以来第一个恢复增长的主要经济体，在疫情防控和经济恢复上都走在世界前列，显示了中国的强大修复能力和旺盛生机活力。

在中国这样的东方大国领导革命、建设、改革，是根本改造中国、造福中国的历史伟业，是前人根本没有干过的崭新事业，面对的困难和矛盾之多、经历的挑战和风险之大是世界上任何政党所不能比拟的，因而在奋斗历程中必然有胜利也有挫折、有高潮也有低潮、有顺境也有逆境。中国共产党团结带领中国人民跨过一道又一道沟坎，饱受磨难而自强不息，历经挫折而愈挫愈勇，备尝艰辛而愈加成熟。正如习近平总书记在纪念建党 95 周年大会上的重要讲话中所指出："中国走过的历程，中国人民和中华民族走过的历程，是中国共产党和中国人民用鲜血、汗水、泪水写就的，充满着苦难和辉煌、曲折和胜利、付出和收获，这是中华民族发展史上不能忘却、不容否定的壮丽篇章，也是中国人民和中华民族继往开来、奋勇前进的现实基础。"历史证明：中国共产党确实是勇担历史重任、为中国人民和中华民族的根本利益不懈奋斗并作出最大牺牲的党；是历经磨难、久经考验，任何敌人和困难都压不倒、摧不垮的党。这样的党，是不可战胜的。

（二）

回望 100 年中国革命、建设、改革事业波澜壮阔的不平凡历程，中国共产党应对危局和困境的这些伟大实践给了我们什么重要启示呢？

这些伟大实践启示我们，一定要坚持马克思主义的指导地位，坚持把马克思主义基本原理同中国具体实际和时代特点紧密结合起来，不断推进马克思主义中国化、时代化、大众化。

中国共产党因对马克思主义信仰而成立，也因对马克思主义信仰而发展壮大。100 年来，中国共产党之所以能够完成近代以来各种政治力量不可能完成的艰巨任务，之所以能够以超乎寻常的胆略、毅力、智慧化解各种危局和困境，就在于始终把马克思主义这一科学理论作为自己的行动指南，并坚持在实践中不断丰富和发展马克思主义。

中国共产党把马克思主义作为自己的指导思想，这使党一成立就得以用先进的理论武装起来，牢牢占据了人类思想理论的制高点，能够以唯物辩证的科学精神、无私无畏的博大胸怀领导和推动中国革命、建设、改革。这种先进性，正是中国共产党成立之前和成立之后中国其他政党和政治组织不具备的，也是历史和人民选择中国共产党领导中华民族伟大复兴事业的一个根本依据。马克思主义的指导地位必须坚持，任何时候任何情况下都不能动摇。

马克思主义发展史告诉我们，无论搞革命还是搞建设，照抄照搬本本，照抄照搬别国经验，从来就不能成功。只有把马克思主义同本国实际相结合，才能找到通向胜利的途径。中国共产党在上世纪二三十年代，曾经犯过把马克思主义教条化和把外国经验神圣化的幼稚病，导致了1927年大革命的失败和1934年反“围剿”的失败。上世纪五六十年代，党对社会主义建设规律和社会主义社会主要矛盾的认识发生严重偏差，出现“大跃进”和“文化大革命”的严重挫折。刘少奇在总结民主革命时期党的经验教训时曾说：“中国党的组织能力并不弱。中国党的英勇牺牲精神亦是很好的，数十万党员被人割去头颅的白色恐怖，亦不能威胁我们的党员放弃自己马列主义的旗帜。”中国共产党过去的失败，“都是指导上的失败”，“而并不是工作上的失败”。这是“过去历史上我们最吃亏的地方”。这里说的“指导上的失败”，就是指党在理论和路线上发生的严重错误。这些经验教训，需要永远汲取。

今天，时代变化和中国发展的广度和深度远远超出了马克思主义经典作家当时的想象，迫切需要我们在实践上大胆探索，在理论上不断突破。习近平总书记指出：“当代中国的伟大社会变革，不是简单延续我国历史文化的母版，不是简单套用马克思主义经典作家设想的模板，不是其他国家社会主义实践的再版，也不是国外现代化发展的翻版，不可能找到现成的教科书。”这就必须进一步解放思想，以更加宽阔的眼界审视马克思主义在当代发展的现实基础和实践基础，坚持问题导向，坚持以我们正在做的事情为中心，深入推动马克思主义同当代中国发展的具体实际相结合，不断把马克思主义中国化推向前进。

这些伟大实践启示我们，一定要坚持理想信仰不动摇、革命意志不涣散、奋斗精神不懈怠，始终不渝地为实现中国特色社会主义共同理想和共产主义远大理想而奋斗。

人无信仰不立，党无信仰不存。中国共产党之所以叫共产党，就是因为从成立之日起党就把共产主义确立为远大理想；中国共产党之所以能够经受一次次挫折而又一次次奋起，归根到底是因为党有远大理想和崇高追求。从建党的“开天辟地”，到新中国成立的“改天换地”，再到改革开放的“翻天覆地”，今天又带领人民创造了举世瞩目的“中国奇迹”，这些伟业都是在共产主义、社会主义理想和纲领的引领下取得的。正是这种由信仰而生的凝聚力，吸引了一批又一批中国工人阶级和中国人民、中华民族的先进分子加入中国共产党的队伍，造就了一批又一批“不爱财，不为官，不怕死，就为这个事业，为心中的主义的‘真人’”。“铁肩担道义，妙手著文章”的李大钊，“砍头不要紧，只要主义真”的夏明翰，豪迈举行刑场婚礼的周文雍、陈铁军，腹中满是草、饿死不变节的杨靖宇，“生的伟大，死的光荣”的刘胡兰，竹签钉十指、誓死不叛党的江姐，以及千千万万慷慨赴死的共产党员，都用大义凛然的英雄壮举诠释了共产党人对远大理想的坚贞。邓小平说得好："为什么过去我们能在非常困难的情况下奋斗出来，战胜千难万险使革命胜利呢？就是因为我们有理想，有马克思主义信仰，有共产主义信念。"

习近平总书记在讲话中说，一个政党的衰落，往往从理想信念的丧失或缺失开始。这话千真万确。曾几何时，信仰的力量使苏联共产党在只有 20 万党员的情况下夺取了政权，在有 200 万党员的情况下打败了法西斯侵略者；然而也正是信仰的坍塌，让他们在有 2000 万党员时失去了政权。信仰缺失，精神迷茫，也是我们党一些领导干部贪腐变质的总根子。为什么有些管灵魂的出卖灵魂，管反腐的带头腐败，管干部的带头卖官鬻爵，讲艰苦奋斗的带头贪图享乐？从根本上说就是这些人理想信念这个"总开关"出了严重问题。现在，社会深刻变革、思想激烈交锋，给共产党人的理想信念带来前所未有的冲击。社会环境越是错综复杂，共产党人越要加强党性修养，坚定心中的信仰，挺起信念的脊梁，永远不要失去共产党人安身立命的根本。

这些伟大实践启示我们，一定要坚持一切为了人民、一切依靠人民，从人民群众的智慧和力量中汲取推动事业发展的不竭动力，不断把为人民造福事业推向前进。

中国共产党是在与人民群众密切联系中诞生和成长的，是在诚心诚意为人民谋利益的奋斗中发展和壮大的。在党100年发展历程中，没有一种力量比人民更强大，没有一种根基比人心更坚实。老一辈革命家习仲勋曾意味深长地说：“人民就是江山，江山就是人民。”这12个字，把共产党和人民之间的鱼水关系、舟水关系说透了。

100年风雨征程。从“小米供养了革命”到“小车把革命推过了长江”，从太行绝壁上的“红旗渠”到“大包干”契约上的红手印，从新经济组织蓬勃发展到遍及世界各地的“中国制造”，凡此等等反复证明：人民群众始终是中国革命、建设、改革的力量源泉。特别是在形势最困难的时候，只要中国共产党振臂一呼，人民群众就会跟随响应，形成不可阻挡的前进伟力。土地革命战争时期，中央根据地瑞金县24万人口中，就有4.9万人参加革命，3.1万人参加长征，牺牲在长征途中的就有1万余人。兴国县23万人口中，参加红军的有8.5万人，牺牲在长征途中的就有1.2万人。“大跃进”后国民经济进行调整，1961年到1963年全国共精简职工1887万人，减少城镇人口2600万人，这项工作困难很大却进行得平稳顺利。邓小平在回顾这件事时指出：“那一次调整国民经济进行得比较顺利，是什么原因呢？就是因为党和群众的关系密切，党的威信比较高。”“单单两千万人下放这一件事情，就不容易呀。如果党和政府没有很高的威信是办不到的。”这些情况都说明，党与人民风雨同舟、生死与共，始终保持血肉联系，是党战胜一切困难和风险、成功应对各种危局和困境的根本保证。

中国共产党的最大政治优势是密切联系群众，党执政后的最大危险是脱离群众。脱离群众，就是挫折的开始，就是失败的开始。无论过去、现在还是将来，无论战胜敌人、战胜困难还是战胜自身，全心全意为人民服务都是中国共产党永恒不变的宗旨，都是党一切工作的根本出发点和落脚点，都是共产党人战胜一切困难和风险的最重要最根本力量来源。

这些伟大实践启示我们，一定要坚持实事求是、一切从实际出发、在实践中检验真理和发展真理的思想路线，及时总结正反两方面经验教训，始终保持修正错误的勇气、坚持真理的决心、走出挫折的力量。

革命政党总是要反复经过正反两方面教育，经过比较和对照，才能锻炼得成熟起来，才能赢得胜利。说中国共产党是伟大、光荣、正确的党，并不是因为党从来不犯错误，而在于党能够总结经验、纠正错误，通过吸取教训提高对客观规律的认识，使错误成为正确的先导，从而获得新的更加强大的生机和活力。民主革命时期，总结反思大革命的失败，毛泽东提出枪杆子里面出政权的战略思想，遵义会议后纠正王明错误路线，中国革命出现崭新局面。社会主义建设时期，总结反思“大跃进”的教训，探索出社会主义建设规律的宝贵经验。十一届三中全会以后，总结反思“文化大革命”的沉痛教训，开创了改革开放和社会主义现代化建设新局面。

这些实践表明，成功是党的财富，挫折和失败也是党的财富。邓小平称“文化大革命”也有一“功”：“它提供了反面教训。……变成了我们的财富。”某种意义上说，成功所能提供的经验是有限的，大量珍贵难得的经验教训掩藏在挫折和失败里面。关键看能不能冷静虚心、理性科学地进行研究总结，真正弄清楚为什么受挫折、为什么会失败。从别人所犯错误中学习是进步，从自己所犯错误中学习是更大的进步，因为自己所犯的错误往往是更好的教科书。中国共产党对革命、建设、改革中出现的严重失误不讳言、不回避，而是公开郑重地承认并反思错误、改正错误，以错误为鉴。对于“大跃进”的失误，毛泽东主动承担责任，并且告诫全党：“这些教训要牢牢记住，要经常向人们讲，永远不要忘记。”邓小平 1989 年曾深刻指出，改革开放10年来我们最大的失误是教育，主要是讲思想政治教育，这一手比较软。所有这些，充分体现了中国共产党勇于自我批评、敢于修正错误、始终追求真理的可贵政治品质和自我净化、自我提高能力。中国共产党作出的《关于若干历史问题的决议》和《关于建国以来党的若干历史问题的决议》，就是对党在民主革命时期和新中国成立后正反两方面经验教训作出的科学总结，具有长期的指导性。

这些伟大实践启示我们，一定要建设一支以党的领导为根本原则、以马克思主义为理论武装、以全心全意为人民服务为根本宗旨的人民军队，充分发挥这支军队在革命、建设、改革中的应有作用。

南昌起义，把中国共产党独立领导新型人民军队的壮举载入史册。三湾改编，确立了“支部建在连上”的原则，奠定了党对军队绝对领导的思想和组织基础。古田会议，确立了思想建党、政治建军原则，提出了如何把以农民为主要成分的军队建设成为无产阶级性质的新型人民军队的原则方向。从此，在党的领导下，逐步建立健全了人民军队政治工作一系列方针、原则、制度，保证了军队始终是党绝对领导下的革命军队，党指向哪里就能打到哪里。在人民军队的历史上，为什么从来没有一支成建制的队伍被敌人拉过去，也没有任何人能利用军队来达到个人目的？因为这支军队从来是听党指挥的，而不是听哪个人的。正是靠着富有成效的政治工作，人民军队像一个大熔炉，把许多农民、旧军人、俘虏兵熔化改造成为英勇的革命战士。这支军队经历大大小小几百场战争，之所以艰难奋斗而不溃散，屡经挫折愈加顽强，高歌猛进决战决胜，最根本的就是有党的正确领导，有一代代官兵的奉献和忠诚。没有这样一支人民的军队，不可能有人民的解放和国家的独立。

历史启迪现实、昭示未来。环顾当今国际形势和国内局势，民族和国家的命运从来没有像今天这样与国防和军队的强弱休戚相关。这就必须坚持党对军队的绝对领导，牢牢把握党在新形势下的强军目标，全面实施政治建军、改革强军、科技兴军、依法治军，拓展和深化军事斗争准备，着力培养有灵魂、有本事、有血性、有品德的新一代革命军人，努力建设一支听党指挥、能打胜仗、作风优良的人民军队。

这些伟大实践启示我们，一定要与时俱进加强和改进党的建设，保持党的先进性和纯洁性，提高领导能力和领导水平，增强抵御风险和拒腐防变能力，确保党始终成为中国革命、建设、改革的坚强领导核心。

中国革命、建设、改革的实践证明：坚持和完善党的领导，是党和国家的根本所在、命脉所在，是全国各族人民的利益所在、幸福所在。苏联解体后，前苏共中央政治局委员利加乔夫经过对比中国的情况后尖锐地提出："为什么我国的所谓改革导致一个世界大国解体，使千百万人民陷入贫困，处于无权地位，把我们俄罗斯抛到了资本主义一边；而中国的经济改革却能把国家引导到建设、进步、改善人民生活的道路上，使中国进入了世界大国的地位呢？"他认为："第一个也是最重要的因素是中国共产党的领导作用。"

中国共产党之所以能够成功，关键在于党能够与时俱进地加强和改善党的领导，在于党始终坚持围绕党的政治路线和中心任务加强和改进党的建设，形成了自己独特的优势。党坚持推进马克思主义中国化并用中国化理论成果武装全党，坚持用科学理论和革命精神教育党员和干部为实现共同目标而奋斗，这是巨大的理论优势。党坚持远大理想和现实纲领相统一，始终站在时代前列引领中国社会前进，坚持独立自主、自力更生，建立和执行铁的纪律，这是巨大的政治优势。党集中中国工人阶级和中国人民、中华民族数量众多的先进分子，集中全国各个民族各个领域德才兼备的优秀人才，建立科学严密的组织体系，具有强大组织动员力和执行力，这是巨大的组织优势。党坚持民主基础上的集中和集中指导下的民主相结合，保持党的团结统一和蓬勃动力，这是巨大的制度优势。党坚持全心全意为人民服务宗旨，坚持群众路线和群众观点，坚持党的一切工作体现人民意志、利益和要求，这是密切联系群众的优势。这些优势是党的性质、宗旨的集中体现，是党始终保持先进性和纯洁性的法宝，具有决定性的意义和力量。正是具有这些优势并能够发挥作用，使中国共产党能够在各种困难和考验面前巍然屹立、勇往直前，带领着人民干成世界上前所未有的奇迹。

反观国民党，之所以在大陆丢掉政权败撤台湾，从根本上说是由其阶级属性决定的，从建党管党治党角度看也有其重要原因。国民党奉行“以党治国”，但自身组织松散，上层有党、下层无党，城市有党、乡村无党，党部在地方一般只设到县一级、在军队只设在团一级，自身成了泥足巨人。国民党对党员的管理也十分混乱，党员入党脱党都十分随意。只要称兄道弟很容易混进党内，经常是报纸上登个招生、招聘启示，就接收一批党员。而且其内部派系林立，相互倾轧，造成严重内耗。这样一个政党，同有那么多独特优势的中国共产党较量怎么能不败呢？

中国共产党化解各种危局和困境的历史告诉我们，在实践中形成党的坚强领导核心，关系党和国家的兴衰成败。遵义会议前，党没有形成坚强的领导核心，中国革命几经挫折，甚至面临失败的危险。遵义会议确立了毛泽东的领导地位，中国革命才转危为安。邓小平在谈到这个问题时曾深刻指出："任何一个领导集体都要有一个核心，没有核心的领导是靠不住的。""只要有一个好的政治局，特别是有一个好的常委会，只要它是团结的，努力工作的，能够成为榜样的，就是在艰苦创业反对腐败方面成为榜样的，什么乱子出来都挡得住。"邓小平这个重大论断，已被党的历史和现实一再证明。党的十八届六中全会正式提出"以习近平同志为核心的党中央"，明确了习近平总书记作为党中央的核心、全党的核心地位。这是历史和人民的郑重选择。

（三）

中国共产党成立 100 年来，大体上经历革命、建设、改革三个时期，干了三件大事：从 1921 年建党到 1949 年新中国成立这 28 年，完成新民主主义革命、建立中华人民共和国，实现了从几千年封建专制政治向人民民主的伟大飞跃；从新中国成立到十一届三中全会这 29 年，完成社会主义改造、确立社会主义基本制度，实现了中华民族由不断衰落到根本扭转命运、持续走向繁荣富强的伟大飞跃；十一届三中全会以后这 40 多年，进行改革开放新的伟大革命、开辟中国特色社会主义道路，实现了中国人民从站起来到富起来、强起来的伟大飞跃。这三件大事使中国发生的变革变化之大之广，这种变革变化的政治影响和社会意义，在人类发展史上都是极其罕见的。

历史的脚步在继续前进。以党的十八大为标志，中国共产党从新的历史起点出发，推动中国特色社会主义进入新时代，开启了党和国家事业发展的新征程。

这是朝着实现全面建成小康社会奋斗目标最后冲刺的新征程，是朝着实现中华民族伟大复兴中国梦坚定迈进的新征程。1840 年鸦片战争之后，中华民族遭受了前所未有的苦难和危机，实现民族复兴成为一代又一代中国人的夙愿和奋斗目标。中国共产党的诞生，使这一复兴事业焕然一新。新中国的成立，开始了在人民当家作主和社会主义基础上推进民族复兴的历史进程。40 多年的改革开放，赋予这一复兴以新的强大生机和活力，中华民族伟大复兴展现出前所未有的光明前景。中国已经成为世界第二大经济体、第一大贸易国、第一大工业国、第一大外汇储备国、第二大对外投资国，中国还是联合国创始国、安理会常任理事国。今天，我们比历史上任何时期都更接近中华民族伟大复兴的目标，比历史上任何时期都更有信心、有能力实现这个目标。

这又是在错综复杂的国际国内形势中有效解决党和国家发展中面临的突出矛盾和问题，着力化解各种严峻挑战和重大风险的新征程。中国在经历了 40 多年的改革开放后，解决了许多旧的矛盾和问题，也积累和产生了不少新的矛盾和问题。邓小平在 1993 年就曾预言性地指出："过去我们讲先发展起来，现在看，发展起来以后的问题不比不发展时少。"习近平总书记也强调："当前，全党面临的一个重要课题，就是如何正确认识和妥善处理我国发展起来后不断出现的新情况新问题。"按照既定的部署，中国共产党把全面建成小康社会和建成富强民主文明和谐美丽的社会主义现代化强国的目标确定在 2021 年和 2049 年，这就意味着中国把西方发达国家三四百年走完的现代化发展进程压缩到一百年内完成，同步实现新型工业化、信息化、城镇化、农业现代化，这无疑是极为艰巨的任务。

2019 年 1 月，习近平总书记在省部级主要领导干部坚持底线思维、防范化解重大风险专题研讨班开班式上，着重就防范化解政治、意识形态、经济、科技、社会、外部环境、党的建设等领域重大风险作出深刻分析，提出明确要求。2020 年 10 月，习近平总书记在关于《中共中央关于制定国民经济和社会发展第十四个五年规划和二〇三五年远景目标的建议》的说明中特别强调，安全是发展的前提，发展是安全的保障。当前和今后一个时期是我国各类矛盾和风险易发期，各种可以预见和难以预见的风险因素明显增多。我们必须坚持统筹发展和安全，增强机遇意识和风险意识，树立底线思维，把困难估计得更充分一些，把风险思考得更深入一些，注重堵漏洞、强弱项，下好先手棋、打好主动仗，有效防范化解各类风险挑战，确保社会主义现代化事业顺利推进。这是在科学总结历史经验和全面研判国内外形势基础上对全党提出的战略要求。远的不说，今后 5 年乃至更长时间，可能就是中国发展面临的各方面风险不断积累甚至集中显露的时期。这些风险，既有“黑天鹅”也有“灰犀牛”，而且各种风险往往不是孤立出现的，很可能相互交织甚至形成一个风险综合体。如果发生重大风险又化解不了，国家安全就可能面临重大威胁，中国的现代化进程就可能被迫中断。

综合起来看，以下几个方面的风险考验需要格外重视。

一是如何以新发展理念引领高质量发展，构建以国内大循环为主体、国内国际双循环相互促进的新发展格局，保持经济社会持续健康发展。

过去40多年，我国经济快速发展，显著改善了人民生活，大幅度提升了我国的经济实力、综合国力和国际竞争力。但随着我国进入新发展阶段，随着逆全球化潮的加速涌动，传统的依靠低要素成本参与国际分工的出口导向型发展模式已经难以为继，社会主要矛盾变化也使得国内市场供需矛盾愈发凸显。与此同时，在新一轮科技革命和产业变革加速发展引发的世界贸易和产业分工格局大调整过程中，中国经济结构调整和转型升级遭遇了西方发达国家的极力打压，面临诸多卡脖子问题。加之世界百年未有之大变局加速演进、全球百年未有之大疫情加速蔓延，世界经济和政治格局加速演变，带来全球范围的不稳定性不确定性日益突出，经济转型升级压力较大。如何妥善应对国内外风险挑战，保持经济社会平稳有序发展，如何抓住创新机遇，实现“弯道超车”，必须妥善应对、科学谋划。

改革开放以来，我国7亿多人摆脱了贫困，这是人类发展史上的壮丽篇章。同时这40多年贫富差距也在不断拉大。北京大学中国社会科学调查中心发表的一项报告表明：当今中国收入最高的1%家庭拥有全国1/3的财富，收入最低的1/4家庭只有1%。我们人均年收入是3万元人民币，但有6亿人每个月的收入也就1000元，我们还有6000万左右领取低保、失业保障、特困救助人员。我们已经实现了现行标准下贫困县全部脱贫摘帽，但是受国际国内经济形势影响，存在较高返贫风险。如何做到既通过发展社会主义市场经济创造更高的社会生产力，又着力解决发展不平衡不充分问题，促进社会公平正义，推进全体人民共同富裕取得更为明显的实质性进展，同样需要妥善应对、科学谋划。

世界范围的统计显示，人均国民收入达到3000美元以后，许多国家因经济无法由依赖廉价劳动力或资源能源自然禀赋向依靠高生产力导向的增长模式转变，而陷入经济增长停滞期。这就是所谓的“中等收入陷阱”。

世界上体量较大的经济体，包括像巴西、阿根廷这样自然禀赋极佳的国家都深陷泥潭。在东亚，只有韩国、新加坡和中国香港、中国台湾成功摆脱了“中等收入陷阱”。中国正处于中等收入发展阶段。按照世界银行的标准，2019年我国人均国民总收入进一步上升至10410美元，首次突破1万美元大关，高于中等偏上收入国家9074美元的平均水平。这是世界上第一个超过14亿人口的大国如此接近高收入国家的关口，也是世界上最大规模的发展模式转型。能不能驾驭好世界第二大经济体，能不能保持经济持续健康发展，从根本上讲取决于中国共产党在经济社会发展中的领导作用发挥得好不好。

二是如何应对愈益错综复杂的国际形势，既矢志不渝坚持和平发展，又坚定维护国家主权、安全和发展利益，走出一条近代以来世界上从未有过的大国和平崛起新路。

当今世界正处于过去500多年从未有过的大变局，是一个新机遇新挑战层出不穷的世界，是一个国际体系和国际秩序深度调整的世界，是一个国际力量对比深刻变化的世界。尽管和平、发展、合作的世界潮流浩荡向前，但国际格局发展演变的复杂性、世界经济调整的曲折性、去全球化进程的持续性、国际矛盾斗争的尖锐性、国际秩序之争的长期性都变得越来越突出。在国际治理中如何唱响中国理念、中国主张、中国方案，急需发掘和贡献中国智慧。

当今中国是一个全方位开放和全面深化改革的中国，是一个同国际社会互联互动变得空前紧密的中国，是一个对内决策的国际意义和对外决策的国内影响显著提升的中国。尽管当前和今后一个时期，我国发展仍处于重要战略机遇期，但机遇和挑战都有新的发展变化。特别要看到，新冠肺炎疫情对世界经济政治格局产生的影响广泛深远，单边主义、保护主义、霸权主义不断抬头，以美国为急先锋的反华势力挑动意识形态对立，对中国开展不择手段的造谣抹黑和毫无理智的打压制裁，蓄意把世界引向一场针对中国的“新冷战”。我们集中力量发展经济的外部条件发生深刻变化。如何在维护国家主权、安全、发展利益中努力维护我国发展重要战略机遇期，是需要把握和处理好的重大问题。

中国是周边环境最为复杂的大国，不仅邻国数量最多、核国家最多、人口过亿国家最多、热点难点问题最多，而且与10个邻国的领土领海争端尚未解决。随着中国快速发展对地区格局的牵动作用增大扩散，周边国家政治经济社会转型推进、发展和安全面临的难题增多，域外一些大国加大力度卷入搅局，地区合作机制重叠交叉突出，主要国家关系重组加快，特别是周边大国不断调适对华关系，中国打造稳固周边战略依托的任务十分艰巨。

总而言之，面对世界风云的快速变幻和和平崛起道路上的重重挑战，牢牢把握坚持和平发展、促进民族复兴这条主线，更加重视统筹国内国际两个大局，更加重视统筹发展安全两件大事，积极推动构建以合作共赢为核心的新型国际关系和打造人类命运共同体，积极推动形成有利于中国和平发展的国际环境和周边环境，考验着中国共产党的治国理政能力。

三是如何全面从严治党，成功应对“四大考验”、化解“四种危险”，更好凝聚党心民心，在实现“两个一百年”奋斗目标中更好发挥党的领导核心作用。

办好中国的事情关键在于中国共产党，在于党要管党、从严治党。中国共产党已持续进行了 70 多年“赶考”，考出了优异成绩，但考试远没有结束，还要持续进行下去。这场考试的本质集中到一点，就是中国共产党能不能在世界形势深刻变化的历史进程中始终走在时代前列，在应对国内外各种风险考验的历史进程中始终成为人民的主心骨，在坚持和发展中国特色社会主义的历史进程中始终成为坚强的领导核心，带领人民实现中华民族的伟大复兴。

今天，中国共产党已经拥有 9191. 4 万名党员和 468. 1 万个基层党组织，是世界上规模最大的政党。如此规模的党，具有不可估量的强大势场，具有排山倒海的正能量，同时教育管理党员和党组织的任务又极其艰巨。中国共产党是中国唯一的执政党，党的形象和威望、党的创造力凝聚力战斗力不仅直接关系党的命运，而且直接关系国家的命运、人民的命运、民族的命运。在新的历史起点上坚持和发展中国特色社会主义，党面临的执政考验、改革开放考验、市场经济考验、外部环境考验是长期的、复杂的、严峻的，精神懈怠的危险、能力不足的危险、脱离群众的危险、消极腐败的危险十分尖锐地摆在全党面前。党的十八大以来（截至 2019 年底），全国共查处违反中央八项规定精神问题 33.3 万件，立案审查中管干部 414 人、厅局级干部 1.8 万人、县处级干部 13.7 万人，截至 2020 年 11 月，已经有 206 名省部级及以上官员“落马”，尤其是查处了周永康、薄熙来、徐才厚、郭伯雄、令计划这样的人。

新中国成立不久，毛泽东同历史学家谈话时曾说：“治国就是治吏，礼义廉耻，国之四维；四维不张，国将不国。如果臣下一个个都寡廉鲜耻，贪污无度，胡作非为，而国家还没有办法治理他们，那么天下一定大乱，老百姓一定要当李自成。国民党是这样，共产党也会是这样。”邓小平早就说过：“中国要出问题，还是出在共产党内部。”因此，打铁还须自身硬。如何从严管党治党，促使广大共产党员首先是党的各级领导层警钟常鸣、励精图治，进一步振奋起来、进一步行动起来，以自我革命的政治勇气，祛病疗伤，激浊扬清，不断增强党自我净化、自我完善、自我革新、自我提高能力，不断提高执政能力和抵御风险能力，始终保持长盛不衰，始终立于不败之地，这是关系中国特色社会主义事业命运、关系国家和民族前途的重大政治问题。

归结起来说，中国如今已走到一个历史紧要关头。一方面，中国从来没有如此接近民族复兴梦想，中国发展仍然面临着重要战略机遇期；另一方面，形势环境变化之快、改革发展稳定任务之重、矛盾风险挑战之多都前所未有。肩负着引领中国实现从发展中国家向中等发达国家历史性跨越的中国共产党，使命极其光荣，考验也极其艰巨。

邓小平有句名言："我们要赶上时代，这是改革要达到的目的。""赶上时代""民族复兴""中国梦"，意思都是说，中国要跟上时代进步潮流，全面实现现代化。

拥有 14 亿人口的中国迈入社会主义现代化，是一个什么样的概念呢？当今世界完成工业化的发达国家和地区的人口总和不到 10 亿人，约占世界总人口的 15%。而中国大陆的人口已经达到 14. 0005 亿人（2019 年数据），约占全球人口总数的 20%。就是说，中国实现社会主义现代化，迈入发达国家行列，将超过几个世纪以来全世界所有国家和地区现代化人口的总和。世界大多数统计学家认为，不管采取什么样的口径，按照目前的发展态势，中国的经济总量很有可能在未来 10 至 15 年超过美国，重新回到昔日曾经拥有的世界第一经济体的位置。到21世纪中叶，中国实现了“两个一百年”目标，尽管人均GDP还只能达到世界最发达国家的中等水平，中国总体上还只能算是中等发达国家，但一个有5000年文明史、有960万平方公里陆地面积、有15亿人口（2050年人口预测数）的社会主义国家，一个世界上最大的发展中国家，用一个世纪的时间实现了建成富强民主文明和谐美丽社会主义现代化强国的奋斗目标，这是中国历史上乃至人类发展史上何等伟大、何等豪迈、何等雄奇的事业！

50多年前的1962年，毛泽东曾豪迈地预计：“从现在起，五十年内外到一百年内外，是世界上社会制度彻底变化的伟大时代，是一个翻天覆地的时代，是过去任何一个历史时代都不能比拟的。处在这样一个时代，我们必须准备进行同过去时代的斗争形式有着许多不同特点的伟大的斗争。……要准备着由于盲目性而遭受到许多的失败和挫折，从而取得经验，取得最后的胜利。”

沧海横流，方显英雄本色。党的十八大以来，以习近平同志为核心的党中央带领全党全国人民全面展开具有许多新的历史特点的伟大斗争，理论上有新发展，形成了习近平新时代中国特色社会主义思想这一当代中国马克思主义、21世纪马克思主义；实践上有新创造，开辟了新时代中国特色社会主义的新篇章，党、国家、军队、人民的面貌焕然一新，中国的综合国力和国际影响力全面提升。今日之中国，在以习近平同志为核心的党中央坚强领导下，即将实现第一个百年奋斗目标，宣布全面建成小康社会，也即将全面开启建设社会主义现代化强国新征程，向着第二个百年奋斗目标迈进。今日之中国，已经用自身的成功给世界上那些既希望加快发展又希望保持自身独立性的国家和民族提供了走向现代化的全新选择，也正在以中国智慧、中国方案、中国担当为处在十字路口的人类社会注入稳定力量，提供发展动能。这无疑是充分展示人类雄心和智慧的无与伦比的伟大创举，值得全体中国共产党人和全体中国人民为之满腔豪情地不懈奋斗。俱往矣，数风流人物，还看今朝！

自我革命：中国共产党最大的优势

革命者必先自我革命，必先有更加坚定的自我革命意志和行动。习近平总书记明确指出："勇于自我革命，是我们党最鲜明的品格，也是我们党最大的优势。中国共产党的伟大不在于不犯错误，而在于从不讳疾忌医，敢于直面问题，勇于自我革命，具有极强的自我修复能力。"深入学习领会习近平总书记关于中国共产党自我革命的重要论述，解决好为什么要自我革命、什么是自我革命、如何推进自我革命的重大历史课题，对于把我们党建设成为世界上最强大的政党，顺利实现党的奋斗使命具有极为重大而深远的意义。

（一）

中国共产党为什么要坚持自我革命？归根结底是两

条：第一，这是马克思主义政党性质的必然要求；第二，这是我们党近百年奋斗历程的经验结晶。

马克思主义政党的根本使命和远大理想是实现共产主义。这样的崇高使命和理想，揭示的是人类历史进步的发展规律，代表的是最广大人民的根本利益，彰显的是实现人的自由而全面发展的美好社会的价值追求。而实现这样的崇高使命和理想，是人类社会有史以来最雄伟、最壮丽的事业，也是最艰巨、最复杂的任务。这意味着客观世界和主观世界的不断改造，意味着生产力和生产关系、经济基础和上层建筑的不断变革，意味着人类社会新的历史、新的纪元的不断开辟，其内在逻辑前提就是进行最坚决、最彻底的革命。这也就是为什么列宁在评价马克思主义时强调它“在本质上是批判的和革命的”深刻道理所在。

在马克思主义政党所进行的革命之中，自我革命又是首要的。马克思主义政党要保持先进性和纯洁性，就要同一切弱化先进性、损害纯洁性的问题作斗争，就要祛病疗伤，激浊扬清。马克思说过，无产阶级革命与其他革命不同之处就在于：它自己批评自己，并靠批评自己壮大起来。列宁讲过：“一个政党对自己的错误所抱的态度，是衡量这个党是否郑重，是否真正履行它对本阶级和劳动群众所负义务的一个最重要最可靠的尺度。公开承认错误，揭露犯错误的原因，分析产生错误的环境，仔细讨论改正错误的方法——这才是一个郑重的党的标志。”

中国共产党作为马克思主义政党，作为中国工人阶级同时作为中国人民和中华民族的先锋队，自然需要不断进行自我革命，以更好实现为人民谋利益谋幸福的历史使命。在近百年的风雨沧桑中，中国共产党用实际行动坚守了自我革命的初心，彰显了自我革命的品格，践行了自我革命的誓言。

当年的革命与建设，究其根本首先是中国共产党的自我革命。20 世纪上半叶，中国共产党人带领中国社会进行了反帝反封建、争取民族独立和人民解放的伟大革命，20 世纪中叶又开始了独立自主、自力更生建设社会主义的伟大革命。建党初期对党员和党的一些组织思想不纯、组织不纯以及来自“左”、右两方面错误进行坚决斗争是自我革命，长征途中反对党和军队中存在的“左”倾冒险主义、张国焘分裂逃跑主义的斗争是自我革命，延安时期通过整风对党内存在的主观主义、教条主义、经验主义进行坚决斗争是自我革命，新中国成立后开展的反贪污、反浪费、反官僚主义等同样是自我革命。正是在这样一系列自我革命中，中国共产党一次次转危为安、化危为机，不断地由小到大、由弱变强，带领中国人民从胜利走向胜利。

改革是中国共产党又一次自我革命。这场革命，既深刻改变了中国社会，深刻改变了中华民族，也深刻改变了中国共产党自身。从以阶级斗争为纲到以经济建设为中心，从封闭半封闭到全面对外开放，从计划经济到社会主义市场经济，40 多年的改革开放充分体现了中国共产党对社会主义建设进程中形成的一些不适应现代化建设要求的思想观念、行为习惯与体制机制所作的自我革命。正是这样一次深刻的自我革命，中国共产党开始了带领中国人民建设中国特色社会主义的伟大征程，当之无愧成为中国特色社会主义伟大事业的领导核心。

党的十八大以来，以习近平同志为核心的党中央以从严管党治党开局起步，以刀刃向内的政治勇气向党内顽瘴痼疾开刀，体现的就是中国共产党自我革命的坚定决心与坚强意志。从实施八项规定转变作风到扎紧制度笼子加强党内监督，从“打虎”“拍蝇”“猎狐”无禁区、全覆盖到坚决查处周永康、薄熙来、郭伯雄、徐才厚、令计划等重大腐败案件，从党的群众路线教育实践活动到“两学一做”学习教育常态化制度化，从全面规范党内政治生活到着力营造山清水秀政治生态，凡此等等，使中国共产党在刮骨疗毒中解决了自身思想、组织、作风、纪律等方面存在的一系列重大问题，扭转了长期以来存在的管党治党失之于宽、失之于松、失之于软的局面。正是靠着自我革命的勇气，靠着壮士断腕的精神，中国共产党实现了又一次“凤凰涅槃”，实现了自身面貌和自身战斗力的有力提升，实现了党心军心民心的有力凝聚，开创了管党治党工作的崭新局面，开辟了坚持和发展中国特色社会主义的崭新境界。

历史周期率，不只是中国历史上政权的兴衰治乱、往复循环，也是世界政党政治中执政在野、上台下台的历史写照。世界上许多有过不凡历史和业绩的老党大党之所以没有跑赢历史周期率而垮台，其中一个重要原因，就是在掌控执政资源、创造执政业绩的光环下，出现了忽略自身不足、忽视自身问题的现象，陷入“革别人命容易、革自己命难”的境地。从这个意义上讲，中国共产党坚持不懈推进自我革命，勇于正视和解决自身问题，正在不断破解历史周期率的魔咒，正在不断塑造着自己的政党优势，也正在不断塑造着中国特色社会主义的政治制度优势。

现在，中国共产党正在进行具有许多新的历史特点的伟大斗争，形势环境变化之快、改革发展稳定任务之重、矛盾风险挑战之多、对我们党治国理政考验之大都前所未有。党要带领人民战胜各种风险挑战，统筹推进“五位一体”总体布局和协调推进“四个全面”战略布局，实现“两个一百年”奋斗目标和中华民族伟大复兴的中国梦，必须更加自觉地弘扬将革命进行到底的精神，不断深化自我革命的历史进程。正如习近平总书记指出，在世情国情党情深刻变化的情况下，“有没有强烈的自我革命精神，有没有自我净化的过硬特质，能不能坚持不懈同自身存在的问题和错误作斗争，就成为决定党兴衰成败的关键因素”。

（二）

革命，就其本源意义来讲是革故鼎新，其价值指向是向好、向新、向善，正所谓“苟日新、日日新、又日新”。自我革命，则是指这一革命是来自主体对自己自觉、自发、自动的行为。中国共产党的自我革命，概括来说就是不忘初心，牢记宗旨，坚持一切从实际出发，在自我警醒、自我否定、自我反思、自我超越中实现自我净化、自我完善、自我革新、自我提高。其精髓要义和基本特质主要体现在以下四个方面。

第一，这是一种坚持真理、修正错误的崇高追求。到过延安、瞻仰过党的七大会址的同志都不会忘记，会场两侧挂有6个插着党旗的旗座，每个旗座上都书写着“坚持真理，修正错误”8个大字，既显示出这次具有里程碑意义会议的灵魂，也彰显出中国共产党人不断自我革命的精髓。历史总是循着曲折的道路前进，一帆风顺是理想，曲折前行是常态。中国共产党从胜利走向胜利，重要秘诀就是不掩饰缺点、不回避问题、不文过饰非，有缺点克服缺点，有问题解决问题，有错误承认并纠正错误。

世界历史发展表明，一个政党的伟大不取决于在顺境之中轻装上路、阔步前行，而取决于在逆境之中能否逆势前行，在绝境之中能否绝地重生，在错误之后能否拨乱反正，在挫折之后能否毅然奋起。近百年来，我们党有凯歌高奏的辉煌，也有失误挫折的低谷，甚至一次次站在生死存亡的悬崖边上。但在历史紧要关头，中国共产党能够一次次悬崖勒马、力挽狂澜，就在于我们党敢于坚持真理、修正错误，始终保持自我革命、从头再来的勇气；就在于我们党始终具有极强的自我纠错能力和自我修复能力。毛泽东同志在《为人民服务》一文中指出：“因为我们是为人民服务的，所以，我们如果有缺点，就不怕别人批评指出。”“只要我们为人民的利益坚持好的，为人民的利益改正错的，我们这个队伍就一定会兴旺起来。”他还强调，有了错误，“我看不应当怕。我们的态度是：坚持真理，随时修正错误”。的确，我们党胸怀开阔，光明磊落，对党在认识上和实践中出现的错误从来都采取彻底的唯物主义态度。正如《关于建国以来党的若干历史问题的决议》指出：“‘坚持真理，修正错误’，这是我们党必须采取的辩证唯物主义的根本立场。过去采取这个立场，曾使我们的事业转危为安、转败为胜。今后继续采取这个立场，必将引导我们取得更大的胜利。”

第二，这是一种刀刃向内、无私无畏的政治勇气。自我革命意味着要“革”自己的命，对自身存在的问题“动刀子”；意味着反躬自省，自己否定自己，自己扬弃自己，自己超越自己。但刀刃向内、自我革命并不是形而上学的否定观，而是一种辩证的否定观。也就是说，自我革命的目的不是要自己推翻自己、全盘否定自己，不是要改弦更张、改旗易帜，而是要确保党始终成为中国特色社会主义事业的坚强领导核心，确保党开创的事业始终沿着正确的轨道、既定的目标前进，确保中国特色社会主义制度变得更加成熟、更加定型。一个成熟、强大的马克思主义政党，既要有坚守自我的定力，也要有革新自我的魄力；既要有自美其美的自信，也要有揭短亮丑的自觉；既要有“革别人命”的胆识，也要有“革自己命”的勇气。

中国共产党的自我革命是一项艰巨的工作，它打破的是利益藩篱，触动利益比触动灵魂更难；革除的是体制之弊，清除的是腐败毒瘤，因而是一场很不容易的革命。但是中国共产党走了过来，也做了出来。党的十八大以来，我们党通过自我革命，取得了丰硕的成果，打“虎”之多，拍“蝇”之众，既超出国人的期待，又出乎外人的意料。习近平总书记强调：“法治之下，任何人都不能心存侥幸，都不能指望法外施恩，没有免罪的‘丹书铁券’，也没有‘铁帽子王’。”这段话，展示了我们党反对腐败的决心和毅力。这样的自我革命，没有破釜沉舟、舍我其谁的魄力，没有刮骨疗毒、壮士断腕的勇气，是根本做不到的。

第三，这是一种全方位、全过程变革的历史运动。大凡进行革命的政党，或多或少都有一些自我革命的行动，但自我革命的广度、力度决定了不同政党所能达到的境界。中国共产党的自我革命，是全方位的革命，是全过程的革命，更具积极谋划、自觉发动、自主掌控的特性，既包括对自身的革命，也包括对所推进事业的革命，是推进党的事业和加强自身建设的统一。

这样的革命发力于对自身的革命。正是基于对“中国要出问题，还是出在共产党内部”的清醒认识，中国共产党对自己的革命既是一种清醒、一种自觉、一种担当，也是一种管党治党的实际行动，是知和行的统一。这样的革命，强调自我监督、自我修复，但不排斥群众监督、社会监督、舆论监督等外部监督，是各方面合力作用的结果，是自律和他律的统一。这样的革命，覆盖党的思想建设、组织建设、作风建设、反腐倡廉建设、制度建设各个方面，是通过自我革命使思想理论充满创造力，使组织体系更具动员力，使作风形象更有亲和力，使制度体系更加成熟定型，使反腐倡廉更加标本兼治。

这样的革命贯穿伟大事业全过程。带领一个 14 亿人口的发展中国家实现社会主义现代化和中华民族伟大复兴，是过去从来没有过的全新事业、全新探索、全新实践。如何让中国特色社会主义道路越走越宽广，让科学社会主义在 21 世纪焕发出新的蓬勃生机，要用新的理念、新的作为将自我革命进行到底。这样的革命是一个没有止境的过程，永不懈怠、永不停步，永远在路上。革故鼎新是社会规律，是历史大势，从不停步也不能停步。因此，就特定阶段、特定目标来说，革命已经成功；就更大范围、更长历史时期来看，革命尚未成功，同志仍需努力。当然，自我革命在不同历史阶段有不同的历史任务，体现出不同的阶段性特征，是阶段和过程的统一。

第四，这是一种革故鼎新、守正出新的实际行动。社会生活在本质上是实践的、变化的，辩证法在本质上是批判的、革命的，自我革命体现了马克思主义的实践品格和批判精神。马克思曾指出，哲学家们只是解释世界，问题在于改变世界。因循守旧，抱残守缺，只能复制一个旧世界；革故鼎新，守正出新，才能创造一个新世界。中国共产党的自我革命是一种意志、一种精神、一种追求、一种勇气，但归根结底是一种行动，一种突破陈规、开拓创新的实际行动。

路是走出来的，事业是干出来的，强大的政党是在自我革命中锻造出来的。中国共产党历来勇于以自我革新的实际行动开创事业新局面。在革命战争年代，中国共产党领导中国人民创造了“革命的世界奇迹”，根本的就在于我们没有沿袭西方民主革命的老路，没有复制俄国“十月革命”的道路，而是走出了一条农村包围城市、武装夺取政权的新民主主义革命道路；在和平建设年代，中国共产党领导中国人民创造了“发展的世界奇迹”，根本的就在于我们没有简单延续我国历史文化的母版，没有简单套用马克思主义经典作家设想的模板，没有照抄其他国家社会主义实践的模式，没有照搬国外现代化发展的经验，而是走出了一条中国特色社会主义道路。新民主主义革命道路和中国特色社会主义道路的成功开辟，是中国共产党自我革命精神的真实写照，也是自我革命实践的伟大成果。

在领导改革开放的历史进程中，中国共产党深刻认识到，社会主义是一个经常变化和改革的社会，改革是社会主义社会发展的直接动力，是社会主义制度的自我完善和发展；也深刻认识到，创新是一个民族进步的灵魂，是国家兴旺发达的不竭动力，必须把创新摆在国家发展全局的核心位置，不断推进理论创新、制度创新、科技创新、文化创新等各方面创新。今天，改革的理念、创新的理念已经深深镌刻在中国共产党的血脉之中，改革创新成为时代精神的核心，革故鼎新、守正出新已经深深融入中国共产党的血液而体现为自觉的行为、坚决的行动。

（三）

一部中国共产党的历史，就是一部在自我革命中实现超越和发展的奋斗史。中国共产党领导革命、建设、改革的伟大征程需要自我革命，实现中华民族伟大复兴中国梦、实现为人类文明作出更大贡献的庄严承诺依然需要自我革命。历史和现实充分证明，中国共产党要肩负人民和民族的重托、承载人类文明发展进步的希望，一刻也不能停止自我革命。

必须在坚定信仰信念中保持自我革命的战略定力。马克思曾经指出：“无产阶级的运动必然要经过各种发展阶段；在每一阶段上都有一部分人停留下来，不再前进。”造成这些人不再前进的原因可能很多，但最主要的是丧失了信念或放弃了信仰，甚至还会“利用党去干私人肮脏的勾当”，更不用说自我革命了。因此，对于中国共产党来说，要保持自我革命的战略定力，就一定要重视用理想信念强魂健魄。对马克思主义的信仰，对社会主义和共产主义的信念，是共产党人的政治灵魂，是共产党人经受住任何考验的精神支柱。中国共产党人越是信仰信念坚定，就越是敢于“抛掉自己身上的一切陈旧肮脏的东西”。当今中国，社会思潮日益多元多样，市场经济中的商品交换原则对社会政治生活的渗透很广，共产主义“渺茫论”和马克思主义“过时论”等在一些共产党员中仍有市场。这些都会对保持自我革命的定力造成一定的冲击。我们必须用好思想建党这个法宝，高扬共产党人的“心学”，加强对全党的信仰信念教育，着力用习近平新时代中国特色社会主义思想这一马克思主义中国化最新成果教育全体党员干部。要推进“两学一做”学习教育常态化制度化，旗帜鲜明讲政治，坚定“四个自信”、增强“四个意识”，在思想上政治上行动上同以习近平同志为核心的党中央保持高度一致。精神上不缺“钙”了，自我革命的骨头、骨气就会硬起来。

必须在顺应人民意愿中坚持自我革命的正确方向。人民立场是中国共产党的根本政治立场，以人民为中心是中国共产党事业发展的出发点和落脚处。离开人民，我们党的一切斗争和理想不但都会落空，而且都将变得毫无意义。自我革命同样如此。习近平总书记指出：“我们党之所以有自我革命的勇气，是因为我们党除了国家、民族、人民的利益，没有任何自己的特殊利益。不谋私利才能谋根本、谋大利，才能从党的性质和根本宗旨出发，从人民根本利益出发，检视自己。”顺应人民的意愿，就要始终把握好立党为公、执政为民的执政逻辑，把人民群众高兴不高兴、满意不满意、答应不答应作为衡量一切工作的根本标准，严厉防范和查处一切以权谋私现象，坚决防止党内出现既得利益集团。顺应人民的意愿，我们还要把防止社会利益固化作为自我革命的重点任务，坚持以人民为中心的发展思想，敢于打破利益藩篱，让人民共享改革发展成果，让人民拥有更多获得感。只要我们真正顺应人民的意愿进行自我革命，就能消除形式主义、官僚主义、享乐主义和奢靡之风，就会避免出现精神懈怠、能力不足、脱离群众和消极腐败的危险，就能不断夯实党创造新的历史的坚实群众基础。

必须在解决突出问题中激发自我革命的强大动力。习近平总书记强调，我们党领导人民干革命、搞建设、抓改革，从来都是为了解决中国的现实问题。通过解决好改革发展稳定中的各种问题、党的建设自身问题、人民群众反映的突出问题，就会激发出中国共产党自我革命的强大动力。因为，每成功解决一个问题，都在不断凝聚起推进国家有序治理、人民幸福安康、社会繁荣进步的强大力量。而每一次问题的解决，都会使中国共产党获得一次自我反省的机会、一副自我矫正的良方、一个改革创新的起点。中国共产党要管好治世界第一大执政党，要推进中国特色社会主义这一前无古人的伟大事业，必须直接对着问题去、跟着问题走，什么问题突出就着力解决什么问题，以问题整改开局起步、以问题整改注入动力、以问题整改赢得民心。中国共产党在解决问题中，形成了一套深化自我革命的内生机制，依靠这套机制又培育出一系列促进自我革命的方式方法、路径手段。比如，定期进行体检和大扫除，自己拿着手术刀给自己做手术，就是着眼于防微杜渐、防患于未然；用批评和自我批评的武器“硬碰硬”，是为了让党内政治生活更加严肃规范；自己给自己定边界、立规矩、划底线，是要把权力关进制度的笼子里；突出领导干部这一“关键少数”则是为了以身作则、以上率下，更好地引领全党自我革命，等等。所有这些，都为中国共产党进行自我革命提供着不竭的正能量。

必须在创新体制机制中提高自我革命的能力水平。毛泽东同志在党的八届二中全会上指出：“生产力是最革命的因素。生产力发展了，总是要革命的。”要看到，随着生产力发展带来的制度革命，必将极大推动体制机制创新；而每一次体制机制创新又将反过来推动进一步的革命，继续解放和发展生产力。自我革命也是同样的机理。中国共产党通过自我革命，不断地推进体制机制的创新，不断地促进制度的成熟与定型。反过来，体制机制的创新又为中国共产党啃硬骨头、涉深水区，进一步自我革命提供了保障，从而也提高了自我革命的能力与水平。近年来，中国共产党大力破除体制机制桎梏，不断推进体制机制创新，着力在各个方面建立比较成熟的制度体系，极大地提升了在推进国家治理体系和治理能力现代化方面的自我革命能力，提升了在统筹推进“五位一体”总体布局和协调推进“四个全面”战略布局中的自我革命能力，就是最具说服力的明证。

能胜强敌者，先自胜者也。“没有什么外力能够打倒我们，能够打倒我们的只有我们自己”。前途命运掌握在我们自己手上。今天，面对复杂的国际国内形势和繁重的改革发展稳定任务，只要全党紧密团结在以习近平同志为核心的党中央周围，坚持勇于自我革命，持续深化自我革命，我们就一定能够在进行具有许多新的历史特点的伟大斗争中不断实现党的自身建设和各项事业的新发展新超越，向着强党强国的目标奋勇前进。

努力建设世界上最强大的政党

2016年2月，习近平总书记在中央政治局常委会议审议“两学一做”学习教育方案时明确提出：“我们党要搞好自身建设，真正成为世界上最强大的一个政党。”这一重要论述，鲜明表达了中国共产党推进党的建设新的伟大工程的崇高志向和远大追求，体现了以习近平同志为核心的党中央管党治党的坚定决心和高度自信，反映了我们这样一个马克思主义政党的宽阔眼界和历史担当。

（一）

为什么要把中国共产党建设成为世界上最强大的政党？一言以蔽之，就是因为我们党是一个在14亿人口的发展中大国执政的马克思主义政党，肩负着实现中华民族伟大复兴和促进人类文明发展的历史重任，理想最崇高，使命最艰巨，事业最伟大。建设成为世界上最强大的政党，是理想所寄，使命所使，事业所需。

讲理想最崇高，是因为共产主义奋斗目标昭示着人类社会最美好的未来。中国共产党以马克思主义为指导，把共产主义作为自己的远大理想。为最广大人民根本利益而奋斗，致力于实现人的自由而全面的发展，这是我们党最显著的政治标识。共产主义理想，超越迄今为止所有的社会政治理想，揭示了人类社会发展演进的必然趋势，体现了合规律性与合目的性的高度统一，170 多年来始终占据着人类真理和道义的制高点。正因为坚持这样的社会政治理想，我们党把全心全意为人民服务作为最高准则，没有自己的特殊利益，政治上最纯粹、最先进。也正是为了实现这样的社会政治理想，一代又一代中国共产党人赴汤蹈火、前赴后继，不畏艰难、不怕牺牲，付出了全部心血和赤诚。追求和实现这样的社会政治理想，是中国共产党成为世界上最强大政党的最大底气。

讲使命最艰巨，是因为在一个古老大国实现社会主义现代化和民族复兴的进程异常复杂而艰难。实现社会主义现代化，实现中华民族伟大复兴，既是中华民族近代以来最伟大的梦想，也是历史赋予中国共产党最艰巨的使命。历史一再表明，任何国家的现代化道路都充满复杂的矛盾和挑战，甚至还会出现曲折迂回、事与愿违的局面，这样的例子不胜枚举。特别对于中国这样一个古老大国的复兴，为实现追赶和超越的目标使得现代化进程的时空高度压缩，也使得矛盾之大、困难之多、考验之严峻都前所未有，“塔西佗陷阱”“中等收入陷阱”等客观地摆在我们面前。今天，在中国共产党领导下，我们比历史上任何时期都更接近中华民族伟大复兴的目标，比历史上任何时期都更有信心、有能力实现这个目标。但就像攀登珠峰，登顶那一段最艰险；就像跨越峡谷，转折关口最显本事。当此穿越惊涛骇浪、风高浪急的“三峡最惊险处”之时，方显“船长”何其重要！中国共产党就是“中华号”深孚民望的“船长”。只有世界上最强大的政党，才有勇气担此大任。

讲事业最伟大，是因为我们党正在带领人民开辟具有世界意义的崭新的人类发展道路。实现中华民族伟大复兴，必须坚持中国特色社会主义道路。新中国之所以能够快速发展起来，改革开放以来中国之所以能够在短短 30 多年里跃升为世界第二大经济体，中华民族之所以能够彻底摆脱被开除球籍的危险，最根本的是我们党带领人民找到并走出了一条中国特色社会主义道路。这条道路，是一代又一代中国共产党人用生命、鲜血和汗水探索得来的，代表了中国共产党人推动传统中国走向社会主义现代化的智慧和创造。这条道路，是在借鉴和吸收人类文明成果的基础上形成和发展的，为解决当今时代和人类社会面临的诸多问题提供了中国智慧和中国方案，面对当今世界遇到的治理赤字、信任赤字、和平赤字、发展赤字，它越来越为国际社会所认可。这条道路，前人没有走过，没有经验可循，既不是封闭僵化的老路，又不是改旗易帜的邪路，而是一条充满光明前景的新路，只能靠中国共产党人在保持强大的政治定力中不断去深化探索和实践。

强党引领强国，强国必先强党。为着崇高理想，为着神圣使命，为着伟大事业，必须把中国共产党建设成为世界上最强大的政党。这是由党的性质所决定的内在逻辑，也是历史和实践得出的科学结论。

（二）

什么才是世界上最强大的政党？最强大的政党应该有哪些标志性的特征？不同角度会有不同的评判标准，对不同性质的政党也会有不同的答案。中国共产党作为具有崇高追求的马克思主义政党，最基本的就是要有强大的政治引领力、强大的民心感召力、强大的组织动员力、强大的自我革新力。

政治属性是政党第一位的要求，政治方向、政治追求是其中的决定性要素。世界上最强大的政党，首要的是在把握社会进步方向上具有最强的政治引领能力、最高的政治引领水平。政治引领能力大小、政治引领水平高低，很大程度上取决于政党的纲领，取决于政党的定力。马克思认为，一个政党的正式纲领是一面公开树立起来的旗帜，是人们用以判断这个政党的活动性质与水平的界碑。中国共产党的最高纲领是实现共产主义，但在不同历史时期，总是根据社会发展状况、人民群众意愿和事业发展需要，提出富有感召力的奋斗目标，团结带领人民为之奋斗。把最高纲领与现实纲领统一起来，保证了我们党能够始终站在时代发展的最前沿，在生动的现实实践中带领群众不断开辟前进的道路。前进有前进的队形，就像一队人马，如果领头的打“退堂鼓”，队伍难免作“鸟兽散”。以苏共为例，当时在世界政坛上也是数一数二的“强大”，但竟然哗啦啦地垮了。尽管垮台因素是多方面的，但作为马克思主义政党，最致命的就是政治上的蜕变和摇摆，要么僵化教条，要么极端冒进，搞不下去了，最终使江山改旗易帜。所以，习近平总书记反复强调："风云变幻，最需要的是战略定力。"

民心是最大的政治。1934 年 1 月，毛泽东同志在江西瑞金召开的第二次全国工农兵代表大会上指出："要得到群众的拥护吗？要群众拿出他们的全力放到战线上去吗？那末，就得和群众在一起，就得去发动群众的积极性，就得关心群众的痛痒，就得真心实意地为群众谋利益。"张学良总结国民党在大陆失败的主要原因是"民心尽失"，并赞叹："共产党的厉害，就是共产党能够看清这事情的趋势，知道民众往哪儿走，他知道了民众的意思，他就能够真正去那么做。"可见"得众则得国，失众则失国"。长期以来，我们党把实现共同富裕作为中国特色社会主义的本质规定，坚持以人民为中心的发展观，坚持发展为了人民、发展依靠人民、发展成果由人民共享，在经济发展基础上不断增强人民群众的获得感，这是我们党始终赢得群众拥戴的关键所在。世界知名民调机构皮尤研究中心的最新调查，显示了中国民众对中国共产党和中国政府的满意程度。

作为一个强大的政党，应该具备"振臂一呼、应者云集"的组织威力。习近平总书记指出："党的力量来自组织，组织能使力量倍增。"中国共产党的组织动员力是举世公认的，这种能力来源于强大的组织体系，来源于得力的干部队伍，来源于严密的组织纪律。这也是世界上其他政党羡慕中国共产党的众多优势中较为突出的一点，许多西方学者从政治学、社会学理论上也给予了很高评价。美国学者亨廷顿是西方政治发展理论的代表人物，他在大量比较研究基础上得出一个基本结论，即：没有政党或者只有许多弱小政党的国家是最不稳定的。他特别承认中国共产党在现代化进程中的作用，认为有效的“动员”和“组织”增强了共产党推进现代化的能力。

一个政党的生命力在于不断革新。只有不断进行革新，才能跟上形势发展和时代变迁，始终保持蓬勃生机和旺盛活力。世界上最强大的政党，一定是善于顺势而为、勇于自我革新、直面解决问题的政党。没有强大的自我革命精神和强大的自我革新能力，面对这样那样的问题、困难、风险、挑战，一个政党很可能经不住失误和挫折的考验，跨不过这样那样的“坎”，更不可能转危为安、化危为机。当年苏东剧变之后，一些西方的中国问题研究专家认为，中国也会步其后尘。但后来中国共产党不仅没有像他们预期的那样，反而发展势头越来越好。这样截然不同的结果促使西方学者反思。有学者认为是中共的适应性使其有效回应了外部压力，甚至一些一向对中共持负面看法的学者也开始用“弹性”这样的中性表述来解释中共为什么能成功应对挑战。还有的学者认为中共擅长“调适”。其实，无论是适应性还是“弹性”或“调适”，实质就是一种自我革新能力。通过自我革新做到自我净化、自我完善、自我提高，这正是中国共产党的独特政治品格和政治优势所在。

强大的政治引领力、强大的民心感召力、强大的组织动员力、强大的自我革新力，这四个方面有机联系、互为支撑、相辅相成。这是中国共产党建党百年、执政 70 多年走过的真实道路，也是我们党真正的力量所在。今天，世界上还没有哪个政党在这些方面能够与中国共产党媲美。正因为如此，中国共产党始终是人民信赖拥戴的“主心骨”，成为稳坐中军帐统揽全局的“帅”，成为世界文明进步的希望所在。

行百里者半九十。以习近平同志为核心的党中央始终保持着高度的战略清醒。习近平总书记特别强调：“现在需要‘愈大愈惧，愈强愈恐’的态度，切不可在管党治党上有丝毫松懈。”“我们党要搞好自身建设，真正成为世界上最强大的一个政党”，这里的“真正”两个字，字字千钧，表明了中国共产党在“百炼成钢”上的意志和决心。

（三）

最强大的政党不是自然形成的，不是一蹴而就的，也不是一成不变的。过去强大不等于现在强大，现在强大不等于今后强大，更不意味着永远强大。在兴党强党问题上，必须坚持不忘初心，牢记使命，从严治党，砥砺前行。

党的十八大以来，以习近平同志为核心的党中央带领全党全国人民大气魄治党治国治军、大视野运筹国际国内大局、大手笔推动改革发展稳定，开辟了治国理政新境界，开创了党和国家事业发展新局面，谱写了坚持和发展中国特色社会主义新篇章。在这个过程中，党中央推动全面从严治党不断向纵深发展，以自我革命的政治勇气大力解决党自身存在的突出问题，抓思想从严、抓管党从严、抓执纪从严、抓治吏从严、抓作风从严、抓反腐从严，推动管党治党真正从宽松软走向严紧硬，做到管党有方、治党有力、建党有效，开辟了党内政治文化健康向上、党内政治生活严肃认真、党内政治生态山清水秀的管党治党新境界，有力有效回答了20世纪末邓小平同志关于“这个党该抓了，不抓不行了”的政治交代。这五年取得的管党治党成效是前所未有的，不仅出乎国人的期待，而且出乎国际社会的预料，进一步提升了全党的道路自信、理论自信、制度自信、文化自信，坚定了全党建设世界上最强大政党的信念和信心，明确了如何建成世界上最强大政党的兴党强党之路。

一定要稳固强党之魂。共产党人的政治灵魂和精神支柱是什么？就是对马克思主义的信仰，就是对社会主义和共产主义的信念。世界社会主义实践的曲折历程告诉我们，马克思主义政党一旦放弃马克思主义信仰、放弃社会主义和共产主义信念，就会土崩瓦解。共产党人如果没有信仰、没有理想，或信仰、理想不坚定，精神上就会“缺钙”，就会得“软骨病”。魂在党在，魂亡党亡，魂固党固，魂强党强。思想建党是中国共产党的优良传统和固魂强魂之道。在社会思潮日益多元多样多变的今天，在市场经济领域实行商品交换原则的条件下，必须加强对全党的理想信念教育，丰富教育内容，创新教育形式，把信仰的工作做到人心里去。要用当代中国的发展实践、用马克思主义中国化最新成果教育党员干部，坚定“四个自信”，增强“四个意识”，旗帜鲜明讲政治，严守政治纪律和政治规矩，在思想上政治上行动上同以习近平同志为核心的党中央保持高度一致。只有这样，才能形成强大的政治引领力，最大限度地凝聚全党全国人民的意志和力量。这是建设世界上最强大政党的思想政治保障。

一定要广聚强党之源。这个“源”，就是民心。民心所向就是中国共产党的努力方向。习近平总书记指出，我们党作为马克思主义执政党，根基在人民，血脉在人民，力量在人民。无论过去、现在和将来，密切联系群众都是我们党从胜利走向胜利的最大政治优势，而脱离人民群众是我们党执政面临的最大危险。密切党群关系，广聚民心，要做到“堵疏并举”。“堵”，就要锲而不舍反对形式主义、官僚主义、享乐主义和奢靡之风，以永远在路上的精神旗帜鲜明同腐败现象作斗争，持续深入解决人民群众反映强烈的突出问题，不断以解决问题的实际成效取信于民。“疏”，就要加强对党员干部的群众路线教育，引导党员干部切实明白我们党“为了谁”“依靠谁”“我是谁”，保持对人民群众的赤子之心，切实解决群众困难，改进联系群众方法，维护群众切身利益，保护群众合法权益，切实做好新形势下群众工作。堵疏结合，就能更好地保持党的性质和宗旨，就能调动起一切积极因素，化解掉一切消极因素，把同心圆做得更大，使我们党的“人气”变得更加旺盛。

一定要夯实强党之基。中国共产党组织庞大，党员众多，基层基础建设尤为重要。习近平总书记指出，党的工作最坚实的力量支撑在基层，最突出的矛盾问题也在基层，必须把抓基层打基础作为长远之计和固本之举，努力使每个基层党组织都成为坚强战斗堡垒。对中国共产党这座宏伟大厦、这棵参天大树、这一超级巨人来说，基层党组织和党员干部就是基石、就是根须、就是细胞。只有基石稳固、根须繁茂、细胞健康，党才能更加坚强有力。这些是建设世界上最强大政党的主要硬件。因此，必须加强党的基层组织建设，落实主体责任，发挥好基层党组织的政治功能和服务功能，使广大的基层党组织真正成为服务人民的坚强阵地。要处理好党员规模和质量的关系，把党员质量放在突出位置，推动党员充分发挥先锋模范作用。要按照“好干部”标准，克服“四唯”倾向，防止“逆淘汰”，推动形成能者上、庸者下、劣者汰的用人导向，进一步形成风清气正、英才辈出、人才济济的良好局面。

一定要把握强党之要。这个“要”，就是制度。建设好、管理好一个有 460 多万个党组织、9100 多万名党员的执政党，离开党内法规、离开健全的制度是难以想象的。党的十八大以来，党中央把制度治党、依规治党作为全面从严治党的重要内容统筹谋划和部署，一系列具有标志性、关键性、引导性的法规制度陆续出台，进一步夯实了全面从严治党的制度基础。“把权力关进制度的笼子里”“把纪律挺在前面”“坚决防止‘破窗效应’”“党纪国法不能成为‘橡皮泥’‘稻草人’”，如此等等新观念深入人心。关键是各项制度要落地生根，要成为管党治党的硬约束，成为各级组织和党员干部的硬责任。

中国共产党已经走过百年波澜壮阔的奋斗历程。当年那个全国党员总数不足 60 人的新生政党，已蔚然成为一个在 14 亿人口的发展中大国连续执政 70 多年的世界第一大党。中国共产党，肩负着人民和民族的重托，承载着人类文明发展进步的希望。这个“世界第一大党”，还要成为“世界上最强大的政党”。今天，在以习近平同志为核心的党中央坚强领导下，中国共产党正满怀豪情和信心，阔步走在兴党强党的大路上。

第二部分

理论创新

伟大思想理论从何而来

党的十九大把十八大以来以习近平同志为核心的党中央进行艰辛理论探索和推进理论创新的成果，概括为习近平新时代中国特色社会主义思想，并把这一重大思想确立为我们党必须长期坚持的指导思想，实现了党的指导思想的又一次与时俱进。这是十九大最突出的亮点和最重要的贡献。深入学习领会习近平新时代中国特色社会主义思想，既要准确把握它的历史地位、精髓要义、实践要求，也要科学把握它的理论渊源和发展脉络，做到知其然更知其所以然。只有这样，才能更好理解这一重要思想是植根中国大地、符合中国实际、具有中国气派的科学理论，是顺应时代要求、响应人民心声、遵循执政规律的科学理论，从而增强对这一重要思想的政治认同、思想认同、情感认同，不断增强忠诚核心、拥戴核心、维护核心的思想自觉和行动自觉，更加坚定实现中华民族伟大复兴中国梦的信心和决心。

习近平新时代中国特色社会主义思想，是在推进马克思主义中国化进程中，在传承中华优秀传统文化和革命文化、社会主义先进文化中发展起来的，焕发出马克思主义的真理光芒和强大的文化力量

中国共产党是马克思主义的忠实继承者和丰富发展者，也是中华优秀传统文化的忠实传承者和发扬光大者。我们党在思想理论上有两个“老祖宗”，一个是马克思主义，一个是中华优秀传统文化。马克思主义是我们党的理论基石。我们党百年的奋斗历程，从一定意义上说就是马克思主义中国化的进程。习近平新时代中国特色社会主义思想，深深扎根于当代中国火热实践和中华民族5000多年博大文明，是马克思主义中国化最新成果，是中国特色社会主义理论体系的重要组成部分，是对马克思主义理论谱系的创造性继承和创新性发展，也是对中华优秀传统文化和革命文化、社会主义先进文化的创造性继承和创新性发展。习近平新时代中国特色社会主义思想没有丢掉马克思主义“老祖宗”，也没有丢掉中华优秀传统文化和革命文化、社会主义先进文化的“根脉”，而是使我们的“老祖宗”、我们的“根脉”在当今中国愈益焕发出真理的光芒、文明的光芒，使我们底气更足了、力量更强大了。这正是习近平新时代中国特色社会主义思想的独特魅力所在和独特优势所在。

习近平新时代中国特色社会主义思想始终坚持马克思主义立场观点方法，极大丰富发展了中国特色社会主义理论体系，为发展21世纪马克思主义、当代中国马克思主义作出了重大贡献。这一创新思想强调“革命理想高于天”，理直气壮地强调马克思主义、共产主义理想是共产党人的命脉和灵魂，进一步提振了中国共产党的“精气神”。这一创新思想把马克思主义哲学作为看家本领，坚持和运用辩证唯物主义和历史唯物主义，强调树立战略思维、创新思维、辩证思维、法治思维、底线思维，丰富和发展了马克思主义哲学。这一创新思想提出了经济新常态、新发展理念、以人民为中心、使市场在资源配置中起决定性作用和更好发挥政府作用、供给侧结构性改革、建设现代化经济体系等一系列新理念新思想新战略，书写了当代中国马克思主义政治经济学的新篇章。这一创新思想坚持科学社会主义的基本原则，在世界上高高举起了中国特色社会主义伟大旗帜，发展了中国特色社会主义道路、理论、制度、文化，推动科学社会主义在21世纪的中国焕发出强大生机活力。

习近平新时代中国特色社会主义思想吸吮着中华民族5000多年漫长奋斗积累的文化养分，开辟了传承和弘扬中华优秀传统文化、革命文化、社会主义先进文化的新局面，极大提升了中华民族的向心力和凝聚力，极大增强了中华民族屹立于世界民族之林的自信心和自豪感。《关于实施中华优秀传统文化传承发展工程的意见》的印发，深刻体现了以习近平同志为核心的党中央对中华优秀传统文化的高度重视和高度自信。习近平新时代中国特色社会主义思想蕴含着中华民族的价值共识、精神追求、政治智慧、历史经验，植根于包括红船精神、井冈山精神、长征精神、延安精神、西柏坡精神、大庆精神、“两弹一星”精神等在内的红色精神谱系，体现社会主义核心价值观思想灵魂，彰显以爱国主义为核心的民族精神和以改革创新为核心的时代精神，恪守忠诚老实、公道正派、实事求是、清正廉洁为核心的政党价值观，实现了真理性和价值性的统一，充满思想的力量、道义的力量和文化的力量。

习近平新时代中国特色社会主义思想，是从习近平总书记几十年艰苦磨砺和从政实践中特别是多领域多层级领导岗位的历练中积累得来的，释放出深厚的“地气”和旺盛的活力

习近平新时代中国特色社会主义思想是党和人民实践经验和集体智慧的结晶，习近平总书记以马克思主义政治家、理论家的深邃政治智慧和独特理论创造，为这一思想的创立发挥了决定性作用，作出了决定性贡献。

领袖的产生绝非偶然，领袖思想的形成必有源头。习近平总书记的从政经历遍及党、政、军各个领域，历经村、县、地、市、省直至中央等层级的主要岗位，其成长之路也是习近平新时代中国特色社会主义思想的萌生和孕育过程。习近平总书记的 7 年知青岁月和长期地方领导实践，为习近平新时代中国特色社会主义思想的孕育和发展提供了活水源头。不少思想都是在基层和地方萌发、生成和发展的，都能够在总书记 7 年知青岁月中找到“根”和“源”，都能够在总书记地方领导实践的讲话和著述中找到原点和注脚。

实践出真知，基层是沃土。7 年知青经历是习近平新时代中国特色社会主义思想的厚重底色和历史起点。习近平总书记在艰苦环境的考验中，磨炼了意志品质，丰富了精神世界和知识底蕴。正是这段经历的洗礼，淬炼和铸就了他坚韧不拔、志存高远、无私无畏、内敛厚重的领袖魅力。

正定是习近平总书记施展政治才华、展现历史担当的最初“试验田”。他自己也说：“正定是我从政起步的地方。”在正定，他敢为人先，提出了不少新观点，实施了不少新举措，留下了实实在在的、人民群众满意的政绩，充分体现了他的为民情怀、改革思维、创新精神、开放意识、务实作风和责任担当。福建 17 年多从政实践是习近平总书记政治能力和治理能力得到全面历练和展示的关键期，也可以说是习近平新时代中国特色社会主义思想的萌发期。在福建这块热土上，他抱着一颗赤子之心，在改革、开放、发展、党建等一系列重大领域，在理论和实践的双重探索中，都取得了丰硕成果。他领导宁德摆脱贫困的努力，他主政福州“马上就办、真抓实干”的作风，他在全省治理餐桌污染、推进林权改革、建设“生态福建”和“数字福建”的成绩等，都镌刻在八闽大地上了。主政浙江和上海期间是习近平总书记的政治家素质和执政能力得到全面提升的黄金期，也是习近平新时代中国特色社会主义思想生成的重要阶段。在浙江，他强调“干在实处，走在前列”，制定并实施作为浙江经济社会发展总纲的“八八战略”，着力建设平安浙江、建设文化大省，推进党的执政能力建设和先进性建设，把浙江带上了发展快车道，浙江成为全国可持续发展的试验田和排头兵。2007 年，他担任上海市委书记，虽然只在上海工作不到一年时间，但马不停蹄考察了全市所有 19 个区县，强调牢记党的使命，阐述上海城市精神，推动共建共享改善民生。现在回过头来看，这些全方位思考和实践产生的影响是深入持久的。

习近平总书记在地方的丰富实践、深邃思考和不断探索，与习近平新时代中国特色社会主义思想前后存在着一以贯之、深化拓展、不断升华的发展脉络和思想逻辑，在实践基础、理论渊源、思想内涵、精神品质、语言风格等方面具有内在的继承性和一致性，体现了党的核心、人民领袖的个人魅力、政治品格与理论品质的高度统一。正是这样的实践积淀和厚积薄发，厚植了他治国理政的扎实根基，成就了他非同凡响的领袖风范，成就了他博大精深的思想理论。

习近平新时代中国特色社会主义思想，是从十八大以来五年的历史性成就和历史性变革中总结出来的，展现出无比广阔的时代舞台和无比强大的引领力量

当今中国在新中国成立特别是改革开放的基础上，取得了历史性成就，发生了历史性变革。这些给我们党提出了一个重大时代课题，那就是必须从理论和实践结合上系统回答新时代坚持和发展什么样的中国特色社会主义、怎样坚持和发展中国特色社会主义。正是围绕回答这一重大理论和实践问题，习近平总书记坚持把马克思主义基本原理同中国具体实践相结合，坚持以人民为中心，坚持问题导向，以全新视野作出战略抉择，以顶层设计谋划事业发展，带领全党全国人民开创了中国特色社会主义新时代，形成了习近平新时代中国特色社会主义思想。

"四个伟大"是时代的呼唤，是关乎党和国家前途和命运的重大根本问题。党的十八大以来的理论创新，就是建立在"四个伟大"实践基础之上的。"四个伟大"紧密联系、相互贯通、相互作用，协调统一于新时代党和国家全部事业发展之中。像坚持党对一切工作的领导，全面深

化改革的总目标，新发展理念，“四个全面”战略布局，构建人类命运共同体，等等，无不植根于“四个伟大”实践。习近平新时代中国特色社会主义思想从“四个伟大”实践土壤中生长出来，并将指导夺取“四个伟大”的新胜利。

习近平新时代中国特色社会主义思想最核心的内容，就是“八个明确”。“八个明确”揭示了新时代中国社会的主要矛盾，明确了新时代坚持和发展中国特色社会主义的总目标、总任务、总体布局、战略布局和发展方向、发展方式、发展动力、战略步骤、政治保证。在“八个明确”中，有的是对过去目标的提升和完善，有的是对党的十八大以来治国理政新理念新思想新战略的集中概括，有的是全新的理论判断，有的则是对过去模糊认识的澄清。这些思想源于实践又指导实践，为中国特色社会主义注入了新的科学内涵，进一步彰显了中国特色社会主义更加鲜明的时代特色、实践特色、理论特色、民族特色，续写了 21 世纪马克思主义、当代中国马克思主义的光辉篇章。

新时代坚持和发展中国特色社会主义的基本方略，即党的十九大概括的“十四个坚持”，是对党的治国理政实践经验的最新总结，是实现“两个一百年”奋斗目标、实现中华民族伟大复兴中国梦的科学方法论，是夺取中国特色社会主义事业新胜利的坚强保证，必须毫不动摇地坚持、不折不扣地落实。

习近平新时代中国特色社会主义思想，是从中国与世界的深度互动中成长而来的，表现出海纳百川的开放意识和造福世界的实践力量

当今世界正处于大发展大变革大调整时期，面临的不稳定性不确定性突出，逆全球化趋势凸显，人类面临的挑战进一步加剧。党的十八大以来，以习近平同志为核心的党中央科学统筹国内国际两个大局，提出了包括正确义利观、新安全观、全球治理观、人类命运共同体、“一带一路”等一系列有利于世界和平与人类进步的新理念新倡议新方案，得到了国际社会的广泛认同。尤其是，中国着力推动供给侧结构性改革，克服了经济下行压力，长时期保持中高速增长，继续在世界主要国家中处于领先位置，成为推动世界经济发展的重要引擎和支撑力量，对全球经济增长的贡献率超过 30%，比美国、日本和欧盟的总和还多。中国不仅为世界经济社会发展提供了越来越多的

“物质产品”，更为世界发展和人类进步提供超越意识形态的“中国方案”。这是当代中国对世界作出的最重要贡献。

中国共产党是为中国人民谋幸福的政党，也是为人类进步事业而奋斗的政党。坚持推动构建人类命运共同体是习近平新时代中国特色社会主义思想的核心要义之一。自从习近平总书记提出构建人类命运共同体以来，中国已经更好地融入了世界，世界也更好地接纳了中国。这些不仅表现在“人类命运共同体”被写入联合国的决议，还表现在中国对金融危机影响下复苏缓慢的全球经济的积极引领上，表现在实现政策沟通、设施联通、贸易畅通、资金融通、民心相通的“一带一路”建设的深入推进上，表现在人民币加入国际货币基金组织特别提款权货币篮子的标志性事件上，表现在中国在世界治理中的深度参与和积极作为上，表现在中国“朋友圈”的日益扩大上。简而言之，当今中国已经名副其实地成为世界和平的建设者、全球发展的贡献者、国际秩序的维护者。

习近平总书记指出：“让和平的薪火代代相传，让发展的动力源源不断，让文明的光芒熠熠生辉，是各国人民的期待，也是我们这一代政治家应有的担当。”在习近平新时代中国特色社会主义思想指引下，中国将高举和平、发展、合作、共赢的旗帜，秉承“美美与共，天下大同”的传统美德，尊重世界文明多样性，努力用文明交流超越文明隔阂、用文明借鉴超越文明冲突、用文明共存超越文明优越，不断促进世界经济更加平衡、全球治理更加有效、国际关系更加合理，为世界发展和人类进步作出新的更大贡献。

伟大思想理论因何伟大

中国特色社会主义进入了新时代。这是一个伟大的时代，一个需要伟大思想理论也能够产生伟大思想理论的时代。习近平新时代中国特色社会主义思想，就是这个伟大时代产生的伟大思想理论。

习近平新时代中国特色社会主义思想为什么伟大？因为这一思想是在新时代中国特色社会主义伟大实践中产生形成的，因为这一思想是以习近平同志为主要代表的中国共产党人创立的，更因为这一思想本身具有重大的政治意义、历史意义、理论意义、实践意义、世界意义。

这一思想的重大政治意义，根本在于它对形成、确立、巩固习近平总书记党中央的核心、全党的核心地位提供了不可替代、不可或缺的思想保障和理论基础

马克思曾经说过，每一个社会时代都需要有自己的大

人物，如果没有这样的人物，这个社会时代就要把他们创造出来。在中国特色社会主义进入新时代这样的历史关键时期，中国共产党、中国人民、中华民族尤其需要有自己的大人物。这样的大人物，既要有马克思主义政治家的深刻洞察力和战略远见，又要有马克思主义理论家的非凡理论造诣和深厚文化底蕴；既要有职业革命家的强烈历史担当和大无畏献身精神，又要有战略实干家的丰厚实践经验和卓越领导才干。这样的大人物，既要用治国理政成就证明实践领导力，又要用科学思想理论展示思想引领力；既要让全党全国人民在行动上坚决追随，又要让全党全国人民在思想上自觉看齐。

习近平总书记就是中国特色社会主义新时代产生的这样的大人物。习近平总书记党中央的核心、全党的核心地位，来自党的十八大以来他带领全党励精图治、革故鼎新所取得的历史性成就、所发生的历史性变革，来自他长期以来在多个领域、多个领导层级积淀的深厚政治基础、思想基础、群众基础、实践基础，也来自主要由他创立的习近平新时代中国特色社会主义思想的强大创造力、凝聚力、战斗力、引领力。这一思想系统完备、内涵丰富、思想深邃、逻辑严密，充分体现了习近平总书记马克思主义政治家、战略家的宽广视野和远见卓识，充分彰显了习近平总书记马克思主义理论家的高超理论素养和卓越理论建树。党的十九大将习近平新时代中国特色社会主义思想确立为全党必须长期坚持的指导思想写入党章，把坚定维护以习近平同志为核心的党中央权威和集中统一领导写入党章，这是对马克思主义权威观、领袖论的自觉坚持与科学遵循，是十九大最重大的政治成果、最深远的历史贡献。

从历史实践来看，马克思主义政党领袖的形成、确立，同党的指导思想的创立、确认是相互联系、相互依托、相互作用、相辅相成的。马克思主义从来不是束之高阁的学究式学问，而是实践的科学理论、行动的管用思想。领袖创立思想，思想武装政党，政党指引人民，人民投身实践，实践又造就领袖，这是170多年来马克思主义和科学社会主义发展的基本规律和内在逻辑。马克思主义政党领袖创立的理论越是切合时代需要，越是博大精深，越是占据思想制高点，越是务实管用，就越具有至高的理论权威性，他的领袖地位和政治权威就越是坚如磐石、不可替代。

拿我们党来说，遵义会议前党处在幼年和不完全独立自主时期，既未形成众望所归的政治领袖，也未形成全党认同的马克思主义同中国实际相结合的革命理论。这也是中国革命几经挫折甚至面临失败危险的重要原因。遵义会议确立了毛泽东同志在党中央和红军的领导地位，党开始形成坚强的领导核心，党在理论上也随之逐渐成熟起来。毛泽东同志到陕北后，深刻总结中国革命正反两方面经验，进一步深入思考和探索中国革命一系列重大问题。当他创造性地写出一篇篇马克思主义中国化的雄文巨著，用实践证明对中国来说“山沟里的马克思主义”才是真正科学、真正管用的马克思主义，全方位展现了马克思主义理论素养和理论形象时，不仅他的军事家、政治家、战略家地位得到中央领导层和全党的进一步高度认同，他的马克思主义理论家和理论权威的地位也水到渠成、实至名归地得到中央领导层和全党的高度认同。党的七大用毛泽东同志的名字冠名中国共产党的创新理论，把毛泽东思想确立为党的指导思想并写入党章，就是用党的根本大法这一最高形式对毛泽东同志核心和领袖地位的高度认同，就是对毛泽东思想指导地位的高度认同。

中国革命、建设、改革实践充分证明：对于我们这样的大党、长期执政的党来说，形成真正掌握了科学理论的坚强核心，创立揭示规律、指引道路、激励奋斗的科学理论和指导思想，是党成熟卓越的最高境界，是党坚强有力的最高水平，是全党全军全国人民大团结的最高体现，对于凝聚全党进而凝聚全国各族人民齐心协力为实现党的基本理论、基本路线和基本方略不懈奋斗具有根本保障作用。现在，党和人民有了习近平总书记这样的坚强核心，有了习近平新时代中国特色社会主义思想这个全党全军全国人民坚不可摧的精神支柱，这是党之大幸、国之大幸、民之大幸。核心就是灵魂、就是力量，理论就是旗帜、就是方向。核心的政治权威为理论的落地落实从政治上组织上保驾护航，理论的思想权威为核心运筹帷幄、决胜千里从思想上理论上发挥保障作用。我们说习近平新时代中国特色社会主义思想的重大政治意义根本在于这一思想对形成、确立、巩固习近平总书记的核心地位提供了思想保障和理论基础，其大逻辑、大道理就在这里。

这一思想的重大历史意义，根本在于它的形成、发展和广泛实践使中国成为21世纪科学社会主义的理论策源地、实践创新地、发展引领地，成为振兴世界社会主义的中流砥柱

科学社会主义实践和马克思主义政党领导，是与生俱来、紧紧相连的。中国共产党成立以来，带领中国人民经历了从选择社会主义、建设社会主义到开辟中国特色社会主义，从坚持和发展中国特色社会主义到进入新时代中国特色社会主义这样波澜壮阔的历史进程，这也是中华民族从站起来、富起来再到强起来的历史进程。实践充分证明，只有社会主义才能救中国，只有中国特色社会主义才能发展中国，只有新时代中国特色社会主义才能强大中国。

习近平新时代中国特色社会主义思想，正是党的十八大以来新时代中国特色社会主义伟大实践的理论总结和理论形态。以习近平同志为核心的党中央以巨大的政治勇气和强烈的责任担当，提出一系列新理念新思想新战略，出台一系列重大方针政策，推出一系列重大举措，推进一系列重大工作，解决了许多长期想解决而没有解决的难题，办成了许多过去想办而没有办成的大事，推动党和国家事业取得历史性成就、发生历史性变革，从实践上生动诠释和展示了习近平新时代中国特色社会主义思想的强大理论力量和精神力量。在这一思想指引下，新时代中国特色社会主义道路越走越宽广、越走越顺畅，使科学社会主义在21世纪的中国焕发出前所未有的强大生机活力，在世界上高高举起了中国特色社会主义伟大旗帜。这不仅在中华人民共和国发展史上、中华民族发展史上具有重大意义，在世界社会主义发展史上、人类社会发展史上也具有重大意义。

世界社会主义500年，经历了从空想到科学、从理论到实践、从一国实践到多国发展、从遭受严重挫折到正在逐渐走出低潮的曲折历程。曾经，苏联解体、东欧剧变，不仅导致世界上第一个社会主义国家和东欧社会主义国家不复存在，而且对向往社会主义的广大发展中国家带来严重冲击，很多发展中国家走上照搬西方制度模式的道路。那时，有人宣称“历史已经终结”，“20世纪将以社会主义失败和资本主义的胜利而告终”，还有人断定社会主义中国也将随着“多米诺骨牌”效应而轰然倒下。这些话归根结底说错了。三十年河东，三十年河西，黄河九曲、终向大海。历史总是按自己的逻辑向前演进。“只要中国社会主义不倒，社会主义在世界将始终站得住。”今天，中国特色社会主义取得的巨大成功，“中国之治”与“西方之乱”的鲜明对比，进一步显现出新时代中国特色社会主义的无比优势，进一步表明社会主义不仅没有灭亡也不会灭亡，而且焕发出蓬勃生机活力。

中国特色社会主义道路的开创者邓小平同志在20世纪80年代初高瞻远瞩地指出：“我们中国要用本世纪末期的二十年，再加上下个世纪的五十年，共七十年的时间，努力向世界证明社会主义优于资本主义。我们要用发展生产力和科学技术的实践，用精神文明、物质文明建设的实践，证明社会主义制度优于资本主义制度，让发达的资本主义国家的人民认识到，社会主义确实比资本主义好。”邓小平同志的战略预见和战略谋划，在当代中国共产党人和中国人民的接续奋斗中正在变为现实，在习近平新时代中国特色社会主义思想指引下必将完全实现。

放眼过去、现在和未来，科学社会主义深刻改变了人类社会的发展进程和整个世界的格局，中国特色社会主义谱写了社会主义 500 年来最华彩的篇章，新时代中国特色社会主义则将以全面建成社会主义现代化强国的决定性成就来雄辩地证明科学社会主义的强大活力和历史必然性。这正是习近平新时代中国特色社会主义思想重大历史意义的根本所在。

这一思想的重大理论意义，根本在于它是马克思主义同中国实际相结合又一次历史性飞跃的成果，是 21 世纪马克思主义、当代中国马克思主义又一座耀眼高峰

习近平新时代中国特色社会主义思想是在世界发生百年未有之大变局的国际环境和中国特色社会主义进入新时

代的国内条件下，在党的十八大以来决胜全面建成小康社会、向“两个一百年”奋斗目标迈进、实现中华民族伟大复兴的中国梦实践中，在总结我国改革开放和社会主义现代化建设经验的基础上，形成和发展起来的。这一思想把我们党百年的不懈追求、新中国70多年的艰苦奋斗、中华民族5000多年的文明发展贯通起来，把马克思主义基本原理、科学社会主义基本原则、中国特色社会主义理论体系贯通起来，具有深厚的历史背景、时代特征和理论渊源。

习近平新时代中国特色社会主义思想秉持“老祖宗不能丢”的坚定信仰信念，强调要正确认识改革开放前后“两个30年”的关系，指出新民主主义革命的胜利成果决不能丢失，社会主义革命和建设的成就决不能否定，改革开放和社会主义现代化建设的方向决不能动摇；强调中国特色社会主义是社会主义，不是别的什么主义。这些思想观点，彰显着对马克思主义的执着追求，闪耀着马克思主义真理光芒。

习近平新时代中国特色社会主义思想既坚持马克思主义又坚持解放思想、与时俱进，围绕坚持和发展中国特色社会主义这个主题创造性地提出了一系列新理念新思想新战略，在理论上有重大突破、重大创新、重大发展。这一思想明确提出：明确坚持和发展中国特色社会主义，总任务是实现社会主义现代化和中华民族伟大复兴，在全面建成小康社会的基础上，分两步走在本世纪中叶建成富强民主文明和谐美丽的社会主义现代化强国；明确新时代我国社会主要矛盾是人民日益增长的美好生活需要和不平衡不充分的发展之间的矛盾，必须坚持以人民为中心的发展思想，不断促进人的全面发展、全体人民共同富裕；明确中国特色社会主义事业总体布局是“五位一体”、战略布局是“四个全面”，强调坚定道路自信、理论自信、制度自信、文化自信；明确全面深化改革总目标是完善和发展中国特色社会主义制度、推进国家治理体系和治理能力现代化；明确全面推进依法治国总目标是建设中国特色社会主义法治体系、建设社会主义法治国家；明确党在新时代的强军目标是建设一支听党指挥、能打胜仗、作风优良的人民军队，把人民军队建设成为世界一流军队；明确中国特色大国外交要推动构建新型国际关系，推动构建人类命运共同体；明确中国特色社会主义最本质的特征是中国共产党领导，中国特色社会主义制度的最大优势是中国共产党领导，党是最高政治领导力量，提出新时代党的建设总要求，突出政治建设在党的建设中的重要地位。这些新理念新思想新战略，充分展示了博大精深的思想理论逻辑，彰显了习近平新时代中国特色社会主义思想的核心要义。

习近平新时代中国特色社会主义思想是一个系统完备的科学体系，其思想内涵可以从三个维度来理解。第一个维度，主要包括新时代坚持和发展中国特色社会主义的总目标、总任务、总体布局、战略布局和发展方向、发展方式、发展动力、战略步骤、外部条件、政治保证等基本问题方面的思想内涵。党的十九大报告指出的“八个明确”和“十四个坚持”，就属于这个范畴。第二个维度，主要包括哲学、政治经济学、科学社会主义，涵盖经济、政治、法治、科技、文化、教育、民生、民族、宗教、社会、生态文明、国家安全、军队和国防、“一国两制”和祖国统一、统一战线、外交、党的建设等方面的思想内涵。第三个维度，主要包括涉及各个领域、各条战线具体工作的思想内涵，如脱贫攻坚、文艺工作、党校工作等等。再就是贯穿思想内涵中的马克思主义立场观点方法。以上所有这些内涵，构成习近平新时代中国特色社会主义思想的系统完整体系。

无论从马克思主义发展史看，还是从中国共产党理论创新史看，习近平新时代中国特色社会主义思想鲜明勾勒出 21 世纪中国和 21 世纪社会主义的前途命运，以全新的视野深化对共产党执政规律、社会主义建设规律、人类社会发展规律的认识，从理论和实践的结合上创造性地回答了新时代坚持和发展什么样的中国特色社会主义、怎样坚持和发展中国特色社会主义这一重大时代问题，以新的思想观点继承和发展了马克思列宁主义、毛泽东思想、邓小平理论、“三个代表”重要思想、科学发展观。习近平新时代中国特色社会主义思想是马克思主义中国化最新成果，是中国特色社会主义理论体系重要组成部分，实现了马克思主义中国化的又一次历史性飞跃，把 21 世纪马克思主义、当代中国马克思主义推向了高峰。在当今中国，只有习近平新时代中国特色社会主义思想而没有其他思想能够解决中国的现实问题。

这一思想的重大实践意义，根本在于它把中国特色社会主义带进一个新时代，为全面建成社会主义现代化强国、实现中华民族伟大复兴提供了理论指导和行动指南

习近平新时代中国特色社会主义思想植根中国大地、反映人民意愿、适应新的时代特征和中国发展进步要求，是来自实践、经过实践检验又指导实践的马克思主义强大思想武器。

这一思想以坚持和发展中国特色社会主义为主题、以我们正在做的事情为中心，在应对重大挑战、抵御重大风险、克服重大阻力、解决重大矛盾过程中展开战略部署，指导生动实践，推动各项工作。通过崇尚创新、注重协调、倡导绿色、厚植开放、推进共享，让当代中国发展基础更加厚实；通过认识新常态、适应新常态、引领新常态，把握我国经济发展大逻辑，让我国经济向形态更高级、分工更优化、结构更合理的阶段演进；通过推进供给侧结构性改革，使我国供给能力更好满足广大人民日益增长、不断升级和个性化的物质文化生活需要，从而实现社会主义生产目的；通过涉深水区、蹚地雷阵、啃硬骨头，搭建“四梁八柱”，为全面深化改革杀出一条血路；通过壮士断腕、刮骨疗伤，以大无畏的自我革命让伟大的中国共产党更加先进、更加优秀；等等。

这一思想坚持目标导向和问题导向相统一，以深邃的战略思维、高度的责任担当、务实的政策统筹，审视当前和长远、局部和全局、理论和实践中遇到的问题，提出战略性思路和举措。在宏观层面，这一思想深刻回答了中国特色社会主义进入新时代中国共产党举什么旗、走什么路、以什么样的精神状态、担负什么样的历史使命、实现什么样的奋斗目标等一系列根本问题，向世界再次昭告中国既不走封闭僵化的老路也不走改旗易帜的邪路，而是坚定不移走中国特色社会主义道路的鲜明立场，为新时代的中国指明了前进方向。在工作层面，这一思想聚焦实现战略目标，高屋建瓴地对改革发展稳定、内政外交国防、治党治国治军等各个方面提出明确的战略要求和政策指导，为实现“两个一百年”奋斗目标提供了行动纲领。在未来层面，这一思想全面规划了从全面建成小康社会到基本实现现代化再到全面建成社会主义现代化强国的战略安排和路线图、时间表，为决胜全面建成小康社会、夺取新时代中国特色社会主义伟大胜利凝聚起磅礴力量。在世界观和方法论层面，这一思想贯穿的坚定理想信念、鲜明人民立场、强烈历史担当、求真务实作风、勇于创新精神和科学方法论，体现了辩证唯物主义和历史唯物主义的精髓要义，体现了中华民族优秀传统文化的智慧结晶，体现了我们党百年来的奋斗实践，体现了十八大以来我们党与时俱进的创新创造，为新时代中国共产党人正确认识客观世界、自觉改造主观世界提供了哲学武器。

总起来说，习近平新时代中国特色社会主义思想具有极强的创造性、实践性、指导性，是引领中国特色社会主义新时代的纲领、旗帜和灵魂。在这一思想的科学引领下，新时代中国特色社会主义伟大实践必将战胜一切困难和挑战，不断取得新胜利，十九大确定的本世纪中叶全面建成社会主义现代化强国的目标必将实现。

这一思想的重大世界意义，根本在于它给世界上那些既希望加快发展又希望保持自身独立性的国家和民族提供了全新的路径选择，为解决人类问题贡献了中国智慧和中国方案

在人类社会进入世界历史的时代，一种伟大的思想理论必然是世界性的，必然贯穿着世界眼光、世界意识、世界情怀。习近平新时代中国特色社会主义思想立足中国，把为中国人民谋幸福、为中华民族谋复兴作为自己的神圣使命和主旨；同时也面向世界，把为人类进步事业而奋斗、为人类作出新的更大贡献作为自己义不容辞的担当和责任。在这一思想的引领下，中国共产党作为一个伟大的政党，中国作为一个伟大的国家，中华民族作为一个伟大的民族，在谋划和实现自身发展变化进步的同时，也全面深刻地影响着世界，有力推动着人类进步事业的发展。

当今世界正处于大发展大变革大调整时期。治理赤字、信任赤字、和平赤字、发展赤字此起彼伏，贫富分

化、恐怖主义、气候变化等问题层出不穷。资本主义主导的国际政治经济体系弊端丛生，全球治理体系深刻变革，新的国际秩序正在孕育。面对世界出现的一系列重大问题，世界需要新的方向、新的方案、新的选择。习近平新时代中国特色社会主义思想以恢宏视野和战略思维，鲜明提出一系列关于人类前途命运的新理念新思想新主张，凸显了中国特色的大国风范和大国担当。

请看，提出构建人类命运共同体，为整个世界谋求安宁幸福和谐；倡导和推动“一带一路”，运用经济的方式、利益的纽带把沿线国家紧密聚合起来，实现政策沟通、设施联通、贸易畅通、资金融通、民心相通，使“人类命运共同体”这一理念有了可靠的现实抓手和平台依托。凡此种种中国方案、中国智慧感召着世界，赢得了广泛认同。2017 年岁末，中国共产党与世界政党高层对话会在北京举行，全世界近 300 个政党与政治组织领导人齐聚一堂。习近平总书记在对话会上发表题为《携手建设更加美好的世界》主旨讲话，从政治高度提出了构建人类命运共同体的“政党版”倡议，与“一带一路”倡议主要从经济上发力相呼应，共同构成了构建人类命运共同体的“一体两翼”，为推进全球治理贡献了中国智慧，进一步增强了中国共产党在解决人类重大问题方面的政治引领作用。

请看，习近平新时代中国特色社会主义思想为人类对美好社会制度的探索提供了中国方案。当今世界尤其是广大发展中国家，普遍面临着发展经济、提高人民生活水平的课题。这一思想破除了近现代以来西方社会发展模式的一统天下，是开辟人类社会发展新道路的伟大创举，也是中国在探索社会制度方面贡献给世界的“中国方案”。中国道路的成功极大地鼓励发展中国家积极探索符合本国国情的发展道路，尤其对那些盲目采用西方政治制度而陷入泥淖的发展中国家具有十分有益的政治启示。中国道路不仅仅是政治发展道路、社会发展道路，根本意义上是一条文明发展道路。在习近平新时代中国特色社会主义思想引领下的中华民族伟大复兴，绝不仅仅是经济体量的壮大、政治影响的扩大、军事实力的增强、国际地位的提升，而且是一个绵延数千年而没有中断的古老文明以一种新的姿态走向世界舞台的中心，彰显了中华文明之光，进一步丰富了人类文明的多样性，真正让文明交流超越文明隔阂、文明互鉴超越文明冲突、文明共存超越文明优越。所有这些，都大大提升了中国共产党、社会主义中国和中华民族在世界上的地位和影响力。

中国如今正站在一个伟大的历史新起点上。今后 30

年，是中华民族迎来伟大复兴的“丰收期”，也是中国共产党带领人民而今迈步从头越的又一个“创业期”。沧海横流，方显英雄本色。有以习近平同志为核心的党中央坚强领导，有习近平新时代中国特色社会主义思想的科学引领，有 14 亿中国人民聚合起来的磅礴伟力，我们完全有信心实现既定的奋斗目标，为人类进步事业继续开拓中国道路、创造中国经验、提供中国方案。这是充分展示人类雄心和智慧的无与伦比的伟大创举，值得全体中国共产党人和中国人民为之满腔豪情地不懈奋斗！

马克思主义中国化最新成果

习近平总书记在庆祝改革开放40周年大会上的重要讲话中指出，改革开放是我们党的一次伟大觉醒，正是这个伟大觉醒孕育了我们党从理论到实践的伟大创造。改革开放以来，我们党坚持把马克思主义基本原理与中国具体实际和时代特征相结合，形成了中国特色社会主义理论体系。党的十九大报告指出，习近平新时代中国特色社会主义思想，是对马克思列宁主义、毛泽东思想、邓小平理论、“三个代表”重要思想、科学发展观的继承和发展，是马克思主义中国化最新成果，是党和人民实践经验和集体智慧的结晶，是中国特色社会主义理论体系的重要组成部分，是全党全国人民为实现中华民族伟大复兴而奋斗的行动指南，必须长期坚持并不断发展。习近平新时代中国特色社会主义思想是马克思主义中国化最新成果，对这一重大论断可以从以下几方面去认识。

第一，习近平新时代中国特色社会主义思想既继承前人又开拓创新，开辟了马克思主义新境界。当今世界处于百年未有之大变局，面临的不稳定性不确定性突出。当代中国处于近代以来最好发展时期。中国特色社会主义进入新时代，中华民族迎来了从站起来、富起来到强起来的伟大飞跃，中国社会主要矛盾已经转化为人民日益增长的美好生活需要和不平衡不充分的发展之间的矛盾。习近平新时代中国特色社会主义思想紧密结合新的时代条件和实践要求，坚持以党的基本理论为指导，坚持解放思想、实事求是、与时俱进、求真务实，以全新视野深化了对共产党执政规律、社会主义建设规律、人类社会发展规律的认识，提出一系列具有开创性意义的新理念新思想新战略，对马克思主义哲学、马克思主义政治经济学、科学社会主义理论作出了独创性贡献，实现了马克思主义基本原理同中国具体实际相结合的新飞跃，在马克思主义中国化进程中具有里程碑意义。

第二，习近平新时代中国特色社会主义思想从理论和实践的结合上为科学社会主义注入鲜活新内涵，开辟了中国特色社会主义新境界。世界社会主义 500 年历史进程、中国社会主义 70 多年实践和发展充分证明：科学社会主义基本原则一定不能丢，同时一定要用发展的观点坚持社会主义。习近平新时代中国特色社会主义思想运用马克思主义立场观点方法，坚持以我们正在做的事情和将要做的事情为中心，坚持问题意识和问题导向，凝结时代精华，总结实践经验，在改革发展稳定、内政外交国防、治党治国治军等方面提出许多重要思想、重要观点、重要论断，系统回答了在新时代坚持和发展什么样的中国特色社会主义、怎样坚持和发展中国特色社会主义这个重大时代课题，把对中国特色社会主义的认识提高到新的科学水平。这一思想内涵丰富，包括“八个明确”和“十四个坚持”。“八个明确”是习近平新时代中国特色社会主义思想的核心内容，“十四个坚持”是基本方略。习近平新时代中国特色社会主义思想的形成、发展和在实践中的广泛运用，使中国特色社会主义这面旗帜在当今世界更加鲜艳夺目，成为21世纪科学社会主义发展的旗帜。

第三，习近平新时代中国特色社会主义思想着眼破解新时代党和国家发展面临的重大理论和实践问题，开辟了治国理政新境界。当代中国既是一个历史悠久、正向社会主义现代化强国迈进的文明古国，又是世界上最大的发展中国家和最大的社会主义国家，在这个国家治国理政所面临的困难和挑战世所罕见。习近平新时代中国特色社会主义思想围绕实现“两个一百年”奋斗目标，指导全党全国各族人民积极推进深层次、根本性变革，取得了全方位、开创性成就。比如坚持和加强党的全面领导、践行以人民为中心的发展思想、贯彻新发展理念实现经济高质量发展、使市场在资源配置中起决定性作用和更好发挥政府作用、建设具有强大凝聚力和引领力的社会主义意识形态、加快生态文明体制改革、完善党和国家监督体系、坚持走中国特色强军之路、着力建设开放型世界经济等等。这样的创新和变革，推动我国经济实力、综合国力、国际影响力显著提升，党的面貌、国家的面貌、人民的面貌、军队的面貌、中华民族的面貌发生了前所未有的变化。

第四，习近平新时代中国特色社会主义思想丰富发展了马克思主义党的学说，开辟了管党治党新境界。马克思主义政党夺取政权不容易，巩固政权更不容易。跳出“其兴也勃焉、其亡也忽焉”的历史周期率，保持长期执政是中国共产党面临的历史性课题。习近平新时代中国特色社会主义思想强调以党的自我革命推动党领导的社会革命，强调在“四个伟大”中起决定性作用的是党的建设新的伟大工程，把全面从严治党纳入“四个全面”战略布局，鲜明提出以党的政治建设统领党的各方面建设，提出思想建党、制度强党，提出管党治党要真管真严、敢管敢严、长管长严，实现了党的建设理论和实践的重大创新。在这一思想指引下，以习近平同志为核心的党中央以顽强意志品质正风肃纪、反腐惩恶，消除了党和国家内部存在的严重隐患，使党内政治生态明显好转，党的创造力、凝聚力、战斗力显著增强，党在革命性锻造中更加坚强，焕发出新的强大生机活力，巩固了党的执政地位、扩大了党的执政基础，为党和国家事业发展提供了坚强政治保证。

总之，习近平新时代中国特色社会主义思想，是引领中国特色社会主义新时代的纲领、旗帜和灵魂，展现了当代中国马克思主义、21 世纪马克思主义的真理光辉，已经指引党和国家事业取得历史性成就，必将指引全党全国各族人民奋力谱写社会主义现代化新征程更加壮丽辉煌的新篇章。

永葆与时俱进的理论品格

40 多年前的真理标准问题大讨论，发时代之先声、开历史之先河，为重新确立马克思主义的思想路线、政治路线、组织路线奠定了坚实的理论基础，成为实现党和国家伟大历史性转折的思想先导。这场大讨论的一个重大启示，就是必须科学对待马克思主义，永葆马克思主义与时俱进的理论品格。

与时俱进是马克思主义的理论品格

马克思主义是发展的科学，是发展的真理。在《共产党宣言》发表 25 年后，马克思恩格斯在《宣言》德文版序言中就明确指出：这个《宣言》中所阐述的一般原理整个说来直到现在还是完全正确的。但对这些原理的实际运用，随时随地都要以当时的历史条件为转移。

马克思恩格斯之所以这样讲，是因为他们坚信任何理论包括他们自己的理论都是行动的指南而不是教条，都要经受实践的检验，都会随着时代、实践和科学的发展而不断发展。

马克思主义这一与时俱进的理论品格，在后来的马克思主义与实际相结合中不断得到证明。列宁关于社会主义革命可以首先在一国或数国获得胜利的理论，就是对马克思主义与时俱进理论品格的运用、丰富和发展。列宁明确指出：只有“首先考虑到各个‘时代’的不同的基本特征（而不是个别国家的个别历史事件），我们才能够正确地制定自己的策略；只有了解了某一时代的基本特征，才能在这一基础上去考虑这个国家或那个国家的更具体的特点”。列宁在十月革命胜利后不久，根据形势的发展变化，改变“战时共产主义”政策，实行新经济政策，也是与时俱进理论品格在具体政策方面的体现。

以毛泽东同志为主要代表的中国共产党人提出农村包围城市、武装夺取政权的理论，同样坚持了马克思主义与时俱进的理论品格，是对马克思列宁主义的创造性发展。毛泽东同志在延安时期就强调：“马克思列宁主义的伟大力量，就在于它是和各个国家具体的革命实践相联系的。

对于中国共产党说来，就是要学会把马克思列宁主义的理论应用于中国的具体的环境。成为伟大中华民族的一部分而和这个民族血肉相连的共产党员，离开中国特点来谈马克思主义，只是抽象的空洞的马克思主义。因此，使马克思主义在中国具体化，使之在其每一表现中带着必须有的中国的特性，即是说，按照中国的特点去应用它。”正是保持和发扬这样一种理论品格，中国共产党人把马克思主义基本原理与中国革命实际相结合，找到了有中国特色的革命道路，形成了毛泽东思想，实现了马克思主义中国化第一次历史性飞跃，把中国革命引向胜利，并开始了中国社会主义革命和建设的伟大实践。

对于中国共产党来讲，坚持与时俱进，要求党的全部理论和工作要体现时代性，把握规律性，富于创造性。我们既要毫不动摇地坚持马克思主义基本原理，又要积极主动地谱写新的理论篇章，把发扬革命传统与创造新鲜经验有机结合起来，在解放思想中统一思想，用发展着的马克思主义指导新的实践。离开本国实际和时代发展谈马克思主义，没有意义；静止地孤立地研究马克思主义，把马克思主义同它在现实生活中的生动发展割裂开来、对立起来，没有出路。只有永葆与时俱进的理论品格，才能不断开创马克思主义中国化的新境界。

真理标准问题大讨论开启了马克思主义中国化的新进程

邓小平同志在《解放思想，实事求是，团结一致向前看》的讲话中曾指出："一个党，一个国家，一个民族，如果一切从本本出发，思想僵化，迷信盛行，那它就不能前进，它的生机就停止了，就要亡党亡国。"时隔40多年，邓小平同志这些话仍然振聋发聩、促人深省。真理标准问题大讨论，正是40多年前中国共产党人永葆马克思主义与时俱进理论品格的鲜明标志，也是实践马克思主义与时俱进理论品格新的历史起点。

与时俱进，首先是在"什么是社会主义、怎样建设社会主义"这个根本问题上的与时俱进。作为中国特色社会主义理论体系奠基之作的邓小平理论，坚持科学社会主义理论和实践的基本成果，深刻揭示了社会主义的本质，澄清了不合乎时代进步和社会发展规律的模糊观念，作出我国正处在并将长期处在社会主义初级阶段的重大判断，提出"三个有利于"评价标准，把对社会主义的认识提高到新的科学水平，使我国成功实现了从高度集中的计划经济体制到充满活力的社会主义市场经济体制、从封闭半封闭到全方位开放的伟大历史转折。

与时俱进，也是在“建设什么样的党、怎样建设党”这个核心问题上的与时俱进。在科学把握中国共产党所处历史方位基础上，“三个代表”重要思想明确提出中国共产党始终代表中国先进生产力的发展要求，不断推动社会生产力的解放和发展；始终代表中国先进文化的前进方向，发展面向现代化、面向世界、面向未来的，民族的科学的大众的社会主义文化；始终代表中国最广大人民的根本利益，把人民的根本利益作为出发点和归宿。这对于提高党的执政能力，巩固党的执政地位，保持党的先进性，始终做到党的理论、路线、纲领、方针、政策和各项工作都充分体现与时俱进的要求，具有重大意义。

与时俱进，又是在“实现什么样的发展、怎样实现发展”这个重大问题上的与时俱进。作为马克思主义关于发展的世界观和方法论的集中体现，科学发展观总结我国发展实践，适应我国发展阶段性特征提出的新要求，全面认识工业化、信息化、城镇化、市场化、国际化深入发展的新形势新任务，深刻把握我国发展面临的新课题新矛盾，对中国社会实现什么样的发展、怎样发展作出新的科学回答，深刻揭示了发展的本质和内涵，指明了经济社会持续健康发展的正确道路，把我们对中国特色社会主义规律的认识提高到新的水平。这为我们党推动当代中国以世界上少有的速度持续快速发展、全面建设小康社会，提供了科学理论指导；为我们经受考验、化危为机、赢得主动，提供了强大精神支柱。

马克思主义与时俱进的理论品格告诉我们，必须从新的实际出发，用新的观点来认识、继承和发展马克思主义，这才是真正坚持马克思主义；必须立足中国实际和时代发展来进行理论创造，这才是真正管用的马克思主义。

推进实践基础上的理论创新，发展当代中国马克思主义

习近平总书记指出，发展21世纪马克思主义、当代中国马克思主义，必须立足中国、放眼世界，保持与时俱进的理论品格。

回应时代呼唤，反映实践诉求，勇于推进实践基础上的理论创新，是中国共产党从胜利走向胜利的一条根本经验。毛泽东同志曾讲过，实践中是要出道理的。习近平新时代中国特色社会主义思想，正是以习近平同志为主要代表的中国共产党人在新时代的伟大实践中创造出来的“道理”。这一思想深深根植于中国近代以来一百多年民

族危亡、民族奋起的深厚历史，深深根植于中国共产党人近百年波澜壮阔的伟大实践，是党的十八大以来党和国家事业发生历史性变革的理论结晶。

习近平新时代中国特色社会主义思想既坚持马克思主义又坚持解放思想、与时俱进，围绕坚持和发展中国特色社会主义创造性提出了一系列新理念新思想新战略，在理论上有重大突破、重大创新、重大发展。这一思想明确提出：新时代党的总任务是实现社会主义现代化和中华民族伟大复兴，在全面建成小康社会基础上分两步走在本世纪中叶建成富强民主文明和谐美丽的社会主义现代化强国；新时代我国社会主要矛盾是人民日益增长的美好生活需要和不平衡不充分的发展之间的矛盾；新时代中国特色社会主义事业的总体布局是“五位一体”、战略布局是“四个全面”；新时代全面深化改革的总目标是完善和发展中国特色社会主义制度、推进国家治理体系和治理能力现代化；新时代全面推进依法治国总目标是建设中国特色社会主义法治体系、建设社会主义法治国家；新时代党的强军目标是建设一支听党指挥、能打胜仗、作风优良的人民军队，把人民军队建设成为世界一流军队；新时代中国特色大国外交要推动构建新型国际关系，推动构建人类命运共同体；中国特色社会主义最本质的特征是中国共产党领导，中国特色社会主义制度的最大优势是中国共产党领导，党是最高政治领导力量；等等。这些内容，彰显了习近平新时代中国特色社会主义思想的核心要义，充分展示了博大精深的思想理论体系。

无论从科学社会主义发展史看，还是从马克思主义中国化历史进程看，习近平新时代中国特色社会主义思想既鲜明勾勒出21世纪社会主义在中国的前途命运，又鲜明勾勒出21世纪世界社会主义的前途命运，以全新的视野深化了对共产党执政规律、社会主义建设规律、人类社会发展规律的认识，从理论和实践的结合上创造性地回答了新时代坚持和发展什么样的中国特色社会主义、怎样坚持和发展中国特色社会主义这一重大时代课题，是对马克思列宁主义、毛泽东思想、邓小平理论、“三个代表”重要思想、科学发展观的继承和发展，谱写了21世纪马克思主义、当代中国马克思主义的新篇章。

在统揽“四个伟大”的实践中，保持和发扬马克思主义政党与时俱进的理论品格

习近平总书记指出，在新的时代条件下，我们要进行伟大斗争、建设伟大工程、推进伟大事业、实现伟大梦

想，仍然需要保持和发扬马克思主义政党与时俱进的理论品格，勇于推进实践基础上的理论创新。

中国特色社会主义进入新时代，但是“四大考验”“四种危险”将长期存在。我们要有效应对重大挑战、抵御重大风险、克服重大阻力、解决重大矛盾，必须进行具有许多新的历史特点的伟大斗争，必须反对任何贪图享受、消极懈怠、回避矛盾的错误思想和行为。还必须坚决反对一切削弱、歪曲、否定党的领导和我国社会主义制度的言行，坚决反对一切损害人民利益、脱离群众的行为，坚决破除一切顽瘴痼疾，坚决反对一切分裂祖国、破坏民族团结与社会和谐稳定的行为，坚决战胜一切困难和挑战。进行伟大斗争的任务是长期的复杂的艰巨的，中国共产党人只有永葆与时俱进的理论品格，始终保持斗争精神，提高斗争本领，才能不断夺取伟大斗争新胜利。

中国共产党是中国特色社会主义事业的领导核心，是中国人民的“主心骨”。打铁必须自身硬。崇高的历史使命，宏伟的战略目标，对中国共产党的自身建设提出了更高要求。必须永葆与时俱进的理论品格，以党的政治建设为统领，全面推进党的政治建设、思想建设、组织建设、作风建设、纪律建设，把制度建设贯穿其中，深入推进反腐败斗争，不断提高党的建设质量；必须始终不忘初心，牢记使命，更加自觉地坚定党性原则，勇于正视问题，敢于刮骨疗毒，消除一切损害党的先进性和纯洁性的因素，清除一切侵蚀党的健康肌体的病毒，以大无畏的自我革命精神把党锻造得更加坚强有力。

今天，我们比历史上任何时期都更接近、更有信心和能力实现中华民族伟大复兴的目标。但这绝不是轻轻松松、敲锣打鼓就能实现的。伟大梦想是在社会主义初级阶段背景下实现中华民族伟大复兴，在世界上最大发展中国家全面建成社会主义现代化强国，在有 14 亿人口的东方大国基本实现共同富裕，在以西方为主导的世界格局中实现中国由全球治理的参与者向全球治理的引领者转变。所有这些都是过去从来没有过的全新事业，要求我们必须破除因循守旧的思想，永葆与时俱进的理论品格，以创新的精神寻找新方法、探索新路径、积累新经验、采取新举措。我们要始终保持政治定力，始终坚持实干兴邦，在谱写新时代中国特色社会主义的新篇章中推进中华民族伟大复兴中国梦的实现。

思想宝库·行动指南·理论高峰

党的十九届五中全会着眼中华民族伟大复兴战略全局和世界百年未有之大变局，明确提出推进全党深入学习贯彻习近平新时代中国特色社会主义思想的战略任务，为党的理论武装和理论建设赋予新的重大使命。在这样一个时间节点，中央党校（国家行政学院）、人民出版社共同召开《习近平新时代中国特色社会主义思想基本问题》（以下简称《基本问题》）一书的出版报告会，适逢其时，很有意义。这个报告会既是《基本问题》一书的出版报告会，又是结合学习贯彻党的十九届五中全会精神，深入学习习近平新时代中国特色社会主义思想的理论研讨会。结合出版和学习《基本问题》一书，谈几点体会。

习近平新时代中国特色社会主义思想是丰富的思想宝库，《基本问题》一书是深入挖掘这一宝库的重要成果

中国共产党的百年奋斗史表明，越是在世界进入动荡变革时期，越是在党和国家事业面临重大考验的历史关头，就越是需要我们党进行理论创新创造并且能够进行理论创新创造的高峰时期。中国特色社会主义进入新时代，不仅意味着中国特色社会主义事业在接续传承中书写了新篇章，而且意味着中国特色社会主义理论体系在创新发展中开辟了新境界。其标志性理论成果，就是形成了习近平新时代中国特色社会主义思想这一当代中国马克思主义、21 世纪马克思主义。

习近平新时代中国特色社会主义思想在理论探索上，以一系列原创性、战略性的重大思想观点深化了对共产党执政规律、社会主义建设规律、人类社会发展规律的认识，形成了一个内涵丰富、系统完备、逻辑严密的思想体系。这一思想在实践指导上贯穿改革发展稳定、内政外交国防、治党治国治军各个方面，科学回答了“中国向何处去、世界向何处去”的时代之问，闪耀着理论光辉、

充满着思想魅力、彰显着真理力量，堪称博大精深、经天纬地的思想宝库。马克思主义是不断发展的理论。习近平新时代中国特色社会主义思想作为马克思主义中国化最新成果，既是对马克思主义基本原理的坚持和运用，又是以集大成的理论气度、世界性的理论视野、划时代的理论成效对马克思主义作出了原创性贡献。党的十九届二中全会以“当代中国马克思主义、21 世纪马克思主义”确定习近平新时代中国特色社会主义思想的历史地位和理论地位，是名副其实、当之无愧的；我国思想理论界评价习近平新时代中国特色社会主义思想是马克思主义中国化又一次历史性飞跃，是实事求是、经过检验的。组织编写这部《基本问题》，正是中央党校（国家行政学院）努力探索习近平新时代中国特色社会主义思想的精髓要义，深入研究阐释马克思主义中国化最新成果的重要尝试。

回顾历史，围绕干部理论教育需要编写马克思主义理论基本问题教材，是中央党校的优良传统。早在江西瑞金时期，中央党校的前身马克思共产主义学校就在极为艰苦的条件下编写了《中国革命基本问题》一书，在干部教育培训中发挥了重要作用。进入改革开放历史新时期，中央党校不仅组织编写了《中国社会主义基本问题》《马克思主义党的学说基本原理》等理论教材，还在新旧世纪之交先后编写了《马克思列宁主义基本问题》《毛泽东思想基本问题》《邓小平理论基本问题》"三基本"系列教材，这些理论教材和理论著作在党内外都产生了很好的影响，至今在党的干部教育培训中仍然发挥着不可替代的重要作用。习近平同志担任中央党校校长期间曾明确提出："马克思主义中国化的最新成果、中国特色社会主义理论体系的教材，中央党校应该出很系统、很权威的东西。"组织编写和出版这部《基本问题》，就是深入贯彻落实习近平总书记办学治校重要指示精神的一个实际举措，也是继承和发扬党校优良传统，推进新时代党校（行政学院）教材体系建设、做强做精主业主课的有力抓手。

这部《基本问题》主要是一部研究型读本，着力点就是按照"用学术讲政治"的要求深刻揭示习近平新时代中国特色社会主义思想的立论基础、时代背景、主题主线、历史贡献，以及新时代坚持和发展中国特色社会主义的根本立场、本质特征、总体布局、战略安排、根本动力、重要保障、政治保证等等，力求用深厚的学术支撑和丰富的实践范例更好地展示习近平新时代中国特色社会主义思想的基本脉络和逻辑体系。从目前各方面的评价反馈看，《基本问题》一书基本实现了我们最初定位的目标：

既为思想理论界深入研究阐释习近平新时代中国特色社会主义思想提供重要参考，又为广大党员干部深入学习领会这一思想的核心要义提供重要读物。

这里需要特别提到的是，习近平新时代中国特色社会主义思想作为内涵丰富、博大精深的科学思想体系，需要从一个更长的时间跨度、更广的观察视角、更宽的理论维度来加深理解和把握。近年来，中央党校策划了《习近平的七年知青岁月》《习近平在正定》《习近平在厦门》《习近平在宁德》《习近平在福州》等采访实录，生动鲜活地再现了习近平总书记当年在地方工作时的丰富实践和成长历程。这个系列的图书策划侧重立体展现习近平新时代中国特色社会主义思想的孕育发展过程。《基本问题》则主要是聚焦展示这一思想的集大成性、时代性和原创性，既是以往“三基本”教材的“续篇”，也是以上系列采访实录的“姊妹篇”。与《基本问题》的成书立意相呼应，我们还计划编撰《习近平新时代中国特色社会主义思想实践案例》丛书。这些书籍结合起来使用，更能够产生“组合拳”功效，有助于我们不断加深对习近平新时代中国特色社会主义思想发展脉络的理解及其理论纵深的把握，更加自觉地高高举起当代中国马克思主义、21世纪马克思主义的思想旗帜。

习近平新时代中国特色社会主义思想是科学的行动指南，在把握和统筹“两个大局”、引领中国发展和时代潮流中日益彰显其真理魅力

德国诗人海涅曾形象地说：“思想走在行动之前，就像闪电走在雷鸣之前一样。”伟大的思想往往产生于大变革、大转折甚至大危难之际。在资本主义基本矛盾日益尖锐、资本主义社会危机深重的时候，马克思主义横空出世、振聋发聩是这样；在中国革命处于低潮、中国社会主义建设面临迷茫之时，毛泽东思想、邓小平理论石破天惊、扶危定倾也是这样；产生于世界百年未有之大变局和中华民族伟大复兴关键时期的习近平新时代中国特色社会主义思想，同样也是这样。我们党的历次重大理论创新，都起到了廓清迷雾、拨云见日的作用，为深刻变革中的中国和领导中国革命、建设、改革事业的中国共产党不断指明前进的航向，同时也深刻影响着世界的格局和进程，展现出强大的实践伟力和真理魅力。

习近平新时代中国特色社会主义思想的真理魅力，在于能够有效回应时代、引领时代。马克思、恩格斯曾经指

出："一切划时代的体系的真正的内容都是由于产生这些体系的那个时期的需要而形成起来的。"习近平新时代中国特色社会主义思想，正是立足时代基础、把握时代大势、洞察时代风云、回答时代之问的科学理论。这一思想通过创造性运用辩证唯物主义和历史唯物主义，分析新的历史课题和时代样本，在改革发展稳定、内政外交国防、治党治国治军等方面提出一系列新理念新思想新战略，开辟了马克思主义新境界、中国特色社会主义新境界、治国理政新境界、管党治党新境界，创造性发展了马克思主义哲学、马克思主义政治经济学和科学社会主义理论，推动党的创新理论实现了新突破、新升华，在世界思想文化激荡的时代大潮中引发十分强烈的思想共鸣，日益展现出跨越时空的真理魅力。

习近平新时代中国特色社会主义思想的真理魅力，在于能够积极指导实践、推动实践。马克思主义中国化最新成果之所以能够成为世界马克思主义思潮的中流砥柱，就在于它不是书斋式、学院派的学问，而是指引伟大社会革命的行动指南，具有磅礴的实践伟力。习近平新时代中国特色社会主义思想所彰显的宝贵实践品格充分说明了这一点。正是在这一科学理论指引下，党的十八大以来我们党才能够带领人民勠力同心、排除万难，交出沉甸甸、亮闪闪的改革成绩单、发展成绩单、治党成绩单、民生成绩单；才能够取得全面建成小康社会决定性成就，如期实现脱贫攻坚的庄严承诺，完成人类反贫困史上的伟大壮举；才能够推动党和国家事业取得历史性成就、发生历史性变革，续写经济快速发展奇迹和社会长期稳定奇迹，在“世界之乱”中彰显“中国之治”，在“世界低迷”中创造“中国样板”。

习近平新时代中国特色社会主义思想的真理魅力，在于能够科学把握变局、应对变局。科学的理论总能启发和引领人们在危机中育先机、于变局中开新局。习近平新时代中国特色社会主义思想正是指导我们准确识变、科学应变、主动求变的强大思想武器。特别是2020年以来，面对突如其来的新冠肺炎疫情，习近平总书记亲自指挥、亲自部署，带领全党有效开展人民抗疫战争，以最快的速度控制疫情，使中国在疫情世界大流行中成为最安全的地方。同时，扎实推进“六稳”“六保”，做到疫情防控和经济社会发展“两手抓”“两手硬”“两手赢”，使中国成为疫情发生以来世界上第一个恢复正增长的主要经济体，并日益成为世界格局演变中越来越重要的稳定性、确定性力量。面对美国对华极限施压、频频发起疫情政治化污名化的舆论攻势，不断发起和升级贸易战，极力打压华为等中国企业，屡屡干涉南海事务，在涉疆涉藏涉港涉台等问题上不断挑战中国底线，以习近平同志为核心的党中央沉着应对、精准施策，有理有利有节开展斗争，有效维护了国家利益和民族尊严。党和国家之所以能够准确识变、科学应变、主动求变，中华民族伟大复兴之所以能够迈出新的一大步，根本上得益于习近平新时代中国特色社会主义思想的科学引领。正所谓“千磨万击还坚劲，任尔东西南北风”。习近平新时代中国特色社会主义思想正是我们应对和化解各种矛盾风险挑战，进行具有许多新的历史特点伟大斗争的定海神针。

习近平新时代中国特色社会主义思想的真理魅力，来自习近平总书记丰富的从政阅历和长期的积淀思考，来自总书记深沉的历史自觉和丰富的实践经验，也来自总书记质朴的人民情怀和顽强的意志品质。有习近平总书记作为党中央的核心、全党的核心，作为中华民族伟大复兴事业的领航掌舵人，我们对党和国家的未来底气十足、充满信心。站在“两个一百年”历史交汇点上，越是在滚石上山、爬坡过坎的关键时刻，越是在乱云飞渡的紧急关头，我们越要增强“四个意识”、坚定“四个自信”、做到“两个维护”，也越要增强学懂弄通做实习近平新时代中国特色社会主义思想的政治自觉和行动自觉，通过统一思想来凝聚力量，确保步调一致。

习近平新时代中国特色社会主义思想是雄伟的理论高峰，要以奋勇攀登的精神把这一思想的学习研究阐释运用不断引向深入

党的理论创新达到新的高峰，党的理论的研究阐释也要达到新的高度。习近平新时代中国特色社会主义思想坚持把马克思主义科学真理与当代中国伟大实践相结合，实现了马克思主义中国化时代化大众化的又一次飞跃。无论从内容、形式看，还是从格局、意境看，这一思想都堪称一座雄伟的理论高峰，需要我们脚踏实地、奋勇攀登。在这方面，我体会要做足四项功课。

其一，在深入学习上下足功夫。山高人为峰。雄伟的理论高峰是我们党的领袖总结党和人民实践经验、集中全党智慧创造出来的，也是全党理论创新和实践创新良性互动的结晶。习近平总书记是习近平新时代中国特色社会主义思想的主要创立者，始终具有开放包容的理论视野和饱满旺盛的理论创造活力，不断提出一系列具有原创性、战略性、引领性的重大思想观点。我们要紧跟领袖的步伐，常学常新，既要跟得上，还要跟得好，久久为功，方可与

时俱进，不断有新的收获。

《基本问题》一书以抓纲带目的形式尝试呈现这一思想的大逻辑、大纵深、大创新，是阶段性、概要性总结梳理的结果，旨在指引读者不断跟进党的理论创新进程，助力人们全面深入地把握这一科学理论的核心要义和实践要求。发展无止境，学习无止境。党的十九届五中全会深刻分析了“十四五”时期我国发展面临的新形势新任务，揭示了我国未来一个时期发展的趋势规律和目标方向，作出了一系列重大判断和重大决策，反映了以习近平同志为核心的党中央对发展全局的深谋远虑和深邃思考。这就要求我们把学习习近平新时代中国特色社会主义思想同学习五中全会精神结合与统一起来，既深化对五中全会精神的理解和把握，又与时俱进地深刻理解习近平新时代中国特色社会主义思想是随着实践不断丰富发展的科学理论。

理论学习既要注重读原著、学原文、悟原理，也要注重联系实际。毛泽东同志曾经指出：“在党校中有两种培养教育干部的方法，一种是教条主义的、抽象学习理论的方法，另一种是联系斗争实际学习理论的方法。过去的方法属于第一种，把人都学笨了。我们现在采用的是后一种方法，能使你们把问题搞通。”这就要突出理论学习的针对性和实效性，进一步加强和改进学风，学深悟透习近平新时代中国特色社会主义思想的精神实质，做到知其然又知其所以然。

其二，在深度研究上下足功夫。习近平新时代中国特色社会主义思想的研究对象是21世纪全球最伟大的中国样本：超大规模经济体量、超长时间历史纵深、超大幅员国土面积、超大数量人口规模、超常复杂民族宗教结构、从未间断的文化血脉和文化传统，这些诸多因素叠加在一起，共同决定了攀登这座雄伟的理论高峰注定要付出艰苦的努力。

中央党校习近平新时代中国特色社会主义思想研究中心成立将近三年。通过发挥中心的组织协调作用，我们推出了一系列高质量的研究成果，不断发出了党校声音。同时我们也感到，自身的工作还有很多加强和改进的空间。面对习近平新时代中国特色社会主义思想这个深厚的科学理论体系，我们既要在宏观和整体上把握这一思想的概貌，又要悟透这一思想在诸多领域作出的原创性贡献，还要在中观和微观层面探求这一思想的内在要义。特别是要通过在教学科研中强化对马克思主义经典和“四史”的学习运用，努力为深入研究阐释习近平新时代中国特色社会主义思想进一步提供深厚的理论逻辑和历史逻辑。

党的十九届五中全会在为我国未来发展谋篇布局时作

出了许多新概括新论断，提出了一系列具有引领性、创新性、值得深入研究阐释的重大理论观点。我们要发挥党校优势，组织力量深入分析和研究我国进入新发展阶段、贯彻新发展理念、构建新发展格局面临的机遇和挑战以及需要着力破解的重点问题。比如，如何更好地发挥党领导经济社会发展的体制机制优势，推动有效市场和有为政府更好结合；如何在贯彻新发展理念过程中更好地统筹发展与安全；如何推动实现把科技自立自强作为国家发展的战略支撑；如何确保脱贫攻坚成果同乡村振兴有效衔接，使乡村发展成为国内大循环的重要主战场；如何推进以人为核心的新型城镇化，走出一条中国特色城镇化和城市发展道路；如何逐步实现“全体人民共同富裕取得更为明显的实质性进展”这一远景目标；如何建设人与自然和谐共生的现代化；等等。我们要通过以问题为导向的针对性研究，把对习近平新时代中国特色社会主义思想的研究阐释不断引向深入。

其三，在广泛宣传上下足功夫。习近平新时代中国特色社会主义思想是国家政治生活和社会生活的根本指针。这一思想只有通过引人入胜的广泛宣传并被广大干部群众真正掌握，才能更充分地发挥它的理论威力，才能转化为巨大的物质力量。这一思想所关注的世界性议题、所贡献的中国智慧，只有通过广泛的宣传推介为世界所知晓，才能使中国在民族复兴进程中真正实现话语权的崛起，为处于大变局中的世界作出中国贡献。

中央党校作为干部培训的主渠道和重要的思想理论阵地，既要有效巩固和培植“宣传源”阵地，又要不断培养和壮大“宣传员”队伍，通过深耕主业主课，在做好面向特定对象的靶向教育的同时，注重发挥平台优势，做好面向更广泛受众的理论宣传和引导。2020 年 1 月，习近平总书记在云南考察时专门来到原中央党校副校长艾思奇纪念馆，特别强调：“我们要传播好马克思主义，不能照本宣科、寻章摘句，要大众化、通俗化。”我们传播宣传习近平新时代中国特色社会主义思想，同样也要善于运用信息网络技术，在内容上力求生动鲜活，切实增强理论宣传的感染力，把科学理论的真理魅力深入浅出地展示出来，把本质性、原理性、科学性的内涵讲好讲透，切实增强干部群众的理性认同和情感认同，切实提高“中国理论”“中国话语”的世界影响力。

其四，在科学运用上下足功夫。实现理论强党不仅取决于理论本身的魅力和价值，还取决于我们运用理论的成效。理论武装贵在学思用贯通、知信行统一，最终还是要在运用效果上见真章。我们学习研究宣传习近平新时代中国特色社会主义思想，最终落脚点就是学以致用、经世致用。要始终坚持在干中学、在干中悟，不断强化党员领导干部必备的能力和素养。毛泽东同志曾经在中央党校开学典礼的演说中举过“有的放矢”这个典故的例子，形象说明了书本知识与实际、理论与实践的关系，说明了学以致用的重要性。所以，毛泽东同志为中央党校题写了“实事求是、不尚空谈”的校训，成为党校的传家宝。

习近平总书记多次强调学习的目的全在于运用，这次为中央党校（国家行政学院）秋季学期中青班开班式发表重要讲话，主题就聚焦于“提高解决实际问题的能力”。这既是对广大中青年干部成长成才提出的明确要求，也为新时代党的干部教育和党校（行政学院）工作指明了方向。我们要按照总书记的要求，切实强化实践导向和问题意识，切实增强“七种能力”，让习近平新时代中国特色社会主义思想在指导实践和推动工作中发挥更强威力、更大作用。

学习研究宣传习近平新时代中国特色社会主义思想，是一个不断向广度和深度推进的实践过程。衷心希望《基本问题》一书能够激发更多有志之士、有识之士投身到党的创新理论的系统化构建、学理化研究、大众化传播、具体化运用中来，把学懂弄通做实习近平新时代中国特色社会主义思想不断引向深入，争做这一思想的学习先锋、研究行家、传播信使、实践模范，为充分发挥当代中国马克思主义、21 世纪马克思主义的引领作用作出新的努力、贡献更大力量。

21 世纪马克思主义

2018 年是马克思诞辰 200 周年。习近平总书记在纪念马克思诞辰 200 周年大会上发表重要讲话，深情缅怀了马克思伟大光辉的一生，深刻阐释了马克思主义的科学体系、丰富内涵及其巨大作用，高度总结了中国共产党带领人民创造性推进马克思主义中国化的壮阔历程和丰硕成果，郑重提出了新时代学习和实践马克思主义的具体要求。习近平总书记的重要讲话高屋建瓴、视野宏大、思想深刻、内容丰富，是一篇光辉的马克思主义纲领性文献。

习近平新时代中国特色社会主义思想是新时代中国共产党坚持和发展马克思主义的最新理论成果，以一系列原创性战略性重大思想观点丰富和发展了马克思主义，是当代中国马克思主义、21 世纪马克思主义。今天我们学习和实践马克思主义，就要深入学习贯彻习近平新时代中国特色社会主义思想，不断从中汲取科学智慧和理论力量，用以涵养正气、淬炼思想、升华境界、指导实践。这是对马克思最好的告慰与纪念。

习近平新时代中国特色社会主义思想贯穿着坚定的马克思主义理想信念，在世界上高高举起中国特色社会主义伟大旗帜，使科学社会主义在 21 世纪中国焕发出强大生机活力

马克思主义是向着崇高理想迈进的科学理论。马克思主义之所以有着强大生命力，就在于马克思主义占据真理和道义的制高点，以实现共产主义为最高理想，以实现人的自由而全面发展和全人类解放为己任。坚持和发展马克思主义，必须坚守最高理想。习近平新时代中国特色社会主义思想之所以被称为 21 世纪马克思主义，首先因为这一思想是坚持“革命理想高于天”的科学理论体系。

党的十八大以来，习近平总书记反复强调共产党人不要忘记远大理想，明确指出：“理想信念就是共产党人精神上的‘钙’，没有理想信念，理想信念不坚定，精神上就会‘缺钙’，就会得‘软骨病’。”他一再要求必须旗帜鲜明、大张旗鼓讲马克思主义、讲中国特色社会主义、讲

共产主义。正是在这种政治气候下，党中央作出了全面从严治党的重大部署。全面从严治党，从本质上说，就是党员领导干部补钙壮骨、强身健体的过程，就是修复共产党人精神家园的过程，就是筑牢理想信念精神大厦的过程。

中国共产党是共产主义最高理想与中国特色社会主义共同理想的统一论者。共产主义是一个需要几代人、十几代人乃至几十代人不懈奋斗才能实现的伟大目标。我们党不因现实复杂而放弃梦想，不因理想遥远而放弃追求。党所做的一切，就是为人民谋幸福、为民族谋复兴、为世界谋大同。这是为实现最高理想所进行的实实在在的努力。改革开放以来，特别是党的十八大以来，以习近平同志为核心的党中央在世界上高高举起中国特色社会主义伟大旗帜，开创了党和国家事业发展的新局面，开创了坚持和发展马克思主义的新境界，开创了坚持和发展中国特色社会主义的新气象，形成了习近平新时代中国特色社会主义思想，引领中国特色社会主义进入了新时代。实践进一步证明，中国特色社会主义这条道路走得通、走得对、走得好，是实现中华民族伟大复兴的人间正道，是实现人的全面发展和人类解放的康庄大道，是通向共产主义最高理想的必由之道。

中国特色社会主义进入新时代，意味着科学社会主义在 21 世纪的中国焕发出强大生机活力，极大地提升了马克思主义的世界影响力，极大地提升了马克思主义理想信念的感染力和感召力。新时代中国特色社会主义，使马克思主义和科学社会主义获得了新的生机活力，使世界上资本主义与社会主义的力量对比发生新的深刻变化，重塑了世界政治经济版图，创造了世界社会主义历史的新辉煌。社会主义中国由此大踏步迈向世界舞台中心，成为振兴世界社会主义的中流砥柱，成为 21 世纪科学社会主义的理论策源地、实践创新地、发展引领地，极大地提振了世界人民对社会主义的信心。这样的历史性成就，是习近平新时代中国特色社会主义思想这一 21 世纪马克思主义对人类社会的重大贡献。

习近平新时代中国特色社会主义思想彰显着马克思主义理论品格，实现了马克思主义中国化时代化大众化的历史性飞跃，在马克思主义发展史上谱写了划时代篇章

马克思主义是科学的理论、人民的理论、实践的理论，也是不断发展的理论、开放的理论。马克思主义的生命力不仅来源于它的科学性和真理性，而且来源于它与时

俱进的理论品格。这一理论品格造就了马克思主义生生不息、博大精深的理论谱系，也造就了习近平新时代中国特色社会主义思想集大成的理论气度、原创性的理论贡献、划时代的理论成效。

集大成的理论气度，是说习近平新时代中国特色社会主义思想始终坚持不忘本来、吸收外来、面向未来。不忘本来，表明这一思想以马克思列宁主义、毛泽东思想、邓小平理论、“三个代表”重要思想、科学发展观为本来，以中华优秀传统文化、中国近代以来革命文化、社会主义先进文化为本来，具有深厚的理论渊源和文化渊源。吸收外来，表明这一思想具有海纳百川的开放意识和火眼金睛般的识别能力，十分注重对世界上有益文明成果的吸收借鉴，是在中国与世界的深度互动中形成发展起来的，得到世人的广泛理解和认同。面向未来，表明这一思想具有马克思主义的宽广眼界和人类情怀，始终关注中国未来、世界未来、人类未来，始终坚持在改革中守正出新、不断超越自己，在开放中博采众长、不断完善自己，彰显出引领时代发展和世界潮流的真理力量。习近平新时代中国特色社会主义思想站在巨人先贤的肩上，熔古今中外于一炉，为马克思主义中国化时代化大众化成果之罕见。

原创性的理论贡献，是说习近平新时代中国特色社会主义思想具有强大的理论穿透力和现实解释力，对发展马克思主义作出了独特贡献。习近平新时代中国特色社会主义思想在继承老祖宗的基础上，勇立时代潮头，发思想之先声，在认识和把握共产党执政规律、社会主义建设规律、人类社会发展规律方面提出了不少新论断、新命题、新理念，用鲜活丰富的当代中国实践来推动马克思主义发展。比如，人民中心论、社会主义现代化强国论、社会主要矛盾变化论、经济新常态论、供给侧结构性改革论、现代化经济体系论、国家治理体系和治理能力现代化论、中国特色社会主义最本质特征论、“四个伟大”论、“两个伟大革命”论、新时代强军论、新型大国关系论、人类命运共同体论等等。这些新论断、新命题、新理念，都蕴含着世界观、认识论、方法论、价值论层面的突破。这些原创性理论贡献，是马克思主义中国化时代化大众化新飞跃的重要标志，也是 21 世纪马克思主义的重要标志。

划时代的理论成效，是说习近平新时代中国特色社会主义思想指导下取得的伟大实践成就。党的十八大以来，中国特色社会主义事业取得了历史性突破，党进行了革命性锻造，人民军队实现了革命性重塑，我国国际影响力、感召力、塑造力进一步提高。取得的成就是全方位的、开创性的，进行的变革是深层次的、根本性的，产生的影响是世界性的、持久性的，党的面貌、国家的面貌、人民的面貌、军队的面貌、中华民族的面貌发生的变化是历史性的、前所未有的。不仅中国特色社会主义进入了开始“强起来”的新时代，开启了走向“强起来”的新征程，迎来了实现中华民族伟大复兴的光明前景，而且拓展了发展中国家走向现代化的途径，为发展中国家提供了全新选择，为解决人类问题贡献了中国智慧和中国方案。这样的成就，在中华人民共和国发展史上、中华民族发展史上具有重大意义，在世界社会主义发展史上、人类社会发展史上同样具有重大意义。

习近平新时代中国特色社会主义思想运用马克思主义思想武器，科学回答了“中国向何处去、世界向何处去”的时代之问，为当今中国和世界指明了前进航向

马克思给我们留下的最有价值、最具影响力的精神财富，就是以他名字命名的科学理论——马克思主义，这是习近平总书记反复提到的“思想武器”和“看家本领”。习近平新时代中国特色社会主义思想，就是新的时代条件下灵活运用马克思主义思想武器的理论结晶。

党的十八大以来，国内外形势变化和我国各项事业发展都给我们提出了一个重大时代课题，这就是必须从理论和实践结合上系统回答新时代坚持和发展什么样的中国特色社会主义、怎样坚持和发展中国特色社会主义。以习近平同志为核心的党中央坚持和运用马克思主义立场观点方法，从历史和现实、理论和实践、国内和国际结合上，洞察世情、国情、党情的深刻变化，强调中国特色社会主义是既坚持科学社会主义基本原则，又具有鲜明实践特色、理论特色、民族特色、时代特色的社会主义，是植根于中国大地、反映中国人民意愿、适应时代发展进步要求的社会主义，是坚定道路自信、理论自信、制度自信、文化自信的社会主义，是统揽伟大斗争、伟大工程、伟大事业、伟大梦想的社会主义；明确了新时代坚持和发展中国特色社会主义的总目标、总任务、总体布局、战略布局和发展方向、发展方式、发展动力、战略步骤、政治保证等。这些重要思想，充分体现了马克思主义的人民立场、实践观点和科学方法，系统回答了新时代坚持和发展中国特色社会主义一系列重大问题。

中国离不开世界，世界离不开中国。当今世界面临的不稳定不确定不安全因素日益增多，发展鸿沟日益突出，金融危机阴云不散，地区冲突时有发生，恐怖主义等非传统安全威胁持续蔓延，强权政治和霸权主义异常活跃，世界进入政局动荡和国际冲突多发期，世界政坛充斥着极端化思维、冷战思维和保守主义、民粹主义言行，全球面临着“世界怎么了、我们怎么办”的普遍困惑。这就是“世界向何处去”的问题。

“世界之乱”，呼唤有担当有作为的政治家战略家运用马克思主义思想武器来拨乱反正。党的十八大以来，习近平总书记致力于为世界问题提供中国方案，高瞻远瞩、深谋远虑，透过现象看实质、透过表象看本质、透过趋势看潮流，从中看到了当今世界百年未有之大变局，从中看到了一个新机遇新挑战层出不穷的世界、一个国际体系和国际秩序深度调整的世界、一个国际力量对比深刻变化并朝着有利于和平与发展方向变化的世界，从中看到了滚滚向前的和平合作、开放融通、变革创新的历史潮流，也从中看到了世界存在的治理赤字、信任赤字、和平赤字、发展赤字。立足于这样的战略眼光和战略思考，习近平总书记呼吁秉持“和平、发展、公平、正义、民主、自由”的人类共同价值，提出构建人类命运共同体，提出共商共建共享的全球治理观，倡导建设持久和平、普遍安全、共同繁荣、开放包容、清洁美丽的世界等等。这些重要思想，为认识和解决事关人类前途命运的重大问题贡献了中国智慧和中国方案。

习近平新时代中国特色社会主义思想闪耀着辩证唯物主义和历史唯物主义的真理光辉，给人以拨云见日之感，为深度变革中的中国指明了前进航向，为迷茫困惑中的世界破解了难题，展现了一位大党大国领袖的历史担当、人类情怀和天下胸怀，展现了 21 世纪马克思主义的独特魅力。

习近平新时代中国特色社会主义思想焕发着马克思主义革命精神，以党的自我革命推动伟大社会革命，赋予马克思主义政党以旺盛生命力和强大战斗力

恩格斯说，“马克思首先是一个革命家”，“斗争是他的生命要素。很少有人像他那样满腔热情、坚韧不拔和卓有成效地进行斗争”。列宁认为，马克思主义的全部价值就在于这个理论按其本质来说是批判的和革命的。可以说，革命性是划分马克思主义与非马克思主义的重要标志；革命精神是马克思主义的文化基因和马克思主义政党的精神气质。离开革命精神就谈不上 21 世纪马克思主义，缺乏革命精神就不是真正的马克思主义政党。

历史上，中国共产党通过新民主主义革命、社会主义革命和建设、改革开放和社会主义现代化建设新的伟大革命，一以贯之地带领人民推进伟大社会革命，实现了从站起来到富起来、强起来的伟大飞跃。在这个进程中，培育和形成了中国共产党人特有的革命精神。虽然我们党在中国已执政70多年并将继续长期执政，但过去革命战争时期形成的革命精神必须永远保持。党的十八大以来，习近平总书记在不同场合反复谈到“革命”和“革命精神”，强调：“不忘初心，牢记使命，就不要忘记我们是共产党人，我们是革命者，不要丧失了革命精神。”明确提出：“要实现党和国家兴旺发达、长治久安，全党同志必须保持革命精神、革命斗志，勇于把我们党领导人民进行了97年的伟大社会革命继续推进下去”，并且“必须以党的自我革命来推动党领导人民进行的伟大社会革命”。习近平总书记倡导的这种革命精神，充分体现在以习近平同志为核心的党中央强烈的问题意识和鲜明的问题导向之中，充分体现在十八大以来党和国家事业发生的历史性变革之中，充分体现在推进具有许多新的历史特点的伟大斗争之中，充分体现在全面深化改革的深度、广度和力度之中。

习近平新时代中国特色社会主义思想赋予马克思主义革命精神新的时代内涵。习近平总书记指出：“当代中国的伟大社会变革，不是简单延续我国历史文化的母版，不是简单套用马克思主义经典作家设想的模板，不是其他国家社会主义实践的再版，也不是国外现代化发展的翻版。”毫无疑问，新时代中国特色社会主义这场伟大社会革命，不同于马克思时代和列宁时代的无产阶级革命，也不同于中国新民主主义革命和新中国成立后的社会主义革命，它作为我们党领导人民进行伟大社会革命的继续，具有崭新的时代内涵。

新时代伟大社会革命所要解决的社会主要矛盾，就是习近平总书记在党的十九大报告中明确提出的人民日益增长的美好生活需要和不平衡不充分的发展之间的矛盾。这就必须着力解决好发展不平衡不充分问题，大力提升发展质量和效益，更好满足人民在经济、政治、文化、社会、生态等方面日益增长的需要，更好推动人的全面发展、社会全面进步。新时代伟大社会革命的战略目标，就是2020 年全面建成小康社会、2035 年基本实现社会主义现代化、2050 年把中国建设成富强民主文明和谐美丽的社会主义现代化强国。新时代伟大社会革命的根本方式，就是党统揽伟大斗争、伟大工程、伟大事业、伟大梦想，敢于进行自我革命、敢于刀刃向内、敢于刮骨疗毒、敢于壮士断腕，把自身建设成为始终走在时代前列、人民衷心拥护、勇于自我革命、经得起各种风险考验、朝气蓬勃的马克思主义执政党。总起来说，我们党领导人民进行的新时代伟大社会革命，就是要“在全世界面前树立起可供人们用来衡量党的运动水平的里程碑”，就是要致力于使具有 5000 多年历史的中华文明开创新的辉煌，使具有 500 多年历史的社会主义在 21 世纪谱写新的篇章，使风华正茂的百年大党始终保持统一的思想、坚定的意志、协调的行动、强大的战斗力，不断实现为人民谋幸福、为民族谋复兴、为世界谋大同的伟大使命。

再论21世纪马克思主义

习近平新时代中国特色社会主义思想是21世纪马克思主义，这是中国共产党对习近平新时代中国特色社会主义思想历史地位的一个科学界定，也是我们党第一次以“世纪”为尺度命名马克思主义中国化最新成果。

（一）

马克思主义自诞生以来，以其真理的力量跨越地理边界和时代隔阂，传遍五洲四海并不断与时俱进，深刻影响了世界历史的总体进程，深度参与了世界历史的理性塑造，深刻改变了世界的面貌。正如习近平总书记在纪念马克思诞辰200周年大会上的讲话中指出的：“马克思给我们留下的最有价值、最具影响力的精神财富，就是以他名字命名的科学理论——马克思主义。这一理论犹如壮丽的日出，照亮了人类探索历史规律和寻求自身解放的道路。”

不是任何国家、任何民族的马克思主义理论成果，都能够作为马克思主义的世纪形态载入人类思想史册，都能够冠名“世纪马克思主义”的称号。以“世纪”为尺度命名马克思主义，我们认为应该具备三个条件：一是理论研究对象是世界典型样本，二是理论成果具有世界历史意义，三是理论实践成效深刻改变现实世界。

纵观马克思主义发展史，用以上三个条件来衡量，马克思、恩格斯的学说可以称为“19 世纪马克思主义”，列宁主义、毛泽东思想、以邓小平理论为首创成果和基本内容的中国特色社会主义理论可以称为“20 世纪马克思主义”，习近平新时代中国特色社会主义思想可以称为“21 世纪马克思主义”。

马克思、恩格斯的学说之所以称为“19 世纪马克思主义”，就在于：这一学说的研究对象是 19 世纪世界资本主义典型样本——西欧样本，英国伦敦是西欧资本主义的心脏地带；这一学说具有世界历史意义——第一次破解了人类社会发展的“历史之谜”，揭示了资本主义运行的特殊规律，为全人类指明了实现自由和解放的道路；这一学说的实践成效深刻改变了现实世界——作为一种革命理论和人类解放学说，指引了世界社会主义运动，推动社会主义实现了从理论到实践的伟大飞跃。

列宁主义、毛泽东思想、以邓小平理论为首创成果和基本内容的中国特色社会主义理论之所以称为“20 世纪马克思主义”，就在于：其研究对象分别是20 世纪世界上最伟大的社会主义样本——苏俄和中国，这是 20 世纪社会主义运动的中心地带；其理论成果具有世界历史意义——它们创立了适合各自国情又兼具普遍意义的民主革命理论、社会主义革命和社会主义建设理论，照亮了俄中两国的革命和发展道路；其理论实践成效深刻改变现实世界——它们指引俄中两国无产阶级各自建立了世界上第一个社会主义国家和世界上最大的社会主义国家，发展、壮大了世界社会主义事业，深刻改写了 20 世纪国际政治结构和地缘政治格局，深刻改变了社会主义国家的面貌和人民的命运，深刻启迪了全世界被压迫民族的反对帝国主义、殖民主义、封建主义运动和民族解放运动，极大拓展了发展中国家走向现代化的途径。

党的十八大以来，党和国家事业发生历史性变革、取得历史性成就，中国特色社会主义进入新时代。马克思主义中国化最新成果——习近平新时代中国特色社会主义思想已经以其重大的理论意义和实践意义镌刻在世界思想理论版图的显著位置，成为21世纪马克思主义的主体形态。习近平新时代中国特色社会主义思想之所以称为“21世纪马克思主义”，同样是与这一思想的研究对象、世界意义、实践成效紧密联系在一起的。

（二）

中国特色社会主义新时代，是社会主义中国的新时代，也是世界社会主义发展的新时代，是世界马克思主义发展的新时代。这个新时代，标志着当代中国的发展已经超越了国家地理边界而进一步具有了世界历史意义，标志着中国已经有资格成为引领世界马克思主义创新发展的思想理论高地。

新时代是中国从大国走向强国的时代，也应当是中国理论自立自强的时代；新时代是中国不断向世界舞台中央挺进的时代，也应当是中国理论超越地域性不断世界化的时代。一个国家的发展水平，既取决于自然科学发展水平，也取决于哲学社会科学发展水平，在社会主义国家还取决于马克思主义理论发展水平。一个没有发达的自然科学的国家不可能走在世界前列，一个没有繁荣的哲学社会科学的国家也不可能走在世界前列。今日的中国，经济上、物质上的强大正在成为现实，但这绝不是中华民族孜孜以求的全部梦想，中国绝不能成为一个物质发达而理论贫困、学术不彰的“跛脚大国”。习近平总书记指出：“实现我们的发展目标，不仅要在物质上强大起来，而且要在精神上强大起来。”一个物质强大的中国，还必须是精神自立、文化自强、理论自觉的中国。中国走近世界舞台中央，思想必须跟上物质的脚步，不能身体进入了新时代，登上了世界舞台，而脑袋还停留在过去，止步于咿呀学语。如果物质的丰饶伴随着的是思想的贫困，经济的崛起伴随着的是精神的塌陷，体量的壮大伴随着的是文明的贫弱，那么这样的民族不可能赢得世人的崇敬而傲立于世界民族之林；这样的大国不可能屹立世界舞台而成为真正意义上的现代化强国。

今天，站在从大国走向强国的历史方位上，面对“西强我弱”的国际话语格局，中国需要重新思考在世界思想理论版图特别是世界马克思主义版图中扮演什么样的理论角色，在捍卫发展 21 世纪马克思主义过程中承担什么样的理论使命。尤其需要思考，我们在向世界注入强劲中国动力的同时是否贡献了引领人类精神的中国原则；我们在物质层面不断为人类作出更大贡献的同时是否在思想上、理论上、学术上作出了同等重要的贡献；我们的思想理论、学术地位如何更好地与我们的世界大国地位、文明古国身份相匹配；我们作为一个以马克思主义为指导的社会主义大国如何更好地肩负起在21世纪发展马克思主义的使命。

（三）

时代是思想之母，实践是理论之源。任何理论都钟情于伟大的实践样本，任何理论家都眷恋实践的热土，唯有伟大的实践才能孕育伟大的理论，才能孕育伟大的理论家。真正的理论家从来不会空中盖楼阁，伟大的理论总是背靠伟大的实践，以精深的思想表征时代、引领时代。

21世纪，人类最伟大的故事发生在哪里，世界社会主义的中心转移到哪里，那里就是马克思主义最钟情的研究样本，那里就是马克思主义研究的中心重镇，那个国家的共产党就是引领世界马克思主义创新发展的先进政党，那个国家的马克思主义最新形态就是21世纪马克思主义的主体形态。

展望21世纪，我们有理由认为，世界上最精彩的故事已经并将继续发生在中国，世界上最伟大的实践样本已经并将继续是中国样本，中国共产党领导下的中国完全能够胜任马克思主义创新发展的时代使命，马克思主义中国化最新成果完全有理由冠名“世纪”的称号，称之为“21 世纪马克思主义”。

历史表明，社会大变革的伟大时代，一定是哲学社会科学大发展的时代，也一定是世界马克思主义大繁荣的时代。当今世界正经历百年未有之大变局，当代中国正经历我国历史上最为广泛而深刻的社会变革，正在进行人类历史上最为宏大而独特的实践创新。这种前无古人的伟大实践，必将给理论创造、学术繁荣提供强大动力和广阔空间，也必将给中国马克思主义发展注入强劲的创新动力和厚植丰腴的学术土壤。这确实是一个需要理论而且一定能够产生伟大理论的时代，这确实是一个需要思想而且一定能够产生伟大思想的时代。

马克思主义是时代的精神上的精华。在中华民族健步走向伟大复兴的新时代背景下，中国成为 21 世纪马克思主义研究的中心重镇，伟大的中国样本成为 21 世纪马克思主义聚焦的基础样本，当代中国马克思主义——习近平新时代中国特色社会主义思想成为 21 世纪马克思主义的主体形态，这是历史的大趋势和理论的大逻辑。

（四）

习近平新时代中国特色社会主义思想成为“21 世纪马克思主义”，主要根据就在于符合前述的三个条件。

其一，这一思想的研究对象是世界伟大样本——21 世纪全球最伟大的中国样本。党的十八大以来，以习近平同志为核心的党中央团结带领全国人民砥砺奋进，党和国家事业续写了世所罕见的经济快速发展奇迹和社会长期稳定奇迹，书写了贡献世界和平与人类进步事业的中国故事，中国已然成为一个世界级的伟大样本。中国样本诞生于人类历史上绝无仅有的独特环境中：超大规模的经济体量、超长时间的历史纵深、超大幅员的国土面积、超大数量的人口规模、超常复杂的民族宗教结构、从未间断的文化血脉和文化传统。中国样本不同于以美英为代表的西方样本，西方学说解释不了中国奇迹；中国样本不同于以阿根廷、智利为代表的拉美样本，所谓华盛顿共识、新自由主义学说完全不适用于中国；中国样本不同于以日本为代表的东亚样本，所谓儒家资本主义的解释框架解释不了中国；中国样本也不同于传统社会主义模式的苏联样本，他们的社会主义学说不能完全解释当今中国发生的故事。习近平新时代中国特色社会主义思想是 21 世纪正确解读中国奇迹、解码中国样本的唯一科学学说。

其二，这一思想的理论价值具有世界历史意义——为解决人类面临的共同难题提供了中国方案，为建设美好世界贡献了中国智慧。中国共产党是为中国人民谋幸福的党，也是为人类进步事业而奋斗的党。中国共产党始终把为人类作出新的更大贡献作为自己的使命。党的十八大以来，习近平总书记围绕我国和世界发展面临的重大问题，提出诸多体现中国立场、中国智慧、中国价值的理念、主张、方案。习近平新时代中国特色社会主义思想中蕴涵的构建人类命运共同体理念、“一带一路”国际合作倡议、构建新型国际关系、倡导共商共建共享的全球治理观、构建人类卫生健康共同体等一系列中国主张、中国方案，为解决全人类面临的重大问题提供了思路，为迷茫困惑的世界破解了难题。习近平新时代中国特色社会主义思想的理论创造和思想贡献，让世界进一步知道了“学术中的中国”“理论中的中国”“哲学社会科学中的中国”，还让世界进一步知道了“为人类文明作贡献的中国”。我们有理由坚信，具有世界意义的习近平新时代中国特色社会主义思想，一定会在人类思想宝库中占有重要地位，也一定会在世界马克思主义思想谱系中占据重要地位。

其三，这一思想的实践成效深刻改变了中国和世界——新时代中国特色社会主义成为世界社会主义走向振兴的中流砥柱。世界社会主义 500 年，经历了从空想到科学、从理论到实践、从一国实践到多国发展、从遭受严重挫折到正在逐渐走出低潮的曲折历程。曾几何时，苏联解体、东欧剧变，世界社会主义步入低谷，科学社会主义备受苛责，有人宣称“历史已经终结”，“20 世纪将以社会主义失败和资本主义的胜利而告终”，还有人断言社会主义中国也将随着“多米诺骨牌”效应而轰然倒下。真可谓三十年河东，三十年河西，黄河九曲，终向大海。历史从来不会屈从于西方的先验逻辑，总是按自己的定律向前演进；科学社会主义从来不会在喧嚣围剿中宣判失败，总是在实践中一次次展现出强大生命力，证明其真理性。“只要中国社会主义不倒，社会主义在世界将始终站得住。”今天，中国特色社会主义取得的巨大成功，谱写了世界社会主义 500 年来最精彩的华章，世界上两条道路、两个主义、两种制度的较量正在发生有利于社会主义的深刻变化，科学社会主义的巨大能量在当代中国共产党人的手中再度被激活。展望未来，在习近平新时代中国特色社会主义思想指引下，新时代中国特色社会主义必将以全面建成社会主义现代化强国的决定性成就来雄辩地证明一个伟大结论——社会主义确实比资本主义好。社会主义的胜利、中国特色社会主义的发展壮大，是任何力量都阻挡不了的！

（五）

中国方案，是习近平新时代中国特色社会主义思想的重要内容，也是习近平新时代中国特色社会主义思想冠名“21 世纪马克思主义”的第一要件。所谓中国方案，是特指中国在走近世界舞台中央的背景下，为破解人类共同难题、推动世界和平发展而提出的中国主张或采取的中国行动。这里所说的中国方案，不是面向中国问题的方案，而是指向人类共同难题的方案。

今天，人类面临的全球性问题，突出地表现为治理赤字、信任赤字、和平赤字、发展赤字。与此相对应，习近平新时代中国特色社会主义思想为解决人类面临的共同难题贡献了中国智慧，为建设美好世界提供了中国方案。

第一，治理的中国方案。传统的全球治理体系由发达国家所主导，存在各种不公平规则和制度缺陷，全球治理越位、治理缺位同时并存，治理赤字由来已久。大国主导、几方共治的西方治理逻辑，不符合全球正义的原则，没有反映国际力量对比的新变化。如何化解全球治理赤字？习近平总书记指出：“我们要推进国际关系民主化，不能搞‘一国独霸’或‘几方共治’。世界命运应该由各国共同掌握，国际规则应该由各国共同书写，全球事务应该由各国共同治理，发展成果应该由各国共同分享。”习近平新时代中国特色社会主义思想，倡导共商共建共享的全球治理观，主张国际社会大家的事要由各国人民商量，不能由一家说了算，不能由少数人说了算。中国倡议的中非合作论坛、“一带一路”国际合作高峰论坛，是践行共商共建共享原则的典范，第一次为处于“地球边缘”的国家提供了公平参与全球治理的机会。

第二，信任的中国方案。当今世界，人类利益交融、命运与共、休戚相关。然而，一些西方国家固守零和博弈思维，秉持赢者通吃的丛林法则，以大欺小，恃强凌弱，舍义取利，国际竞争摩擦呈上升之势，地缘博弈色彩明显加重，国际社会信任和合作受到侵蚀。“只有永恒的利益，没有永恒的朋友”被西方视作国际关系的通行法则，“本国优先”“本国第一”公然上升为个别西方大国的执政理念，以本国利益为轴心，任意退群、肆意毁约，罔顾全球公义，制造信任危机。如何化解全球信任赤字？习近平总书记指出：“信任是国际关系中最好的黏合剂。”习近平新时代中国特色社会主义思想，倡导正确义利观，以义为先、义利兼顾，构建命运与共的全球伙伴关系；倡导把互尊互信挺在前头，坚持求同存异、聚同化异，增进战略互信，减少相互猜疑。中国提出的正确义利观、信任观，是对西方利益观和丛林法则的超越，为世界各国相互信任、并肩前行，共同建设更加美好的世界提供了正确遵循。中国主导成立的亚投行、金砖银行、丝路基金，就是践行正确义利观的重要体现。

第三，和平的中国方案。西方主导的世界安全秩序固守排他性安全观，强调霸权有利于世界稳定，结盟才能带来绝对安全，强调西方大国没有责任保障盟友之外的国家安全。今天，和平发展、合作共赢成为时代潮流，但世界仍很不太平，地区冲突和局部战争持续不断，战争的“达摩克利斯之剑”仍然高悬在人类头上，和平赤字依然严峻。如何化解全球和平赤字？习近平总书记指出，和平是全人类的共同价值，“不能一个国家安全而其他国家不安全，一部分国家安全而另一部分国家不安全，更不能牺牲别国安全谋求自身所谓绝对安全”。习近平新时代中国特色社会主义思想，倡导“对话而不对抗、结伴而不结盟”的国际交往观，实现了对西方结盟机制和冷战思维的超越；倡导“共同、综合、合作、可持续”的新安全观，实现了对西方排他性安全观的超越；倡导“不冲突、不对抗、相互尊重、合作共赢”的新型大国关系，实现了对大国必战、国强必霸的修昔底德陷阱的超越。

第四，发展的中国方案。长期以来，西方奉行线性发展、梯度进化的发展逻辑，认为现代化是一个由传统向现代的单线演变进程，发达国家在全球产业链中占领制高点，发展中国家则长期固守低端，东西发展差距愈拉愈大。当前，逆全球化思潮正在发酵，保护主义的负面效应日益显现，收入分配不平等、发展空间不平衡已成为全球经济发展面临的最突出问题。如何化解全球发展赤字？习近平新时代中国特色社会主义思想，倡导“创新、协调、绿色、开放、共享”的发展观，倡导“开放、融通、互利、共赢”的合作观，为改写西方发展逻辑贡献了中国话语；中国倡议成立亚洲基础设施投资银行，为低迷的世界经济注入了中国动力；中国提出“一带一路”国际合作倡议，为消解全球发展赤字作出了中国贡献。

贯穿于这四大方案之中的轴心原则是人类命运共同体理念。人类命运共同体是其他具象的中国方案的精髓和灵魂，是中国贡献于世界的总方案。中国方案的提出，其理论意义和实践意义都十分重大。没有中国方案，中国理论就不能走出民族性的逼仄处境，上升为普遍性的世界理论，就难以冠名为 21 世纪马克思主义。

（六）

马克思主义是马克思、恩格斯留给世界无产阶级的共同财富，发展马克思主义是全世界马克思主义者的共同事业。进入新时代，中国已成为 21 世纪马克思主义创新发展的理论高地，这是中国共产党人的巨大光荣和崇高使命。同时必须清楚，中国绝不是 21 世纪世界马克思主义的唯一阵地。中国共产党人是马克思、恩格斯开创的伟大事业最忠实的继承者、最伟大的推进者；世界各国的马克思主义者也是马克思主义的忠实传人。

习近平新时代中国特色社会主义思想是 21 世纪马克思主义，具有世界意义，但这并不排斥和影响其他国家的马克思主义政党从本国实际出发在 21 世纪坚持和发展马克思主义。马克思主义从来没有结束真理，马克思、恩格斯从来没有提供现成的教条，马克思主义在不同国家、不同民族的胜利，要靠各国马克思主义者了解各国情况，从本国实际出发解决各自问题。马克思、恩格斯开创的事业是一张改天换地的蓝图，马克思主义普遍真理与各国具体实际相结合是一个永无止境的过程，马克思主义本土化、民族化的历史不会终结。马克思主义的民族形态侧重于解决本民族的特殊性问题，马克思主义的世纪形态还侧重于解决全人类的普遍性问题。不能以马克思主义的世纪形态代替马克思主义的民族形态，否定或贬低马克思主义本土化的意义；也不能以马克思主义的民族形态消解马克思主义的世纪形态，否定或贬低21世纪马克思主义的人类意义。

习近平新时代中国特色社会主义思想构成21世纪世界马克思主义的主流、主体、主干。马克思主义是一个理论大家族，马克思、恩格斯的学说是总源头，马克思、恩格斯——列宁、斯大林——毛泽东、邓小平、江泽民、胡锦涛、习近平这是一条主干线。此外，还存在若干条马克思主义的支流、支线。每一条线都有其独立存在的价值，各条线整合到一起，就构成了世界马克思主义的完整思想谱系和理论图景。正如19世纪、20世纪一样，21世纪世界马克思主义理论家族宾朋满座的繁荣景象不会终结，世界马克思主义理论一源多流的基本面貌不会改变。

第三部分

制度创新

“中国之治”的核心密码

中国特色社会主义制度是具有鲜明中国特色、显著制度优势、强大自我完善能力的先进制度，为中华民族迎来从站起来、富起来到强起来的伟大飞跃提供了根本制度保证。“中国之治”的核心密码正在于“中国之制”。

中国特色社会主义制度具有独特创造性

一个国家选择什么样的国家制度，是由这个国家的历史传承、文化传统、经济社会发展水平决定的，是由这个国家的人民决定的。中国特色社会主义制度从我国悠久的政治文化传统中生长起来，从近代以后中国反抗外来侵略、争取民族独立和人民解放的斗争中生长起来，从社会主义事业的艰苦创立和艰辛探索中生长起来，是中国共产党和中国人民的伟大创造，也是人类制度文明史上的伟大创造。

这个制度的创造性在于，它是马克思主义社会形态理论在中国的创造性实践，是科学社会主义学说在制度层面的具体化，是社会主义制度在中国的实现形式。社会主义从理论到实践再到多国实践乃至发展到今天的全部历程表明，社会主义制度是一般形态与特殊形态的统一体。社会主义制度一般形态的原理已经由马克思、恩格斯和列宁等经典作家作出科学回答，这个一般形态只有通过一个个具体国家的社会主义制度才能体现出来，只有呈现为具体的民族形态、时代形态、国别形态才是现实的。也就是说，社会主义制度的实现形态没有也不可能有适合各国情况的统一模式，只能是把科学社会主义基本原理同各国实际和时代特征相结合，走符合本国国情的社会主义道路，建立有本国特色的社会主义制度。邓小平同志指出："马克思列宁主义的普遍真理与本国的具体实际相结合，这句话本身就是普遍真理。"

这个制度的创造性在于，它是中国共产党领导中国人民在革命、建设、改革长期实践探索中形成的科学制度体系。我们党在革命、建设、改革历程中，依据马克思主义基本原理，从我国国情出发，凝聚人民群众的智慧和力量，持续建构科学、规范、稳定的制度体系，为国家发展提供了制度保障和制度支撑。新中国成立后，人民代表大会制度、中国共产党领导的多党合作和政治协商制度等的建立，奠定了中华民族从站起来、富起来走向强起来的制度基础。改革开放以来，通过各方面体制机制的改革创新，我国国家制度和国家治理体系不断完善。中国特色社会主义制度由一整套制度构成严密完整、系统集成的制度体系，包括党的领导制度体系、人民当家作主制度体系、中国特色社会主义法治体系、中国特色社会主义政府治理体系、社会主义基本经济制度、社会主义先进文化制度、民生保障制度、社会治理制度、生态文明制度体系、党对人民军队的绝对领导制度、“一国两制”制度体系、对外事务制度、党和国家监督体系等方面。在中国特色社会主义制度体系中，起四梁八柱作用的是根本制度、基本制度、重要制度，其中具有统领地位的是党的领导制度。我国国家治理一切工作和活动都依照中国特色社会主义制度展开，形成覆盖各方面各领域的国家治理体系和治理能力，保障国家生活和社会生活正常运转。

这个制度的创造性在于，它是中国共产党为人类探索更好社会制度所提供的中国方案。西方一些人认为，西方制度是实现现代化的唯一选择，是普世的制度模式。历史终结论者则宣称，资本主义自由民主制度是“人类意识形态进化的终点”和“人类最后一种统治形式”。新中国70多年的实践向世界说明一个真理：治理一个国家、推动一个国家实现现代化，并不是只有选择西方制度模式这一条道路，各国完全可以走出自己的道路来。每个国家、每个民族都有权选择适合自己的制度，开创具有本国特色的现代化道路。中国特色社会主义制度的巨大成功，就是有力证明。“中国之治”及其展现的中国特色社会主义制度优势，向世界展示了现代化道路的多样性、人类文明的丰富性以及国家制度和国家治理体系的可选择性，为发展中国家走向现代化提供了全新选择。

中国特色社会主义制度具有巨大优越性

看一个制度好不好、优越不优越，应当从政治上、大的方面去评判和把握，主要看是否符合国情、是否有效管用、是否得到人民拥护。“鞋子合不合脚，自己穿了才知道。”世界上没有完全相同的政治制度模式，政治制度不能脱离特定的社会政治条件和历史文化传统来抽象评判，更不能生搬硬套外国政治制度模式。

中国特色社会主义制度是有多方面显著优势的国家制度。习近平同志在庆祝全国人民代表大会成立60周年大会上的重要讲话中提出了衡量政治制度“八个能否”的标准，指出：“评价一个国家政治制度是不是民主的、有效的，主要看国家领导层能否依法有序更替，全体人民能否依法管理国家事务和社会事务、管理经济和文化事业，人民群众能否畅通表达利益要求，社会各方面能否有效参与国家政治生活，国家决策能否实现科学化、民主化，各方面人才能否通过公平竞争进入国家领导和管理体系，执政党能否依照宪法法律规定实现对国家事务的领导，权力运用能否得到有效制约和监督。”党的十九届四中全会从13 个方面凝练概括的中国特色社会主义制度的显著优势，体现了“八个能否”的衡量标准，证明中国特色社会主义制度是一个行得通、真管用、有效率的制度。中国特色社会主义制度之所以具有 13 个方面的显著优势，很重要的在于我们党把开拓正确道路、发展科学理论、建设有效制度有机统一起来，用中国化的马克思主义、发展着的马克思主义指导国家制度建设，及时把成功实践经验转化为制度成果，使我国国家制度既体现科学社会主义基本原则，又具有鲜明的中国特色、民族特色、时代特色；很重要的还在于这个制度从来不排斥任何有利于中国发展进步的他国国家治理经验，而是博采众长，坚持以我为主、为我所用，去其糟粕、取其精华，能够在自我完善和发展中长期保持和不断增强自己的优越性。

中国特色社会主义制度是保证人民当家作主的国家制度。我国是工人阶级领导的、以工农联盟为基础的人民民主专政的社会主义国家，国家的一切权力属于人民。中国特色社会主义制度坚持党的领导、人民当家作主、依法治国有机统一，把党的领导作为人民当家作主和依法治国的根本保证，把人民当家作主作为社会主义民主政治的本质特征，把依法治国作为党领导人民治理国家的基本方式，推动三者统一于我国社会主义民主政治伟大实践。习近平同志强调："民主不是装饰品，不是用来做摆设的，而是要用来解决人民要解决的问题的。"我国的人民当家作主制度，具体地、现实地体现在中国共产党执政和国家治理之中，具体地、现实地体现在党和国家机关各个方面、各个层级的工作之中，具体地、现实地体现在人民依法通过各种途径和形式管理国家事务、管理经济和文化事业、管理社会事务的实践之中，是服务全体人民、保障全体人民根本权益的制度，而不是为某一个特定阶级、特定集团利益服务的制度。这正是中国特色社会主义制度与资本主义制度的根本区别所在，也是中国特色社会主义制度有效运行、不断完善、巩固发展的基础所在。

中国特色社会主义制度是解放和发展社会生产力、增强社会活力的国家制度。新中国成立以来特别是改革开放以来，中国共产党带领中国人民取得的发展成就和治理成就举世瞩目。从一穷二白到经济总量稳居世界第二，从人民温饱不足到进入世界中等收入国家行列，从物资短缺到成为全球货物贸易第一大国，从封闭半封闭到参与全球治理，从世界体系边缘到日益走近世界舞台中央，中国经历如此巨变，用几十年时间走完了发达国家几百年走过的工业化历程。我国经济快速发展奇迹和社会长期稳定奇迹，从根本上说正是中国特色社会主义制度的奇迹。中国特色社会主义制度具有的强大生命力和巨大优越性，集中到一点，就是这个制度能够持续推动拥有 14 亿人口大国进步和发展、确保拥有 5000 多年文明史的中华民族实现“两个一百年”奋斗目标进而实现伟大复兴。

中国特色社会主义制度与时俱进，不断完善和发展

恩格斯说过：“所谓‘社会主义社会’不是一种一成不变的东西，而应当和任何其他社会制度一样，把它看成是经常变化和改革的社会。”特别是在中国这样一个经济文化落后的半殖民地半封建的东方大国夺取全国政权、建

立社会主义制度，是马克思主义发展史上的崭新课题，更要把马克思主义基本原理同中国具体实际相结合，不断探索实践，不断改革创新。实践证明，中国特色社会主义制度是在改革开放中与时俱进、不断实现自我完善和发展的制度。

中国特色社会主义制度是特色鲜明、富有效率的好制度，但还不是成熟定型、尽善尽美的制度。相比我国经济社会发展的要求和人民群众的期待，相比当今世界正经历百年未有之大变局的新形势，相比实现国家长治久安的伟大目标，我国国家制度和国家治理体系还有不少亟待改进的地方，中国特色社会主义制度达到更加成熟更加定型依然任重道远。新时代，必须适应国家现代化总进程，提高党科学执政、民主执政、依法执政水平，提高国家机构履职能力，提高人民群众依法管理国家事务、经济社会文化事务、自身事务的能力，实现党、国家、社会各项事务治理制度化、规范化、程序化，不断提高运用中国特色社会主义制度有效治理国家的能力。

党的十九届四中全会围绕在我国国家制度和国家治理体系上应该“坚持和巩固什么、完善和发展什么”这个重大政治问题，明确了各项制度必须坚持的根本点和完善发展的方向，并且作出了工作部署。这次全会既阐明了必须牢牢坚持的重大制度和原则，又部署了需要深化的重大体制机制改革、需要推进的重点工作任务，体现了守正创新的科学方法论，体现了系统集成、协同高效的制度特色，体现了强烈的问题导向，为新时代坚持和完善中国特色社会主义制度、推进国家治理体系和治理能力现代化指明了努力方向，为推动各方面制度更加成熟更加定型提供了基本遵循。

新时代坚持和完善中国特色社会主义制度、推进国家治理体系和治理能力现代化，是有方向、有立场、有原则的。习近平同志强调：“我们全面深化改革，不是因为中国特色社会主义制度不好，而是要使它更好；我们说坚定制度自信，不是要故步自封，而是要不断革除体制机制弊端，让我们的制度成熟而持久。”习近平同志还指出：“推进国家治理体系和治理能力现代化，绝不是西方化、资本主义化。”中国是一个大国，在涉及国家制度这样的根本性问题上，在涉及发展方向的大是大非面前，绝不讲模棱两可的话，绝不做遮遮掩掩的事，绝不犯颠覆性错误。我们要在坚持和巩固已经建立起来并经过实践检验的根本制度、基本制度、重要制度前提下，坚持解放思想、实事求是、与时俱进、求真务实，以坚持和完善中国特色社会主义制度、推进国家治理体系和治理能力现代化为主轴，深刻把握我国发展要求和时代潮流，坚决破除一切不合时宜的思想观念和体制机制弊端，继续深化各领域各方面体制机制改革，深入把握制度建设规律，注重改革系统性、整体性、协同性，善于总结实践经验和基层创造，及时将理论创新、实践创新成果上升到制度层面，使中国特色社会主义制度优越性不断增强、充分彰显。

中国制度自信从哪里来

马克思主义告诉我们，无产阶级夺取政权以后不能简单地运用现成的国家机器来达到自己的目的，必须建立自己的政权机构来代替统治阶级的国家机器。中国特色社会主义制度和国家治理体系，就是中国共产党团结带领中国人民在推翻帝国主义、封建主义和官僚资本主义的反动统治之后，创造性地运用马克思主义国家学说，深刻总结国内外正反两方面经验，在不断探索实践、不断改革创新中建立起来的保证亿万人民当家作主的全新国家制度和国家治理体系。这是人类制度文明史上的伟大创造。

中国特色社会主义制度和国家治理体系的形成和发展，是在借鉴我们党领导新民主主义革命时期在根据地执政的宝贵经验基础上，经历了新中国 70 多年三个大的历史阶段形成和发展起来的。

从新中国成立到党的十一届三中全会前，我们党确立了人民当家作主的国家制度，建立起社会主义基本制度，探索适合国情的社会主义建设道路，为当代中国一切发展进步奠定了根本政治前提和制度基础

建立什么样的国家制度，是近代以来中国面临的一个历史性课题。鸦片战争以后，无数仁人志士为寻求改变中国前途命运的道路进行了持续不懈努力，经历了反复探索，尝试了多种制度模式，但都以失败而告终。

中国共产党自成立以来就致力于建立人民当家作主的新国家、新社会，不但提出了关于未来国家制度的主张，而且带领人民为之奋斗了20多年，积累了在局部地区执政的宝贵经验。毛泽东同志在党的七届二中全会上阐明了人民代表会议制度，指出资产阶级共和国的国会制度不符合中国情况；随后在《论人民民主专政》一文中明确指出："总结我们的经验，集中到一点，就是工人阶级（经过共产党）领导的以工农联盟为基础的人民民主专政。"这为新中国国家制度的构建和发展作了充分的理论准备。

1949 年 9 月，中国人民政治协商会议第一届全体会议通过的具有临时宪法作用的《中国人民政治协商会议共同纲领》，确立人民民主专政为新中国国体，确立人民代表大会制度为新中国政体，还确立了中国共产党领导的多党合作和政治协商制度，确立了在统一的多民族国家内实行民族区域自治制度。这些关乎全局的顶层设计，奠定了新中国国家制度的基础。

1954 年 9 月，第一届全国人民代表大会第一次会议的召开，标志着作为新中国根本政治制度的人民代表大会制度正式确立，此后人民政协继续在国家政治生活和社会生活中发挥着重大作用。这次会议通过的新中国第一部宪法，对人民民主专政的国家性质和人民代表大会制度的根本政治制度，对中国共产党领导的多党合作和政治协商制度、民族区域自治制度等国家基本政治制度作出了更为完备的规定。

1956 年，随着党在过渡时期总路线所规定的对生产资料私有制的社会主义改造基本完成，我国确立了社会主义基本制度，成功实现了中国历史上最伟大最深刻的社会变革。其后，党在不断探索适合国情的发展道路以及制度建设和法制建设等方面取得重要进展，也曾走了一段弯路。

这29年，党领导人民建立的国家制度，总体上适合中国实际、适应我国当时的经济基础，虽然还存在初创阶段的不成熟、不完善，但它开创性地建立了人民当家作主的新型国家制度，这是很了不起的。

从党的十一届三中全会到党的十八大前，我们党鲜明提出走自己的路、建设有中国特色的社会主义，积极推进经济体制及其他体制改革，形成中国特色社会主义制度，不断完善国家治理，为改革开放和现代化建设提供了坚实制度保障

党的十一届三中全会开启了改革开放历史新时期，也开启了中国特色社会主义制度自我完善和发展的历史新征程。从那以后40多年来，党带领人民积极推进党的领导体制和经济体制、政治体制、文化体制、社会体制、生态文明体制、军事体制等方面的改革，不断完善和发展中国特色社会主义制度，国家治理体系的活力和效率不断提升。

一是健全和完善党和国家的领导制度。改革开放之初，取消“文化大革命”中成立的地方各级革命委员会，恢复设立了地方各级人民政府。在总结“文革”教训基础上，党的十一届五中全会通过了《关于党内政治生活的若干准则》，并且决定恢复中央书记处，以加强和改善党的集体领导和民主集中制。1982 年制定的宪法，决定恢复设立国家主席和副主席；赋予国务院行政法规制定权；国家设立中央军事委员会；改变人民公社政社合一体制，恢复设立乡镇政权机关。党的十二大通过的党章规定，党中央只设总书记，不再设主席、副主席。这些重大举措和规定，对健全和完善党和国家的领导制度具有重要意义。

二是健全和完善我国根本政治制度。根据宪法规定，1982 年我国在县以上地方各级人民代表大会设立常务委员会，赋予省、自治区、直辖市人民代表大会及其常委会制定和颁布地方性法规权，并且实行各级人大代表由等额选举改为差额选举，把直接选举人大代表的范围扩大到县一级等。党的十四大提出加强人民代表大会及其常委会立法和监督等职能。党的十七大提出逐步实行城乡按相同人口比例选举人大代表。这些都有力推动了各级人大更好发挥作用。

三是健全和完善我国基本政治制度。改革开放以后，党中央进一步明确了人民政协的性质、任务、主题、职能，把中国共产党领导的多党合作和政治协商制度确立为我国一项基本政治制度，对民主党派的性质作了新的概括，阐明了执政党和参政党的关系，明确了多党合作和政治协商必须坚持的政治准则。基层群众自治制度源于新中国成立后我国城市建立的居民委员会。1982 年，城市居民委员会和农村村民委员会被一起写进宪法。1989 年、1998 年先后通过了城市居民委员会组织法、村民委员会组织法。党的十四大首次把我国基层民主制度形式确定为农村村民委员会、城市居民委员会和企业职工代表大会，此后逐步形成了以村委会、居委会和职代会为主要内容的基层群众自治制度。民族区域自治制度作为我们党早在新中国成立前后就创造性设定的我国一项基本政治制度，在改革开放中也得到不断丰富和发展。

四是健全和完善社会主义基本经济制度。党的十二届三中全会作出的《中共中央关于经济体制改革的决定》，第一次提出社会主义经济“是在公有制基础上的有计划的商品经济”的新论断。党的十四大明确提出：“我国经济体制改革的目标是建立社会主义市场经济体制”，为社会主义基本经济制度的确立奠定了坚实的体制基础。党的十五大首次提出：“公有制为主体、多种所有制经济共同发展，是我国社会主义初级阶段的一项基本经济制度。”

这标志着我国社会主义基本经济制度的确立。

五是健全和完善中国特色社会主义法治体系。早在改革开放之初，我们党就开始谋划和部署构建以宪法为核心的法律体系。1982 年我国制定了改革开放以来第一部宪法后，又于 1988 年、1993 年、1999 年、2004 年、2018 年修改宪法，把改革开放中党领导人民创造的伟大成就和成功经验及时写入宪法。党的十五大把依法治国确定为治理国家的基本方略，并提出到 2010 年形成中国特色社会主义法律体系的目标。在党中央坚强领导下，这个目标已如期完成。

党的十八大以来，通过统筹推进“五位一体”总体布局、协调推进“四个全面”战略布局，推动中国特色社会主义制度更加完善、国家治理体系和治理能力现代化水平明显提高，为党和国家事业发生历史性变革、取得历史性成就提供了有力保障

以习近平同志为核心的党中央在党的十八届三中全会通过的《中共中央关于全面深化改革若干重大问题的决定》中，明确提出全面深化改革的总目标是完善和发展中国特色社会主义制度、推进国家治理体系和治理能力现代化，并且在此后展开的全面深化改革实践中坚持问题导向和目标导向相结合，积极推进党和国家制度建设及国家治理体系现代化，取得历史性成就。

坚持和加强党的全面领导，进一步健全维护党中央权威和集中统一领导的制度。明确提出并推动全党增强“四个意识”、坚定“四个自信”、做到“两个维护”，自觉在思想上政治上行动上同以习近平同志为核心的党中央保持高度一致。党中央成立了多个决策议事协调机构，健全对重大工作的领导体制。完善向党中央请示报告制度。从2015年开始，中央书记处和中央纪律检查委员会、全国人大常委会党组、国务院党组、全国政协党组、最高人民法院党组、最高人民检察院党组每年专门向中央政治局常委会议汇报工作。党的十九大后，对党和国家机构进行改革，在构建和完善党的领导体系、政府治理体系、武装力量体系、群团工作体系上迈出决定性步伐。

坚持和完善全面从严治党制度。党中央提出并贯彻新时代党的建设总要求和新时代党的组织路线，建立健全以党的政治建设为统领、全面推进党的各方面建设的制度机制。完善全面从严治党责任制度，严明党的政治纪律和政治规矩，推动全党坚决同一切影响党的先进性、弱化党的纯洁性的问题作斗争。党的十八届六中全会通过的《关于新形势下党内政治生活的若干准则》《中国共产党党内监督条例》，推动党内政治生态明显好转。设立国家监察委员会，健全党和国家监察制度，强化对权力运行的制约和监督。坚定不移推进反腐败，着力构建一体推进不敢腐、不能腐、不想腐的体制机制。

坚持和完善中国特色社会主义法律体系。党的十八届四中全会通过的《中共中央关于全面推进依法治国若干重大问题的决定》，对新时代建设社会主义法治国家作出全面部署，法治建设特别是司法体制改革以前所未有的力度展开。党的十九大后，制定监察法、国家勋章和国家荣誉称号法等，并且加快国家安全、生态环境、社会民生等重点领域立法，中国特色社会主义法律体系日趋完善。

坚持和完善人民当家作主的制度。党的十八大以来，党中央对坚持和完善人民代表大会制度作出顶层设计，明确提出发挥人民代表大会及其常委会在立法工作中的主导作用，在各级人大新设置专门的社会建设委员会，并且优化人大常委会和各专门委员会组成人员。协商民主是我国社会主义民主政治的特有形式和独特优势。党中央先后印发实施《关于加强社会主义协商民主建设的意见》等一系列配套文件，使这一民主形式广泛运用于国家政治和社会生活之中，有力保障了人民有序政治参与，促进了决策科学化民主化。

党的十八大以来，在坚持和完善经济、文化、社会、生态文明、军事、外事等方面制度上，也都取得历史性进展。

纵观社会主义从诞生到现在的整个历史过程，在中国这样一个经济文化落后的东方大国夺取全国政权、建立社会主义制度，进而建设社会主义现代化强国，是马克思主义发展史上的崭新课题。怎样治理中国这样具有超长时间历史纵深、超大幅员国土面积、超大数量人口规模、超常复杂民族宗教结构乃至越来越大规模经济体量的社会主义发展中国家，在以往的世界社会主义实践中是没有任何现成模式可以学习的。中国共产党迎难而上，坚持把马克思主义基本原理同中国具体实际相结合，经过艰辛探索，新中国70多年来在国家制度建设上取得历史性成就。党的十九届四中全会全面梳理和概括了一整套中国特色社会主义制度和国家治理体系，主要包括以下方面。

坚持党的集中统一领导，坚决维护党中央权威，使党处于总揽全局、协调各方的核心地位，实行科学执政、民主执政、依法执政的党的领导制度体系；

坚持党要管党，不断推进党的自我革命，永葆党的先进性和纯洁性，致力于提高党的执政能力和领导水平的全面从严治党制度；

以人民代表大会制度这一根本政治制度，中国共产党领导的多党合作和政治协商制度、民族区域自治制度、基层群众自治制度等基本政治制度为主要内容的人民当家作主制度体系；

坚定不移走中国特色社会主义法治道路，包括法律规范体系、法治实施体系、法治监督体系、法治保障体系在内的中国特色社会主义法治体系；

坚持一切行政机关为人民服务、对人民负责、受人民监督，创新行政方式，提高行政效能，人民群众满意，职责明确、依法行政的政府治理体系；

以公有制为主体、多种所有制经济共同发展，按劳分配为主体、多种分配方式并存，社会主义市场经济体制等为主要内容的社会主义基本经济制度；

坚持马克思主义在意识形态领域指导地位，坚持为人民服务、为社会主义服务，坚持百花齐放、百家争鸣，坚持创造性转化、创新性发展，激发全民族文化创造活力的社会主义先进文化制度；

坚持幼有所育、学有所教、劳有所得、病有所医、老有所养、住有所居、弱有所扶，以满足人民日益增长的美好生活需要为目标的统筹城乡的民生保障制度体系；

坚持和完善党委领导、政府负责、民主协商、社会协同、公众参与、法治保障、科技支撑，共建共治共享的社会治理制度；

促进人与自然和谐共生，坚持生态环境保护、资源高效利用、生态保护和修复、落实生态环境保护责任共同发力一体推进的生态文明制度体系；

人民军队最高领导权和指挥权属于党中央，中央军委实行主席负责制，确保人民军队性质、宗旨、本色的党对人民军队绝对领导制度；

严格依照宪法和基本法对香港特别行政区、澳门特别行政区实行管治，保持香港、澳门长期繁荣稳定，坚定推进包括台湾在内的祖国和平统一的“一国两制”制度体系；

统筹国内国际两个大局，坚持独立自主的和平外交政策，坚定不移维护国家主权、安全、发展利益，坚定不移维护世界和平、促进共同发展，推动构建人类命运共同体的外事工作体制机制；

以强化对权力运行的制约和监督，实现自我净化、自我完善、自我革新、自我提高为目的，健全党统一领导、全面覆盖、权威高效的党和国家监督体系。

国家制度和国家治理体系是党和国家事业兴旺发达的根本保障。新中国成立 70 多年来，中国共产党领导人民书写了社会主义革命和建设的中国故事、改革开放新时期的中国故事、党的十八大以来发生历史性变革的中国故事，书写了创造世所罕见的经济快速发展奇迹和社会长期稳定奇迹的中国故事，书写了中华民族迎来从站起来、富起来到强起来伟大飞跃的中国故事。实践证明，中国特色社会主义制度和国家治理体系是以马克思主义为指导、植根中国大地、具有深厚中华文化根基、深得人民拥护的制度和治理体系，是具有强大生命力和巨大优越性的制度和治理体系，是能够持续推动拥有 14 亿人口大国进步和发展、确保拥有 5000 多年文明史的中华民族实现“两个一百年”奋斗目标进而实现伟大复兴的制度和治理体系。

根本制度：制度中的“顶梁柱”

中国特色社会主义根本制度，同中国特色社会主义基本制度、重要制度一道，都是党的十九届四中全会加以明确的重大政治概念，具有重大理论意义和实践意义。

何为中国特色社会主义根本制度？就是那些体现中国特色社会主义本质特征和国家性质、从根本上保证中国特色社会主义方向、在中国特色社会主义制度中起决定性作用的制度。学习贯彻党的十九届四中全会精神、坚持和完善中国特色社会主义根本制度，就要坚持和完善以下这些制度。

坚持和完善党的领导根本制度

中国共产党领导是中国特色社会主义最本质的特征，是中国特色社会主义制度的最大优势。在当代中国国家治理体系中，中国共产党是最高政治领导力量，党的领导制度是党和国家各领域各方面制度的“纲”，处于统筹、统领、统帅地位，是我国最重要最根本的制度。没有中国共产党领导，哪有新中国的成立，哪有社会主义基本制度的确立，哪有中国特色社会主义的开创，又哪有中国特色社会主义一整套制度和国家治理体系的建立、完善和发展?坚持和加强党的全面领导，关系党和国家前途命运；在这个问题上出现失误错误，往往是灾难性、颠覆性的。党的十八大以来，以习近平同志为核心的党中央全面加强和改进党的领导，不断健全和完善党的领导的体制机制，形成了一套坚持和完善党的领导的制度规范和工作机制，并转化为国家治理的制度优势，使中国特色社会主义制度彰显出更加强大的生机活力。

党的十九届四中全会系统总结我国国家制度和国家治理体系的发展成就，把坚持党的领导这一显著优势放在我国国家制度和国家治理体系 13 个方面显著优势的首位，旗帜鲜明强调“党政军民学、东西南北中，党是领导一切的，坚决维护党中央权威，健全总揽全局、协调各方的党的领导制度体系，把党的领导落实到国家治理各领域各方面各环节”，这其中贯穿的核心要义就是党的领导制度是中国特色社会主义根本制度。全会把坚持和完善党的领导制度体系，提高党科学执政、民主执政、依法执政水平，放在坚持和完善中国特色社会主义制度、推进国家治理体系和治理能力现代化的首要位置，突出了党的领导制度在国家制度和国家治理体系中的根本制度定位，抓住了国家制度建设和国家治理的关键和根本，使坚持和加强党的领导具有了更强的制度约束力。

中国特色社会主义进入新时代，中国特色社会主义制度和国家治理体系首先是党的领导制度需要与时俱进地不断完善和发展。党的十九届四中全会立足于健全总揽全局、协调各方的党的领导制度体系，明确提出 6 个方面主要任务，即：建立不忘初心、牢记使命的制度；完善坚定维护党中央权威和集中统一领导的各项制度；健全党的全面领导制度；健全为人民执政、靠人民执政各项制度；健全提高党的执政能力和领导水平制度；完善全面从严治党制度。贯彻落实四中全会精神，就要把贯彻落实以上 6 个方面任务摆在突出位置，在坚持和完善党的领导制度体系方面下更大功夫，推动各级党组织、所有党和国家机构把党的领导全方位体现到国家治理的方方面面，有效转化为国家制度优势和国家治理效能。

坚持和完善人民民主专政根本制度

人民民主专政作为中华人民共和国的国体、作为我国根本的国家制度，是马克思列宁主义国家学说在中国创造性运用和发展的产物。1871 年 3 月在法国巴黎无产阶级革命风暴中建立的“巴黎公社”，是无产阶级夺取政权的首次尝试。马克思、恩格斯总结巴黎公社的宝贵经验，明确指出：无产阶级夺取政权以后不能简单地运用现成的国家机器来达到自己的目的，必须建立无产阶级专政的国家机器来代替统治阶级的国家机器。马克思、恩格斯认为巴黎公社失败的一个主要原因是缺乏无产阶级政党领导，因此他们特别提出：为了把工人阶级团结起来进行革命斗争，需要由工人阶级先进分子组成独立的无产阶级革命政党，并充分发挥这个党在革命斗争中的领导作用。列宁继承和发展了马克思、恩格斯的无产阶级专政理论，领导俄国十月革命取得成功，建立了世界上第一个无产阶级专政的社会主义国家，为其他国家提供了进行革命、建立无产阶级专政国家的榜样。

中国共产党和中国革命，是在马克思列宁主义指导下、在俄国十月革命影响下建立和发展起来的。人民民主专政，就是我们党团结带领中国人民在推翻帝国主义、封建主义和官僚资本主义的反动统治之后，根据我国历史条件和具体情况，创造性运用马克思列宁主义无产阶级专政理论建立起来的全新国家制度。在中国共产党的许多文件和毛泽东的《新民主主义论》《论联合政府》《论人民民主专政》等著作中都明确提出了人民民主专政的理论主张。在新中国成立前各革命根据地建设中，已经进行了人民民主专政的实践探索。毛泽东强调指出："总结我们的经验，集中到一点，就是工人阶级（经过共产党）领导的以工农联盟为基础的人民民主专政。这个专政必须和国际革命力量团结一致。这就是我们的公式，这就是我们的主要经验，这就是我们的主要纲领。"毛泽东还明确阐述了人民民主专政的科学内涵，指出"对人民内部的民主方面和对反动派的专政方面，互相结合起来，就是人民民主专政"。新中国 70 多年的实践证明，人民民主专政是符合中国国情、厚植于人民之中，具有强大生命力和巨大优越性的根本制度。

党的十九届四中全会强调"我国是工人阶级领导的、以工农联盟为基础的人民民主专政的社会主义国家"，鲜明表达了坚持人民民主专政这一国家根本制度的坚定意志。全会强调坚持人民主体地位，坚定不移走中国特色社会主义政治发展道路，使各方面制度和国家治理更好体现人民意志、保障人民权益、激发人民创造，确保人民依法通过各种途径和形式管理国家事务，管理经济文化事业，管理社会事务，并且明确提出了坚持和完善人民民主专政根本制度的重要任务。从一定意义上说，全会对坚持和完善中国特色社会主义制度、推进国家治理体系和治理能力现代化作出的全部制度安排和部署，都是对人民民主专政根本制度的坚持和完善。

坚持和完善人民代表大会根本制度

人民代表大会制度是符合中国国情、体现社会主义国家性质、保证人民当家作主的根本制度，是支撑国家治理体系和治理能力的根本制度。作为国家政治制度体系和国家政权组织体系的根基，人民代表大会制度实现了国体与政体、民主与效率的有机统一，是坚持党的领导、人民当家作主、依法治国有机统一的根本制度安排，集中体现了我国社会主义民主政治的特点和优势。党的十九届四中全会充分阐述了人民代表大会根本制度的地位、特点、优势，明确提出了今后一个时期坚持和完善人民代表大会根本制度的重点方向、主要任务、工作要求和重要举措。

其一要支持和保证人民通过人民代表大会行使国家权力，保证各级人大都由民主选举产生、对人民负责、受人民监督，保证各级国家机关都由人大产生、对人大负责、受人大监督。这是对各级人大及其常委会的要求，也是对各级国家机关及其工作人员的要求。换句话说，就是要通过人民代表大会，从各层次各领域扩大公民有序政治参与，依法保障公民的知情权、参与权、表达权、监督权，依法保证全体社会成员平等参与、平等发展的权利；同时畅通社情民意反映和表达渠道，积极回应社会关切，统筹兼顾不同利益诉求，最大限度调动积极因素、化解消极因素。

其二要支持和保证人大及其常委会依法行使立法权，完善以宪法为核心的中国特色社会主义法律体系，加强重要领域立法，坚持科学立法、民主立法、依法立法，不断提高立法质量和效率；依法行使监察权，健全人大对“一府一委两院”监督制度，加强对法律实施的监督，保证行政权、监察权、审判权、检察权得到依法正确行使，保证公民、法人和其他组织合法权益得到切实保障，坚决排除对执法司法活动的干预；依法行使决定权，根据宪法和有关组织法讨论决定全国和本行政区内的重大事项；依法行使任免权，严格依照法定职权和法定程序选举和任免国家机关领导人员、组成人员和有关工作人员。

其三要密切人大代表同人民群众的联系，健全代表联络机制，更好发挥人大代表作用。一方面，各级人大代表要通过调研、视察、走访、代表之家、代表活动室、代表接待日、网络平台等方式和渠道，了解社情民意，反映群众诉求，宣传国家法律法规和方针政策。另一方面，各级人大常委会要完善代表联系制度，支持和保证代表依法履职，充分发挥代表作用。

其四要健全人大组织制度、选举制度和议事规则，完善论证、评估、评议、听证制度。根据党中央部署要求，总结实践经验，适应新形势新要求，完善人大组织体系、工作机制、议事规则方面的法律制度，健全人大组织制度和运行机制，使各级人大及其常委会成为全面担负起宪法法律赋予的各项职责的工作机关，成为同人民群众保持密切联系的代表机关。

坚持和完善马克思主义
在意识形态领域指导地位根本制度

马克思主义以科学的世界观和方法论揭示了人类社会发展规律，是我们立党立国的根本指导思想。中国共产党是在马克思主义指引和武装下成长和发展起来的，党的先进性和纯洁性是在马克思主义思想理论的先进性和科学性滋养下形成和丰富起来的，党的团结统一和强大战斗力是在马克思主义这个全党共同思想基础上凝聚和强大起来的。归根到底一句话：党领导的中国革命、建设、改革的全部成就，都是在马克思主义和马克思主义中国化成果指引下取得的。党的十九届四中全会把马克思主义在意识形态领域的指导地位上升为一项根本制度，客观反映了马克思主义传入中国后发挥的伟大历史作用，用制度形态确立了马克思主义指导思想在中国特色社会主义制度中的根本制度地位，这是具有重大意义的。

坚持和完善马克思主义在意识形态领域指导地位根本制度，最重要的就是坚持和巩固习近平新时代中国特色社会主义思想在党和国家的指导思想地位。习近平新时代中国特色社会主义思想是马克思主义中国化最新成果，是当代中国马克思主义、21 世纪马克思主义，为实现强党强国和民族复兴提供了科学行动指南，为党和人民提供了强大思想武器。要按照学懂弄通做实的要求，深入推进习近平新时代中国特色社会主义思想学习教育，引导党员干部深刻认识这一思想的历史地位和重大意义，深刻理解这一思想的精神实质、丰富内涵、核心要义、实践要求，深刻体悟贯穿其中的马克思主义立场观点方法，真正把学习这一思想的收获转化为增强“四个意识”、坚定“四个自信”、做到“两个维护”的实际行动，转化为做好工作的理念思路、举措办法和科学方法。

坚持和完善马克思主义在意识形态领域指导地位根本制度，要求我们必须牢牢把握社会主义先进文化前进方向，加强党对意识形态工作的全面领导。现在，我国文化领域正在发生广泛而深刻的变革，社会文化生态更加复杂，坚持以马克思主义统领多样化文化发展的重要性日益突出。这就必须坚持党管宣传、党管意识形态、党管媒体不动摇，把意识形态工作领导权牢牢掌握在忠诚于党、忠诚于马克思主义的人手中，不断增强意识形态领域的主导权和话语权。

党的十九届四中全会明确提出坚持马克思主义在意识形态领域的指导地位，必须注意区分政治原则问题、思想认识问题、学术观点问题，旗帜鲜明反对和抵制各种错误观点。这个要求很重要，也很有现实针对性。在这个重大问题上，一定要坚持实事求是、客观公正，坚持具体问题具体分析，是什么问题就是什么问题，就按照解决这样性质问题的方式去解决，既要防止把学术观点问题特别是思想认识问题上升为政治原则问题，又要防止把政治原则问题淡化为学术观点问题或思想认识问题。

坚持和完善党对人民军队的绝对领导根本制度

人民军队是中国特色社会主义的坚强柱石。党对人民军队的绝对领导是中国特色社会主义的本质特征，是党和国家的重要政治优势，是人民军队的建军之本、强军之魂。党的十九届四中全会把“坚持党指挥枪”作为我国国家制度和国家治理体系一个显著优势，把“党对人民军队的绝对领导”上升为中国特色社会主义一项根本制度并作出科学部署，这对于巩固党的执政地位、保证人民当家作主、实现党和国家长治久安具有重大而深远的意义。

党对人民军队的绝对领导根本制度，发轫于南昌起义党独立领导新型人民军队的壮举，奠基于三湾改编“支部建在连上”的创造，定型于古田会议确立思想建党、政治建军原则，丰富和发展于党领导人民军队进行革命、建设、改革的伟大实践。建军以来，这支人民军队经受过各种考验，经历了大大小小几百场战争，之所以艰难奋斗而不溃散，屡经挫折愈加顽强，高歌猛进决战决胜，最根本的就是有党的坚强领导。没有这样一支党绝对领导下的人民军队，不可能有人民的解放和国家的独立。1949 年 3 月 5 日，毛泽东在七届二中全会上就说过：“所谓人民共和国就是人民解放军，蒋介石的亡国，就是亡了军队。”

在新时代，坚持和完善党对人民军队的绝对领导根本制度，是坚持和完善中国特色社会主义制度、推进国家治理体系和治理能力现代化的重要组成部分，也是实现中国梦和强军梦的坚强保证。当今世界正经历百年未有之大变局，我国正处于实现中华民族伟大复兴关键时期。面对强国强军的时代要求，面对国家安全环境深刻变化，必须与时俱进丰富和完善党对人民军队的绝对领导根本制度，这样才能把党的政治优势和组织优势转化为制胜优势，确保军事力量建设和运用更好应对前进中的风险挑战，更好服从服务于中华民族伟大复兴这个最高利益和根本利益，忠实履行党和人民赋予的新时代使命任务。

坚持和完善党对人民军队的绝对领导根本制度，最基本的是军队必须无条件地置于党的领导之下，在思想上政治上行动上始终同党中央、中央军委保持高度一致，坚决维护党中央、中央军委权威，任何时候任何情况下都坚决听从党中央、中央军委指挥。这里最重要的，就是坚持人民军队最高领导权和指挥权属于党中央，全面深入贯彻军委主席负责制。党的十九届四中全会明确提出必须牢固确立习近平强军思想在国防和军队建设中的指导地位，全国武装力量由军委主席统一领导和指挥，完善贯彻军委主席负责制的体制机制，严格落实军委主席负责制各项制度规定等重大要求举措。这对于确保党对人民军队的绝对领导，实现党在新时代的强军目标，永葆人民军队的性质、宗旨、本色，具有根本作用。

归总起来说，党的领导根本制度、人民民主专政根本制度、人民代表大会根本制度、马克思主义在意识形态领域指导地位根本制度、党对人民军队的绝对领导根本制度，在我国国家制度和国家治理体系“四梁八柱”中起着“主梁”和“顶梁柱”作用，从根本上体现了中国特色社会主义的制度优势。学习贯彻党的十九届四中全会精神，就要牢固树立“根本制度”意识，任何时候任何情况下都只能巩固而不能动摇根本制度，只能完善而不能削弱根本制度。

基本制度：制度中的“基本盘”

中国特色社会主义基本制度，就是那些体现我国社会主义性质，规定着国家政治生活、经济生活基本原则，对国家经济社会发展具有重大影响的制度。贯彻落实党的十九届四中全会精神，需要坚持和完善以下中国特色社会主义基本制度。

坚持和完善中国共产党领导的
多党合作和政治协商基本政治制度

中国共产党领导的多党合作和政治协商基本政治制度，是近代以来中国人民长期奋斗历史逻辑、理论逻辑、实践逻辑的必然结果，是我国社会主义政治制度的特有形式和独特优势，是中国共产党、中国人民和各民主党派、无党派人士的伟大政治创造。这一基本政治制度，能够真实、广泛、持续代表和实现最广大人民根本利益、全国各族各界根本利益，有效避免旧式政党制度代表少数人、少数利益集团的弊端；能够把各个政党和无党派人士紧密团结起来为着共同目标而奋斗，既有效防止了一党执政缺乏监督的问题，更有效避免了西方多党制必然导致的彼此排斥倾轧、相互恶性竞争的弊端；还能够通过制度化、程序化、规范化的安排广泛集中各种意见和建议、推动决策科学化民主化，有效避免旧式政党制度囿于党派利益、阶级利益、区域和集团利益而进行决策施政导致社会撕裂的弊端。总起来说，这一基本政治制度充分彰显共产党领导、多党派合作，共产党执政、多党派参政的显著特征，反映了我国人民当家作主的社会主义民主的本质。正如习近平总书记指出的，中国共产党领导的多党合作和政治协商制度作为我国一项基本政治制度，不仅符合当代中国实际，而且符合中华民族一贯倡导的天下为公、兼容并蓄、求同存异等优秀传统文化，是对人类政治文明的重大贡献。

我国宪法明确规定："中国共产党领导的多党合作和政治协商制度将长期存在和发展。"党的十九届四中全会对坚持和完善这一基本政治制度，既明确了必须牢牢坚持的重大原则，又作出了新的制度设计和安排。贯彻落实全会要求，必须切实贯彻长期共存、互相监督、肝胆相照、荣辱与共的方针，加强中国特色社会主义政党制度建设，充分发挥民主党派和无党派人士的参政议政和民主监督作用，健全相互监督特别是中国共产党自觉接受监督、对重大决策部署贯彻落实情况实施专项监督等机制，完善民主党派中央直接向中共中央提出建议制度，完善支持民主党派和无党派人士履行职能方法，展现我国新型政党制度优势。

人民政协是中国共产党领导的多党合作和政治协商制度的重要机构，是实行我国新型政党制度的重要政治形式和组织形式。各级人民政协应支持各民主党派和无党派人士在政协参与国家重大方针政策讨论协商，对各民主党派以本党派名义在政协发表意见、提出建议等作出机制性安排，切实为民主党派履职创造条件。党的十八大以来，各级人民政协健全以全体会议为龙头，以专题议政性常务委员会会议和专题协商会、协商座谈会等为重点的政协协商议政格局，取得重大进展和成绩。应乘势推进，不断完善发展。特别要支持各民主党派和无党派人士在政治协商中对国家大政方针和地方重要举措以及经济、政治、文化、社会、生态文明等方面的重要问题，充分协商讨论，提出意见、批评和建议。政协常务委员会会议等其他议政和工作方式，也应完善对各党派参加政协工作的共同性事务、政协内部重要事务等的协商和监督，充分发挥好民主党派作用。

坚持和完善民族区域自治基本政治制度

民族区域自治基本政治制度，就是在国家统一领导下，各少数民族聚居的地方实行区域自治，设立自治机关，行使自治权的制度。这一基本政治制度是中国共产党解决我国民族问题的创造性制度安排。

中国自古以来就是一个统一的多民族国家，各民族共同开拓了中国的辽阔疆域、共同书写了悠久的中国历史、共同创造了灿烂的中华文化、共同孕育了伟大的中华民族精神。中华民族多元一体格局、中国多民族大一统格局，是我国5000多年文明发展史遗留和传承下来的宝贵政治财富，也是我国发展进步的巨大优势。中国共产党把马克思主义民族理论同我国统一的多民族国家的国情结合起来，创造性地探索出了解决中国民族问题的正确道路，形成了在少数民族聚居地方实行民族区域自治制度这一独特形式。

我国实行民族区域自治制度，始终受到宪法和法律的有力保障。1949 年，民族区域自治制度在具有临时宪法性质的《中国人民政治协商会议共同纲领》中得到确立。1954 年召开的第一届全国人民代表大会，把民族区域自治制度载入了《中华人民共和国宪法》。2001 年修正的《中华人民共和国民族区域自治法》，把民族区域自治制度明确规定为国家的一项基本政治制度。党的十九大把坚持和完善民族区域自治制度，上升为新时代坚持和发展中国特色社会主义的一条基本方略。党的十九届四中全会把“坚持各民族一律平等，铸牢中华民族共同体意识，实现共同团结奋斗、共同繁荣发展”作为我国国家制度和国家治理体系的一个显著优势，并且对新时代坚持和完善民族区域自治制度作出了安排部署。目前，我国共有 5 个自治区、30 个自治州、120 个自治县（旗），还有将近 1000 个民族乡作为民族区域自治的重要补充形式，我国民族区域自治制度不断丰富、完善和发展。实践充分证明，民族区域自治制度符合我国国情，在维护国家统一、领土完整，在加强民族平等团结、促进民族地区发展、增强中华民族凝聚力等方面都起到了重要作用。贯彻落实全会部署，就要牢固树立制度自信，在任何时候都要坚定不移走中国特色解决民族问题的正确道路，在任何时候都要坚持并不断完善民族区域自治制度。

坚持和完善民族区域自治制度，首先要坚持各民族一律平等，坚持各民族共同团结奋斗、共同繁荣发展，保证民族自治地方依法行使自治权，保障少数民族合法权益，巩固和发展平等团结互助和谐的社会主义民族关系。要始终坚持中国共产党的全面领导，坚持统一和自治相结合、民族因素和区域因素相结合，坚持依法治国，促进各民族和睦相处、和衷共济、和谐发展，共同实现中华民族伟大复兴。其次要坚持不懈开展马克思主义祖国观、民族观、文化观、历史观宣传教育，不断增强各民族群众对伟大祖国、中华民族、中华文化、中国共产党、中国特色社会主义的认同，打牢中华民族共同体思想基础。还要全面深入持久开展民族团结进步创建工作，加强各民族交往交流交融。其三要支持和帮助民族地区加快发展，把政策动力和内生潜力有机结合起来，发挥中央、发达地区、民族地区三个积极性，对边疆地区、贫困地区、生态保护区实行差别化的区域政策，优化转移支付和对口支援体制机制，实施好促进民族地区和人口较少民族发展、兴边富民行动等规划，重点抓好就业和教育，抓好资源优势惠及当地和保护生态，抓好特困地区和特困群体脱贫，抓好基础设施和对外开放，不断提高各族群众生活水平。

坚持和完善基层群众自治基本政治制度

基层群众自治基本政治制度，就是人民群众在党的领导下对农村村级、城市社区公共事务和公益事业以及企事业单位实行民主管理的制度。这项制度始于新中国成立后我国城市建立的居民委员会。1982 年，城市居民委员会和农村村民委员会被一起写进宪法。1989 年、1998 年先后通过《中华人民共和国城市居民委员会组织法》《中华人民共和国村民委员会组织法》，1992 年党的十四大首次把我国基层民主制度形式确定为农村村民委员会、城市居民委员会和企业职工代表大会，此后逐步形成了以村委会、居委会和职代会为主要内容的基层群众自治基本政治制度。

村民自治是广大农民直接行使民主权利、依法办理自己事情的一项制度，宪法规定了村民委员会作为农村基层群众性自治组织的法律地位。城市居民委员会是我国城市基层群众性自治组织，也是在城市基层实现直接民主的重要形式。村民自治和城市居民自治，在中国共产党领导下实现民主选举、民主决策、民主管理和民主监督，实现自我管理、自我服务、自我教育、自我监督，通过所设立的人民调解、治安保卫、公共卫生等委员会，办理本居住地区的公共事务和公益事业，调解民间纠纷，协助维护社会治安，并且向人民政府反映群众的意见、要求和提出建议。职工代表大会制度，是保证职工对企事业单位实行民主管理的制度，是企事业单位职工参与管理，保证自身知情权、参与权、表达权、监督权，维护自身合法权益的基本制度形式。由村民自治、城市居民自治、企事业单位职工代表大会为主要内容的我国基层群众自治基本政治制度，有机衔接人民代表大会根本政治制度、中国共产党领导的多党合作和政治协商基本政治制度、民族区域自治基本政治制度，共同构成人民当家作主制度体系，从而使我国人民当家作主这一国家性质、国家制度不仅体现在国家事务层面、体现在经济和文化事业层面，而且体现在社会事务层面；不仅体现在人民代表制民主层面，也体现在基层直接民主层面。这一切，有力彰显了我国社会主义民主的显著优势和独有特色，充分展现了我国社会主义民主的广泛性和真实性。

党的十八大以来，随着我国工业化、城镇化快速发展，我国城乡利益格局深刻调整，城市和农村社会管理出现一系列新问题。党的十九届四中全会从新的实际出发，明确提出了健全基层群众自治制度的新要求新任务。一要健全基层党组织领导的基层群众自治机制。推动城乡社区党组织书记通过法定程序担任村（居）民委员会主任，村（居）两委班子交叉任职，使共产党员在村（居）委会成员和村（居）民代表中占到具有控制力的比例，把基层党组织领导作用体现到基层群众自治的各方面各领域各环节。二要着力推进基层直接民主制度化、规范化、程序化。建立健全相关制度，保证村（居）民群众选人用人权，落实民主选举，能够公开、公平、公正选人。建立健全议事协商决策制度和机制，保证村（居）民群众对村（居）重大事务的讨论决定权。三要健全以职工代表大会为基本形式的企事业单位民主管理制度。探索企业职工参与管理的有效方式，保障职工群众的知情权、参与权、表达权、监督权，维护职工合法权益。

坚持和完善社会主义基本经济制度

社会主义基本经济制度主要包括生产资料所有制、分配方式和资源配置方式三个基本要素，是经济制度体系中具有长期性和稳定性的部分，对经济制度属性和经济发展方式具有决定性影响。新中国成立后，我们面对的情况，既不是马克思主义创始人设想的在资本主义高度发展的基础上建设社会主义，也不完全相同其他社会主义国家，这就必须把马克思主义基本原理同中国具体实际相结合，在实践中开辟有中国特色的社会主义道路，建立健全有中国特色的社会主义基本经济制度。在这个问题上，我们党作过有益探索，取得过历史性成就，也经历过曲折失误。

党的十一届三中全会以来，我们党深刻总结国内外正反两方面经验，从我国社会主义初级阶段的基本国情出发，解放思想、实事求是，实现了从单一的公有制经济向公有制为主体、多种所有制经济共同发展的转变，实现了从单一的按劳分配方式向按劳分配为主体、多种分配方式并存的转变，实现了从高度集中的计划经济体制向市场在资源配置中起决定性作用、更好发挥政府作用的社会主义市场经济体制的转变，极大地解放和发展了社会生产力，极大地增强了社会活力，创造了世所罕见的经济快速发展奇迹和社会长期稳定奇迹。党的十九届四中全会从国家制度和国家治理体系层面，把“坚持公有制为主体、多种所有制经济共同发展和按劳分配为主体、多种分配方式并存，把社会主义制度和市场经济有机结合起来，不断解放和发展社会生产力”作为中国特色社会主义制度的一个显著优势，还把按劳分配为主体、多种分配方式并存和社会主义市场经济体制上升为社会主义基本经济制度。这是对社会主义基本经济制度作出的新概括，是对社会主义基本经济制度内涵作出的重大拓展和深化，也是用制度形态对改革开放40多年来我国经济体制改革伟大实践成果和巨大成就的充分肯定，具有重大理论意义和实践意义。

中国特色社会主义进入了新时代，但我国处于并将长期处于社会主义初级阶段的基本国情没有变，我国仍然是世界上最大的发展中国家的国际地位没有变。经济建设仍然是党和国家一切工作的中心，解放和发展社会生产力仍然是党和国家的根本任务，聚精会神搞建设、一心一意谋发展仍然是我们党执政兴国的第一要务。这就要求我们按照党的十九届四中全会的部署，全面贯彻党的基本理论、基本路线、基本方略，始终坚持以经济建设为中心，一如既往把发展作为第一要务，继续坚定不移全面深化改革。

习近平总书记指出：“经济基础决定上层建筑。经济体制改革对其他方面改革具有重要影响和传导作用，重大经济体制改革的进度决定着其他方面很多体制改革的进度，具有牵一发而动全身的作用。”总书记还指出：“在全面深化改革中，我们要坚持以经济体制改革为主轴，努力在重要领域和关键环节改革上取得新突破，以此牵引和带动其他领域改革，使各方面改革协同推进、形成合力，而不是各自为政、分散用力。”我们要认真贯彻落实习近平总书记的要求，在整体推进党的十九届四中全会部署的国家制度和国家治理体系建设 13 个方面任务的实践中，充分发挥以公有制为主体、多种所有制经济共同发展，按劳分配为主体、多种分配方式并存，社会主义市场经济体制等社会主义基本经济制度在整个体制改革和制度建设中的牵引作用，通过经济体制改革和经济基础建设带动和支撑上层建筑的变革和完善，更加充分地体现社会主义制度的优越性和强大活力。

重要制度：制度中的“战斗机”

中国特色社会主义重要制度，是由中国特色社会主义根本制度、中国特色社会主义基本制度派生的国家治理各领域各方面的主体性制度，具体讲就是建立在根本制度、基本制度之上的关于法律法治、行政管理、文化建设、民生保障、社会治理、生态文明、“一国两制”、对外事务、党和国家监督等方面的主体性制度。中国特色社会主义重要制度，连接国家治理体系的顶层即根本制度、基本制度，向下延伸到社会生产生活的方方面面，使国家治理的总体要求、总体目标和一系列政策举措落实落细，使中国特色社会主义制度优势和国家治理体系的功能作用得到充分发挥。

坚持和完善中国特色社会主义法治重要制度

建设中国特色社会主义法治体系，建设社会主义法治国家，是坚持和发展中国特色社会主义的内在要求。改革开放40多年来，我们党坚持把依法治国作为党领导人民治理国家的基本方略，把依法执政作为党治国理政的基本方式，不断丰富和完善中国特色社会主义法治重要制度，为当代中国的发展进步提供了有力保障。实践证明，改革发展稳定离不开法治护航，经济社会发展有赖于法治赋能，百姓平安福祉靠的是法治守卫。

法律是最重要的制度形式，也是制度的最高形式。坚持和完善中国特色社会主义法治重要制度，就要全面推进科学立法、严格执法、公正司法、全民守法制度建设和党内法规制度建设。在立法方面，要不断提高立法质量和立法效率，不断完善法律、行政法规、地方性法规以及与之相配套的制度规定，加快形成完备的法律制度体系，为全面依法治国提供基本依据。在执法方面，要坚持有法必依、执法必严、违法必究，严格规范公正文明执法，规范执法自由裁量权，加大关系群众切身利益的重点领域执法力度。在司法方面，要深化司法体制综合配套改革，完善审判制度、检察制度，全面落实司法责任制，完善律师制度，加强对司法活动的监督，加快形成高效的法治实施制度体系，确保法律法规全面有效实施。在守法方面，要加大全民普法工作力度，增强全民法治观念，完善公共法律服务体系，夯实依法治国群众基础。在党内法规制度方面，要坚持党规党纪严于国家法律，注重党内法规同国家法律相衔接相协调，加快形成完善的党内法规制度体系，充分发挥依规治党对依法治国的引领和保障作用。要抓紧完善立法、执法、司法权力运行制约和监督机制，加强党内监督、人大监督、行政监督、民主监督、司法监督、审计监督、社会监督和舆论监督制度建设，加快形成严密的法治监督制度体系，增强监督的合力和实效。

坚持和完善中国特色社会主义政府治理重要制度

政府治理体系承担着按照党和国家决策部署推动经济社会发展、管理社会事务、服务人民群众的重大职责，是国家制度和国家治理体系的重要组成部分。党的十九届四中全会把“坚持和完善中国特色社会主义行政体制，构建职责明确、依法行政的政府治理体系”作为国家制度和国家治理体系建设的重大任务，反映了推进国家治理体系和治理能力现代化的必然要求。

在新时代，坚持和完善中国特色社会主义政府治理重要制度，一要完善国家行政体制，以推进国家机构职能优化协同高效为着力点，以国家治理体系和治理能力现代化为导向，优化行政决策、行政执行、行政组织、行政监督体制，健全部门协调配合机制，防止政出多门、政策效应相互抵消。二要优化政府职责体系，健全相关的制度和机制，完善政府经济调节、市场监管、社会管理、公共服务、生态环境保护等职能，实行政府权责清单制度，厘清政府和市场、政府和社会关系，提高政府执行力和公信力，建设人民满意的服务型政府。三要优化政府组织结构，推进机构、职能、权限、程序、责任法定化，使政府机构设置更加科学、职能更加优化、权责更加协同，有效履行国家行政管理职能。四要健全充分发挥中央和地方两个积极性体制机制，理顺中央和地方权责关系，加强中央宏观事务管理，维护国家法制统一、政令统一、市场统一。赋予地方更多自主权，支持地方创造性开展工作。按照权责一致原则，规范垂直管理体制和地方分级管理体制。构建从中央到地方权责清晰、运行顺畅、充满活力的工作体系。

坚持和完善中国特色社会主义文化重要制度

中国特色社会主义文化是国家治理体系和治理能力现

代化的深厚支撑。在5000多年文明发展中孕育的中华优秀传统文化，在中国共产党和中国人民伟大斗争中孕育的革命文化和社会主义先进文化，积淀着中华民族最深层的精神追求，代表着中华民族独特的精神标识。弘扬中国特色社会主义文化，不仅要靠教育引导和实践养成，而且要靠制度和体制机制来保障。

这就必须坚持和完善以社会主义核心价值观引领文化建设制度。首先要坚持中国特色社会主义共同理想，大力弘扬以爱国主义为核心的民族精神和以改革创新为核心的时代精神，引导人们深刻认识实现中华民族伟大复兴的现实基础和光明前景，坚定“四个自信”。还要坚持依法治国和以德治国相结合，完善弘扬社会主义核心价值观的法律政策体系，把核心价值观要求融入法治建设和社会治理，渗透到精神文化产品创作生产传播全过程，增进人们对核心价值观的认同和践行。

这就必须健全人民文化权益保障制度。一方面，要坚持以人民为中心的工作导向，完善文化产品创作生产传播的引导激励机制，推动广大文化文艺工作者把最好的精神食粮奉献给人民。另一方面，要完善城乡公共文化服务体系，优化城乡文化资源配置，推动基层文化惠民工程扩大覆盖面、增强实效性，鼓励社会力量参与公共文化服务体系建设。

这就必须完善坚持正确导向的舆论引导工作机制。牢牢坚持团结稳定鼓劲，正面宣传为主，唱响主旋律、弘扬正能量，将正确导向贯穿舆论工作各方面各环节，落实到每一名舆论工作者行动上，提高新闻舆论的传播力、引导力、影响力、公信力。

这就必须建立健全把社会效益放在首位、社会效益和经济效益相统一的文化创作生产体制机制。要引导各类文化创作主体自觉讲品位、讲格调、讲责任，努力做到“两个效益”相统一、双丰收，在造福社会、造福人民中实现文化理想和价值。

坚持和完善统筹城乡的民生保障重要制度

坚持和完善统筹城乡的民生保障制度，是践行党的全心全意为人民服务根本宗旨的具体体现，是适应我国社会主要矛盾转化、满足人民对美好生活需要的必然选择。我们既要紧紧抓住人民群众最关心最直接最现实的利益问题，尽力而为、量力而行；又要注重加强普惠性、基础性、兜底性民生建设；还要不断创新公共服务提供方式，满足人民多层次多样化需求。

首先要健全有利于更充分更高质量就业的促进机制。健全公共就业服务和终身职业技能培训制度，完善城乡均等的公共就业服务体系和重点群众就业支持体系，建立促进创业带动就业、多渠道灵活就业机制，形成政府激励创业、社会支持创业、劳动者勇于创业的格局，促进广大劳动者实现体面劳动、全面发展。

其二要构建服务全民终身学习的教育体系。全面贯彻党的教育方针，推动城乡义务教育一体化发展，加强农村义务教育，健全学前教育、特殊教育和普及高中阶段教育保障制度，完善职业技术教育、高等教育、继续教育统筹协调发展机制，支持和规范民办教育、合作办学，建设学习型社会。

其三要完善覆盖全民的社会保障体系。健全统筹城乡、可持续的基本养老保险制度、基本医疗保险制度，加快建立基本养老保险全国统筹制度，加快落实社保转移接续、异地就医结算制度，健全退役军人工作体系和保障制度，努力做到应保尽保。

其四要强化提高人民健康水平的制度保障。健康是民族昌盛和国家富强的重要标志。要坚持关注生命全周期、健康全过程，完善国民健康政策，深化医药卫生体制改革，加快现代医院管理制度改革，让广大人民群众享有公平可及、系统连续的健康服务。

坚持和完善共建共治共享的社会治理重要制度

坚持和完善共建共治共享的社会治理重要制度，是坚持和完善中国特色社会主义制度、推进国家治理体系和治理能力现代化的重要任务。总的目标，是完善党委领导、政府负责、民主协商、社会协同、公众参与、法治保障、科技支撑的社会治理体系，建设人人有责、人人尽责、人人享有的社会治理共同体，确保人民安居乐业、社会安定有序，建设更高水平的平安中国。

夯实正确处理新形势下人民内部矛盾有效机制，是保持社会安定团结的关键。要坚持和发展新时代“枫桥经验”，畅通和规范群众诉求表达、利益协调、权益保障通道，完善信访制度，完善社会矛盾纠纷多元预防调处化解综合机制，努力将矛盾化解在基层。

完善社会治安防控体系，是提高动态化、信息化条件下驾驭社会治安局势能力的基础工程。要坚持专群结合、群防群治，织密社会治安的天罗地网。提高社会治安主体化、法治化、专业化、智能化水平，增强社会治安防控的整体性、协同性、精准性。

健全公共安全体制机制，事关改革发展稳定大局。要完善和落实安全生产责任和管理制度，健全公共安全隐患排查和安全预防控制体系，健全风险防范化解机制。构建统一指挥、专常兼备、反应灵敏、上下联动的应急管理体制，全面提高应急管理能力和水平。

构建基层社会治理新格局，是我国社会治理的基础和重心。要推动社会治理和服务重心向基层下移，把更多资源、服务、管理下沉到基层，健全党组织领导的自治、法治、德治相结合的城乡基层治理体系，健全社区管理和服务机制，更好提供精准化、精细化服务。

完善国家安全体系，维护国家安全，是我们党治国理政一条重要经验。要坚持总体国家安全观，以人民安全为宗旨，以政治安全为根本，以经济安全为基础，以军事、科技、文化、社会安全为保障，健全国家安全体系，增强国家安全能力，坚决维护国家主权、安全和发展利益。

坚持和完善生态文明重要制度

生态文明建设是关系中华民族永续发展的千年大计，是实现中华民族伟大复兴的战略安排。党的十八大以来，以习近平同志为核心的党中央把生态文明建设摆在现代化建设全局位置，坚定贯彻新发展理念，不断深化生态文明体制改革，加强制度创新，开创了生态文明建设新局面。实践证明，生态文明建设是一场涉及生产方式、生活方式和价值观念的革命性变革，必须有一整套完备、稳定、管用的制度体系来保障，着力破解制约生态文明建设的体制机制障碍。

自然生态系统各要素之间具有相互依存、相互制约、相互影响的内在关联，生态文明建设不能头痛医头、脚痛医脚，必须全方位、全地域、全过程加强生态保护，必须遵循生态系统内在的机理和规律，进行整体保护、系统修复和综合治理。这就必须从“五位一体”总体布局高度对坚持和完善生态文明重要制度作出系统安排。既要加强“源头严防”，坚持人与自然和谐共生，坚守尊重自然、顺应自然、保护自然的理念，实行最严格的生态环境保护制度，健全从源头预防的生态环境保护体系；又要加强“过程严管”，全面建立资源高效利用制度，健全生态保护和修复制度，筑牢生态安全的坚实屏障；还要做到“后果严惩”，建立生态文明建设目标评价考核制度，推进生态环境保护综合行政执法，严明生态环境保护责任制度，对破坏生态环境的行为严惩重罚、对造成严重后果的人员追究责任。如此统筹兼顾、整体施策、多措并举，切实把生态文明重要制度的合力充分发挥出来，建设美丽中国就有了更为坚实的制度保障。

坚持和完善“一国两制”重要制度

“一国两制”是中央治理香港、澳门两个特别行政区的基本制度，也是解决台湾问题、实现祖国和平统一的重要制度。香港回归、澳门回归的历史表明，“一国两制”是中国特色社会主义一个伟大创举，是香港、澳门保持长期繁荣稳定的最佳制度安排。

坚持和完善“一国两制”重要制度，首先要全面准确理解和贯彻“一国两制”方针，坚持“一国”是实行“两制”的前提和基础，“两制”从属和派生于“一国”并统一于“一国”之内，绝不容忍任何挑战“一国两制”底线的行为，绝不容忍任何分裂国家的行为。同时，要把坚持“一国”原则和尊重“两制”差异、维护中央对特别行政区全面管治权和保障特别行政区高度自治权、发挥祖国内地坚强后盾作用和提高特别行政区自身竞争力结合起来，根据新的实践和需要完善特别行政区的相关制度和机制，在实践中坚持和完善“一国两制”。

健全中央依照宪法和基本法对特别行政区行使全面管

治权的制度，是坚持和完善“一国两制”的根本要求。宪法和基本法共同构成特别行政区政权架构、政治运作、法律制度、社会治理的宪制基础，共同确立了特别行政区的宪制秩序。全面准确贯彻“一国两制”方针，关键就是要严格按照宪法和基本法对特别行政区实行管治，建立健全特别行政区维护国家安全的法律制度和执行机制，健全特别行政区行政长官对中央负责的制度。坚决防范和遏制外部势力干预港澳事务和进行分裂、颠覆、渗透、破坏活动，确保香港、澳门长治久安。

坚定推进祖国和平统一进程、完成祖国统一大业，是中华民族伟大复兴的必然要求。解决台湾问题，实现祖国完全统一，是全体中华儿女共同愿望，是中华民族根本利益所在。要坚持党对对台工作的集中统一领导，充分发挥中国特色社会主义制度优势，奋发有为做好新时代对台工作，坚定推进祖国和平统一进程。

坚持和完善外事工作重要制度

外事工作在党治国理政全部工作中居于极为重要的位置，外事工作制度在中国特色社会主义制度体系中是极为重要的组成部分。党的十八大以来，以习近平同志为核心的党中央主动谋划、开拓进取，走出了一条中国特色大国外交新路，对外工作取得历史性成就。

当今世界正经历百年未有之大变局，我国正处于实现中华民族伟大复兴关键时期。在新的形势下，坚持和完善外事工作重要制度，就是要高举和平、发展、合作、共赢的旗帜，统筹国际国内两个大局，统筹发展安全两件大事，牢牢把握坚持和平发展、促进民族复兴这条主线，维护国家主权、安全、发展利益，为和平发展营造更加有利的国际环境，为实现“两个一百年”奋斗目标、实现中华民族伟大复兴的中国梦提供有力保障。

坚持和完善外事工作重要制度，最根本的是健全党对外事工作领导体制机制，加强党中央对外事工作的集中统一领导。坚持外交大权在党中央，深入推进对外工作体制机制改革，统筹协调党、人大、政府、政协、军队、地方、人民团体等的对外交往，统筹协调驻外机构各方面各领域工作，加强党总揽全局、协调各方的对外工作大协同格局，确保党中央外交大政方针和战略部署贯彻落实。

中央外事工作委员会作为党中央外事工作的决策议事协调机构，负责对外工作领域重大工作的顶层设计、总体布局、统筹协调、整体推进、督促落实。习近平总书记在主持召开中央外事工作委员会第一次会议时强调，中央外事工作委员会要发挥决策议事协调作用，推动外交理论和实践创新，提高把方向、谋大局、定政策能力，抓好重点工作的推进、检查、督办，为外事工作不断开创新局面提供有力指导。要在中央外事工作委员会集中统一领导下，统筹做好地方外事工作，从全局高度集中调度、合理配置各地资源，有目标、有步骤推进相关工作。

坚持和完善党和国家监督重要制度

党和国家监督体系是党在长期执政条件下实现自我净化、自我完善、自我革新、自我提高的重要制度保障。世界上一些大党老党之所以丧权亡党，一个重要原因就是忽视、缺乏监督制约。我们党的历史也表明，什么时候监督制约搞得科学有效，能够及时发现和解决问题，什么时候党内政治生态就比较清朗，党和国家事业发展就比较顺利。党的十八大以来，党中央从政治和全局高度推进监督体制改革并取得显著成效，初步形成党和国家监督体系总体框架。党的十九届四中全会第一次明确了党和国家监督体系在中国特色社会主义制度和国家治理体系中的重要定位，明确提出必须健全党统一领导、全面覆盖、权威高效的监督体系，表明我们党对长期执政条件下勇于进行自我革命的认识达到一个新的高度。

坚持和完善党和国家监督重要制度，涉及各级各类监督主体、监督制度，是一项复杂的系统工程。最基本、第一位的任务，就是完善党内监督体系，重点加强对高级干部、各级主要领导干部的监督，强化政治监督、深化纪检监察体制改革、完善派驻监督体制机制，以党内监督为主导，推动各类监督有机贯通、相互协调，增强监督合力。还要完善权力配置和运行制约机制，坚持权责法定、权责透明、权责统一，严格执行一系列强化监督的规定，切实防止权力滥用。再就是要构建一体化推进不敢腐、不能腐、不想腐体制机制，坚定不移推进反腐败斗争，深化标本兼治，巩固和发展反腐败斗争压倒性胜利。

制度的生命力在于执行。坚持和完善中国特色社会主义重要制度，乃至坚持和完善中国特色社会主义根本制度、基本制度，既要在建制度、立规矩上下功夫，更要在抓落实、抓执行上下气力，真正让铁规发力，让禁令生威，切实推动制度优势转化为治理效能。

马克思主义国家学说的新发展

党的十九届四中全会审议通过的《中共中央关于坚持和完善中国特色社会主义制度、推进国家治理体系和治理能力现代化若干重大问题的决定》（以下简称《决定》），是当代中国马克思主义国家学说的标志性成果，是新时代国家制度和国家治理体系建设举旗定向的政治宣言，既有许多理论上的新概括，又有许多实践上的新举措。全会和《决定》创造了若干个“首次”，大的方面有以下九个。

首次用一次党的中央全会专门研究我国国家制度和国家治理问题

坚持和完善中国特色社会主义制度、推进国家治理体系和治理能力现代化，是关系党和国家事业兴旺发达、国家长治久安、人民幸福安康的重大问题，是实现“两个一百年”奋斗目标的重大任务，是把新时代改革开放推向前进的根本要求，是应对风险挑战、赢得主动的有力保证。党的十九届四中全会专门就这个重大问题进行研究部署并作出决定，在中国共产党的历史上还是第一次。这是以习近平同志为核心的党中央从政治上、全局上、战略上全面考量，立足当前、着眼长远作出的重大决策，充分体现了高瞻远瞩的战略眼光和励精图治的历史担当。

回顾社会主义从诞生到现在的整个过程，在中国这样经济文化落后的东方大国夺取全国政权、建立社会主义制度进而建设社会主义现代化强国，是马克思主义发展史上的崭新课题。同样，在中国这样具有超长时间历史纵深、超大幅员国土面积、超大数量人口规模、超常复杂民族结构、超大规模经济体量的发展中国家建立和完善社会主义国家制度和国家治理体系，马克思主义经典作家没有说过，以往的世界社会主义实践中也没有现成模式可以学习，是极其艰巨的任务。中国共产党迎难而上，坚持把马克思主义基本原理同中国具体实际相结合，不断探索实践，不断改革创新，建立和完善社会主义制度，形成和发展党的领导和经济、政治、文化、社会、生态文明、军事、外事等各方面制度，加强和完善国家治理，取得历史性成就。特别是党的十八大以来，以习近平同志为核心的党中央领导全党全国人民坚持和完善中国特色社会主义制度，推进国家治理体系和治理能力现代化取得重大理论成果、实践成果、制度成果。社会主义中国的制度成就，是人类制度文明史上的伟大创造，是很了不起的。

党的十九届四中全会全面总结党领导人民在探索中国特色社会主义实践中，在我国国家制度建设和国家治理方面取得的成就、积累的经验、形成的原则，系统阐述坚持和完善中国特色社会主义制度、推进国家治理体系和治理能力现代化的重大意义、总体要求、科学内涵、实践途径，是习近平新时代中国特色社会主义思想最新重大成果。这个重大成果，从制度形态上科学回答了新时代坚持和发展什么样的中国特色社会主义、怎样坚持和发展中国特色社会主义的根本问题，是中国共产党对马克思主义和科学社会主义的重大历史性贡献。

首次阐明中国特色社会主义制度与国家治理体系和治理能力之间的关系

马克思主义告诉我们，无产阶级夺取政权以后不能简单地运用现成的国家机器来达到自己的目的，必须建立无产阶级专政的政权机构来代替统治阶级的国家机器。中国特色社会主义制度和国家治理体系，就是中国共产党团结带领中国人民在推翻帝国主义、封建主义和官僚资本主义的反动统治之后，创造性地运用马克思主义国家学说，在不断探索和实践中建立起来的保证亿万人民当家作主的全新国家制度和国家治理体系。

中国特色社会主义制度和国家治理体系的形成和发展，借鉴了我们党领导新民主主义革命时期在根据地执政的宝贵经验，经历了新中国成立后 29 年、党的十一届三中全会后 34 年、党的十八大以来这三个大的历史发展阶段，是党和人民长期奋斗、接力探索，历尽千辛万苦、付出巨大代价取得的。《决定》首次作出“中国特色社会主义制度是党和人民在长期实践探索中形成的科学制度体系”的新概括，正是对我国国家制度和国家治理体系形成历程的科学总结。

习近平总书记强调，国家治理体系是在党领导下管理国家的制度体系，国家治理能力则是运用国家制度管理社会各方面事务的能力。《决定》进一步明确提出，我国国家治理一切工作和活动都依照中国特色社会主义制度展开，我国国家治理体系和治理能力是中国特色社会主义制度及其执行能力的集中体现。这段话第一次阐明了中国特色社会主义制度与国家治理体系和治理能力之间的内在关系，具有重要的理论意义和实践意义。

国家制度是国家治理的根本依据和内核，国家治理的一切工作和活动都依照国家制度展开。治理国家，制度无疑起根本性、全局性、长远性作用。但是，如果没有有效的治理能力，再好的制度和治理体系也难以发挥作用。国家制度和国家治理体系同国家治理能力虽然有紧密联系，但又不是一回事，不是国家制度越成熟、国家治理体系越完善，国家治理能力就自然而然地越强。所以，《决定》明确提出把提高治理能力作为新时代干部队伍建设的重大任务，通过加强思想淬炼、政治历练、实践锻炼、专业训练，推动广大干部严格按照制度履职尽责、行使权力、开展工作，提高推进“五位一体”总体布局和“四个全面”战略布局等各项工作能力和水平。认真落实《决定》要求，努力把各级干部、各方面管理者的综合素质都提高起来，努力把党和国家机关、企事业单位、人民团体等的管理能力和工作能力都提高起来，整个国家的治理能力才能大幅度提升，国家治理体系才能更加有效运转，我国制度优势才能更好转化为国家治理效能。

首次从13个方面凝练概括了我国国家制度和国家治理体系具有的显著优势

制度优势是一个国家的最大优势，制度竞争是国家间最根本的竞争。制度稳则国家稳，制度强则国家强。新中国成立以来，中华民族之所以能迎来从站起来、富起来到强起来的伟大飞跃，最根本的是因为党领导人民建立和完善了中国特色社会主义制度，不断加强和完善国家治理，使我国国家制度和国家治理体系在国际竞争中赢得越来越大的比较优势，展现出强大的生机活力。《决定》系统总结我国国家制度和国家治理体系具有的13个显著优势，科学揭示新中国发展成就的制度原因，有利于增强全党全国各族人民制度自信，有利于推动我国国家制度和国家治理体系的多方面优势更加充分地发挥出来。

世界上没有完全相同的政治制度模式，各个国家的政治制度不可能定于一尊。“鞋子合不合脚，自己穿了才知道。”中国特色社会主义制度和国家治理体系，是在中国社会的土壤中生长起来的，是经过革命、建设、改革长期实践形成起来的，是植根于中华民族5000多年文明史所积淀的深厚历史文化传统、吸收借鉴人类制度文明有益成果丰富起来的，集中体现了中国特色社会主义的特点和优势。习近平总书记 2014 年在庆祝全国人民代表大会成立 60 周年大会上的讲话中精辟指出：“评价一个国家政治制度是不是民主的、有效的，主要看国家领导层能否依法有序更替，全体人民能否依法管理国家事务和社会事务、管理经济和文化事业，人民群众能否畅通表达利益要求，社会各方面能否有效参与国家政治生活，国家决策能否实现科学化、民主化，各方面人才能否通过公平竞争进入国家领导和管理体系，执政党能否依照宪法法律规定实现对国家事务的领导，权力运用能否得到有效制约和监督。”《决定》概括的 13 个显著优势，是用“八个能否”来衡量中国特色社会主义实践得出的科学结论，由此证明：我国国家制度和国家治理体系是一套行得通、真管用、有效率的制度和治理体系，不仅保障了我国创造出世所罕见的经济快速发展奇迹和社会长期稳定奇迹，而且为发展中国家走向现代化提供了全新选择，为人类探索建设更好社会制度贡献了中国智慧和中国方案。

我国国家制度和国家治理体系之所以具有多方面的显著优势，主要在于我们党坚持把马克思主义基本原理同中国具体实际相结合，把开拓正确道路、发展创新理论、建设有效制度统一起来，使我国国家制度和国家治理体系既体现科学社会主义基本原则，又具有鲜明的中国特色、民族特色、时代特色；主要在于我国国家制度和国家治理体系始终代表最广大人民的根本利益，保证人民当家作主，体现人民共同意志，维护人民合法权益，因而深得中国人民拥护；主要在于我国国家制度和国家治理体系从来不排斥任何有利于中国发展进步的他国国家治理经验，而是坚持以我为主、为我所用，去其糟粕、取其精华，能够在自我完善和发展中长期保持并不断增强自己的显著优越性和强大生命力。

首次提出坚持和完善中国特色社会主义制度推进国家治理体系和治理能力现代化“三步走”总体目标

制度是治国安邦的根本。1980 年，邓小平同志在总结“文化大革命”的教训时指出：“领导制度、组织制度问题更带有根本性、全局性、稳定性和长期性。”“制度好可以使坏人无法任意横行，制度不好可以使好人无法充分做好事，甚至会走向反面。”党的十二大鲜明提出走自己的路、建设有中国特色的社会主义的总路线总方针，并且对健全党的民主集中制、改革领导机构和干部制度、有计划有步骤地进行整党等作出部署。党的十三大对我国政治体制改革进行阐述并作出部署。党的十四大确定我国经济体制改革的目标是建立社会主义市场经济体制，明确提出在20世纪90年代要初步建立起新的经济体制，到建党100周年时在各方面形成一整套更加成熟更加定型的制度。党的十五大、党的十六大、党的十七大都对制度建设提出明确要求。

党的十八大以来，以习近平同志为核心的党中央以强烈的历史担当把制度建设摆在更加突出的位置，不失时机深化重要领域改革，坚决破除一切妨碍科学发展的思想观念和体制机制弊端，着力构建系统完备、科学规范、运行有效的制度体系。党的十八届三中全会把完善和发展中国特色社会主义制度、推进国家治理体系和治理能力现代化确定为全面深化改革的总目标，推出336项重大改革举措。经过努力，重要领域和关键环节改革成效显著，主要领域基础性制度体系基本形成。

正是在这样的实践成就基础上，《决定》对坚持和完善中国特色社会主义制度、推进国家治理体系和治理能力现代化进行系统总结并提出总体目标。这个总体目标，对标我们党已经确定的到建党100年时全面建成小康社会、到2035年基本实现社会主义现代化、到新中国成立100年时把我国建成富强民主文明和谐美丽的社会主义现代化强国的“三步走”战略目标，进一步明确：到建党100年时，在各方面制度更加成熟更加定型上取得明显成效；到2035年，各方面制度更加完善，基本实现国家治理体系和治理能力现代化；到新中国成立100年时，全面实现国家治理体系和治理能力现代化，使中国特色社会主义制度更加巩固、优越性充分展现。这是党的重要文献中第一次集中提出国家治理体系和治理能力现代化分“三步走”的总体目标，充分反映了以习近平同志为核心的党中央立足新时代中国特色社会主义历史方位，对坚持和完善中国特色社会主义、推进国家治理体系和治理能力现代化作出的战略安排。

首次把中国特色社会主义制度中起四梁八柱作用的制度明确为根本制度、基本制度、重要制度

中国特色社会主义是改革开放以来我们党带领人民推进马克思主义中国化的伟大历史性创造。这个创造，反映在实践形态，就是开辟了中国特色社会主义道路；反映在理论形态，就是形成了包括邓小平理论、“三个代表”重要思想、科学发展观、习近平新时代中国特色社会主义思

想在内的中国特色社会主义理论体系；反映在制度形态，就是确立了中国特色社会主义制度；反映在文化形态，就是坚持和发展了中国特色社会主义文化。

关于中国特色社会主义的几种形态，我们党的三个重要文献曾有科学阐述。胡锦涛同志在庆祝中国共产党成立90周年大会上的讲话中和党的十八大报告中，对中国特色社会主义道路、中国特色社会主义理论体系、中国特色社会主义制度的科学内涵进行了阐释，并且明确提出中国特色社会主义制度是在经济、政治、文化、社会等各个领域形成的一整套相互衔接、相互联系的制度体系，列举了其中的根本政治制度、基本政治制度、基本经济制度以及建立在这些制度基础之上的各方面体制等具体制度。习近平总书记在党的十九大报告中明确提出“中国特色社会主义文化”和“文化自信”的重大概念，分别对中国特色社会主义道路、中国特色社会主义理论体系、中国特色社会主义制度、中国特色社会主义文化的历史作用作出了科学定位，对全党更加自觉地增强道路自信、理论自信、制度自信、文化自信进行了强调，拓展和丰富了新时代中国特色社会主义的科学内涵。

《决定》的贡献在于，第一次从13个方面系统概括了中国特色社会主义制度和国家治理体系的基本组成部分，把中国特色社会主义制度中起四梁八柱作用的制度明确为根本制度、基本制度、重要制度。根本制度，是指那些反映中国特色社会主义制度本质内容和根本性特征、体现中国特色社会主义性质的规定性的制度，是立国的根本。如党的领导制度、人民代表大会制度、马克思主义在意识形态领域指导地位的根本制度、党对人民军队的绝对领导制度等。基本制度，是指那些体现我国社会主义性质，框定国家基本形态、规范国家政治关系和经济关系的制度。如中国共产党领导的多党合作和政治协商制度、民族区域自治制度、基层群众自治制度、社会主义基本经济制度等。重要制度，是指那些由根本制度、基本制度派生的国家治理各领域各方面的主体性制度。如经济、政治、文化、社会、生态文明、军事、外事等领域的主体性制度。《决定》的这种明确，是对党和国家各方面事业作出的重要制度安排，标志着我国国家制度和国家治理体系更加系统化、整体化、规范化。

首次明确党的领导制度在我国国家制度和国家治理体系中的统领地位

推进国家制度和国家治理体系现代化是一个与时俱进

的过程，我们对这个问题的认识同样也是与时俱进的。过去讲中国特色社会主义制度的内涵，一般就讲中国特色社会主义的经济、政治、文化、社会、生态文明、军事、外事和党的建设等领域的制度，这无疑是正确的。党的十八大以来，习近平总书记鲜明提出“中国特色社会主义最本质的特征是中国共产党领导，中国特色社会主义制度的最大优势是中国共产党领导，党是最高政治领导力量”的重大论断，以全新的视野深化了对共产党执政规律的认识。从实践看，党中央全面加强和改进党的领导，不断完善党的领导的体制机制，形成了一套坚持党的领导的制度规范和工作机制，并转化为国家治理的制度优势，使中国特色社会主义制度彰显出更加强大的生机活力。实践充分证明，党的领导制度是我国的根本领导制度，在国家制度和国家治理体系中居于统筹、统领、统帅地位，毫无疑问是中国特色社会主义制度须臾不可或缺的根本制度。

《决定》提出“党的领导制度体系”这个重大概念，把坚持和完善党的领导制度体系，提高党科学执政、民主执政、依法执政水平放在坚持和完善中国特色社会主义制度、推进国家治理体系和治理能力现代化的首要位置，突出了党的领导制度在国家制度和国家治理体系中的统领地位，而且首次从 6 个方面阐述了坚持和完善党的领导制度体系的基本要素，从指导思想到重大观点到具体措施都体现了坚持和加强党的领导、做到“两个维护”的要求。这些新概括新规定，抓住了国家制度建设和国家治理的关键和根本，有利于使党的领导制度化、具体化、规范化，确保把党的领导落实到国家治理的各领域各环节各方面。

首次对社会主义基本经济制度内涵作出重要拓展和深化

社会主义基本经济制度是经济制度体系中具有长期性和稳定性的部分，对经济制度属性和经济发展方式具有决定性影响。《决定》明确提出，公有制为主体、多种所有制经济共同发展，按劳分配为主体、多种分配方式并存，社会主义市场经济体制等社会主义基本经济制度，既体现了社会主义制度优越性，又同我国社会主义初级阶段社会生产力发展水平相适应，是党和人民的伟大创造。这段表述，第一次把分配方式和社会主义市场经济体制纳入基本经济制度范畴，是我们党的一个重大理论创新。

一个社会的基本经济制度是由这个社会的生产力与生产关系决定的，主要包括社会生产资料所有制、社会分配方式和社会资源配置方式三个基本组成部分。改革开放以来，我们党深刻总结国内外正反两方面经验，从我国社会主义初级阶段的基本国情出发，解放思想、实事求是，实现了从单一的公有制经济向公有制为主体、多种所有制经济共同发展的转变，实现了从单一的按劳分配方式向按劳分配为主体、多种分配方式并存的转变，实现了从高度集中的计划经济体制向社会主义市场经济体制的转变，极大地解放和发展了社会生产力，创造了经济快速发展的奇迹。

在实践探索和实践检验的基础上，党的十二届三中全会明确提出，社会主义经济是在公有制基础上的有计划的商品经济；党的十四届三中全会进一步提出，必须坚持以公有制为主体、多种经济成分共同发展的方针；党的十五大第一次明确提出“公有制为主体、多种所有制经济共同发展，是我国社会主义初级阶段的一项基本经济制度”，标志着我国社会主义基本经济制度的正式确立。党的十六大进一步明确提出“两个毫不动摇”的重要思想，即毫不动摇地巩固和发展公有制经济，毫不动摇地鼓励、支持和引导非公有制经济发展。党的十八届三中全会明确提出公有制经济和非公有制经济都是社会主义市场经济的重要组成部分，都是我国经济社会发展的重要基础。凡此等等，都表明我们党对社会主义基本经济制度的认识在不断深化。

党的十九届四中全会的一大创新，就是对社会主义基本经济制度作出新概括，把按劳分配为主体、多种分配方式并存和社会主义市场经济体制上升为基本经济制度。这是对我国改革开放40多年经验特别是党的十八大以来新鲜经验的一个科学总结，为推动经济高质量发展、建设现代化经济体系提供了理论支撑和制度支撑。

首次把马克思主义在意识形态领域的指导地位明确为一项根本制度

《决定》提出："坚持马克思主义在意识形态领域指导地位的根本制度。"这是党的重要文献中第一次把马克思主义在意识形态领域的指导地位作为党和国家一项根本制度明确下来。

马克思主义的诞生是人类思想史上最伟大最重要的事件，引发了人类社会前所未有的历史性变革。马克思、恩格斯在《德意志意识形态》中指出："统治阶级的思想在每一时代都是占统治地位的思想。这就是说，一个阶级是社会上占统治地位的物质力量，同时也是社会上占统治地位的精神力量。"人类社会发展史表明，任何国家和社会都有占统治地位的意识形态，社会主义国家和社会是这样，资本主义国家和社会也是这样。中国共产党是以马克思主义为旗帜的政党，中国革命、建设、改革的全部成就都是在马克思主义和马克思主义中国化成果指引下取得的，由此决定了我国意识形态领域的指导思想必然是马克思主义。

当今世界正经历百年未有之大变局，我国正处于实现中华民族伟大复兴关键时期，既面临大有可为的历史机遇，也面临前所未有的风险挑战。面对社会思想观念日益多样、社会价值取向日益多元、意识形态领域思潮纷涌的复杂情况，必须毫不动摇地坚持和巩固马克思主义在意识形态领域的指导地位，促进全体人民在思想上紧紧团结在一起，这样才能不断克服前进道路上各种艰难险阻，去夺取新时代的新胜利。

习近平总书记曾指出："意识形态工作是党的一项极端重要的工作。面对改革发展稳定复杂局面和社会思想意识多元多样、媒体格局深刻变化，在集中精力进行经济建设的同时，一刻也不能放松和削弱意识形态工作，必须把意识形态工作的领导权、管理权、话语权牢牢掌握在手中，任何时候都不能旁落，否则就要犯无可挽回的历史性错误。"《决定》把坚持马克思主义在意识形态领域的指导地位明确为党和国家一项根本制度，正是从国家制度和国家治理层面牢牢掌握意识形态工作领导权、管理权、话语权的重大举措，反映了以习近平同志为核心的党中央对新时代意识形态工作和意识形态安全的高度重视。

首次明确了党和国家监督体系在中国特色社会主义制度和国家治理体系中的重要定位

党和国家监督体系是党在长期执政条件下实现自我净化、自我完善、自我革新、自我提高的重要制度保障。《决定》在明确提出坚持和完善中国特色社会主义制度、推进国家治理体系和治理能力现代化 13 个方面的重要任务中，把“坚持和完善党和国家监督体系，强化对权力运行的制约和监督”作为一个独立的方面单列出来并作出制度安排，这在党的重要文献中还是第一次，标志着我们党对长期执政条件下推进自我革命、永葆先进性和纯洁性的认识达到一个新境界。

如何跳出“其兴也勃焉、其亡也忽焉”的历史周期率，是中国共产党始终不懈探索的重大理论和实践问题。在党全面领导、长期执政条件下，不断增强自我净化能力，保证干部清正、政府清廉、政治清明，要求我们党既要完善自我监督，又要加强对国家机关的监督。党的十八大以来，以习近平同志为核心的党中央着眼党和国家长治久安，从政治和全局高度推进监督制度改革，初步形成党和国家监督体系总体框架。党的十九大深刻总结十八大以来我们党全面从严治党的经验，明确提出“构建党统一指挥、全面覆盖、权威高效的监督体系”的战略任务。党的十九届二中全会审议通过了《中共中央关于修改宪法部分内容的建议》。根据建议，十三届全国人大一次会议审议通过的宪法修正案专门增写监察委员会，确立了监察委员会作为国家机构的法律地位。这是对我国政治体制、政治权力、政治关系的重大调整，是对国家监督制度的顶层设计，是对中国特色社会主义监督制度的丰富和完善。党的十九大以来，在党中央坚强领导下，一体推进党的纪律检查体制改革、国家监察体制改革和纪检监察机构改革取得重要成果。各级监委和纪委合署办公，通过日常监督、派驻监督和巡视监督，实现党内监督和国家监督的统一，推动监督监察常规化、常态化，使党和国家监督体系更加完备、科学、有序。所有这些，为巩固和发展党的十八大以来全面从严治党成果提供了有力制度和法律保障，为建立集中统一、权威高效的党和国家监督体系奠定了坚实基础。

完善党和国家监督体系是一项艰巨复杂的系统工程。《决定》着眼于增强监督的严肃性、协同性、有效性，形成决策科学、执行坚决、监督有力的权力运行机制，确保党和人民赋予的权力始终用来为人民谋幸福，实现对所有行使公权力的公职人员监督全覆盖，从健全党和国家监督制度、完善权力配置和运行制约机制、构建一体推进不敢腐不能腐不想腐体制机制这三个方面提出了明确要求和举措，具有很强的针对性和操作性。

除以上“九个首次”外，《决定》在总结实践经验的基础上，对人民当家作主制度体系、中国特色社会主义法治体系、中国特色社会主义行政体制、繁荣发展社会主义先进文化的制度、统筹城乡的民生保障制度、共建共治共享的社会治理制度、生态文明制度体系、党对人民军队的绝对领导制度、“一国两制”制度体系等进一步作出了阐述，还提出了一系列富有新意的重要理论观点和重大改革举措。

总体上归结起来说，党的十九届四中全会和《决定》全面回答了我国国家制度和国家治理体系应该坚持和巩固什么、应该完善和发展什么这个重大政治问题，必将以提出的一系列新思想新观点新举措对马克思主义国家学说的新发展而载入中国共产党史册。

第四部分

道路创新

谈谈我国新发展阶段

根据党的十九届五中全会精神，2021 年起我国进入新发展阶段。这是在全面建成小康社会、实现第一个百年奋斗目标之后，全面建设社会主义现代化国家、向第二个百年奋斗目标进军的发展阶段。

从更大的时空范围看，这个新发展阶段是我国社会主义初级阶段整个历史进程中一个不同寻常的发展阶段。我国社会主义初级阶段，是逐步摆脱不发达状态，实现社会主义现代化的历史阶段。这个初级阶段，开始于 1956 年我国社会主义改造基本完成，大体需要 100 年左右时间。在整个社会主义初级阶段，随着社会生产力的发展和生产关系的调整，随着经济、政治、文化、社会、生态文明等方面的进步和发展环境的变化，我国经济社会发展在不同时期呈现不同的阶段性特征和发展要求，进入不同的发展阶段。比如按照我们党的重要文件的表述，以党的十一届三中全会召开为标志，我国进入改革开放和社会主义现代化建设的新时期；1992 年邓小平同志南方谈话和党的十四大以后，我国改革开放和现代化建设进入抓住机遇、加快发展的新阶段；党的十六大以后，我国进入全面建设小康社会、加快推进社会主义现代化的新的发展阶段；党的十八大以来，我国进入中国特色社会主义新时代；等等。由此可见，准确把握经济社会发展的阶段性特征，明确不同发展阶段的主要任务，作出体现阶段性发展要求的战略部署，是中国共产党治国理政的重要职责，也是我们党在长期执政中积累的宝贵经验。

那么，这个新发展阶段究竟“新”在哪里呢？

“新”的发展基础。经过“十三五”时期的努力，我国即将全面建成小康社会，经济实力、科技实力、综合国力跃上新的大台阶，我国发展站在了新的历史起点上。新中国成立以来特别是改革开放以来所累积起来的雄厚综合国力，党的十八大以来又得到新的大幅度提升。2020 年我国国内生产总值预计超过 100 万亿元，人均 GDP 突破 1 万美元，对世界经济增长的贡献率超过 30%。现在，我国已经形成全球最大最有潜力的市场，已经建成世界最大规模的社会保障体系，已经完成现行标准下农村贫困人口全部脱贫任务、历史性解决了绝对贫困问题，劳动年龄人口保持在9亿人左右，国家整体创新能力、产业基础、产业链现代化水平明显提高，是世界上唯一拥有联合国产业分类中全部工业门类的国家。如此雄厚的物质基础、丰富的人力资源、强大的科技实力、完善的产业体系，这在以往是不具备或不完全具备的。

“新”的发展任务。新发展阶段的任务已经由实现第一个百年奋斗目标——全面建成小康社会，转向实现第二个百年奋斗目标——全面建成社会主义现代化强国。这表明在新发展阶段，现代化建设的要求更高、现代化程度更高、现代化标准更高，是经济、政治、文化、社会、生态文明“五位一体”全面发展的现代化，是物质文明、政治文明、精神文明、社会文明、生态文明全面提升的现代化，是富强民主文明和谐美丽全面实现的现代化，是包含国家治理体系和治理能力在内的全方位现代化，是以人的全面发展为本质的高标准现代化。党的十九届五中全会着眼“两个一百年”奋斗目标的有机衔接、接续推进，把握全面建设社会主义现代化国家的目标要求，从9个方面确定了到2035年基本实现社会主义现代化的远景目标，并且提出了“十四五”时期经济社会发展“六个新”的主要目标和重点任务。所有这些发展目标、发展任务，都体现了新的发展要求。

“新”的发展主题。进入新发展阶段，经济社会发展的重心将逐步从重视经济规模的“高增速”转到提高效率和质量上来，实现“高质量”发展成为新的发展主题。高质量发展，是能够满足人民日益增长的美好生活需要的发展，是创新成为第一动力、协调成为内生特点、绿色成为普遍形态、开放成为必由之路、共享成为根本目的，充分体现新发展理念的发展。从供给看，高质量发展要求实现产业体系比较完整，生产组织方式网络化智能化，创新力、需求捕捉力、品牌影响力、核心竞争力强，产品和服务质量高。从需求看，高质量发展要求不断满足人民群众个性化、多样化、不断升级的需求。从投入产出看，高质量发展要求不断提高劳动效率、资本效率、土地效率、资源效率、环境效率，不断提升科技进步贡献率，不断提高全要素生产率。从分配看，高质量发展要求实现投资有回报、企业有利润、员工有收入、政府有税收，并且充分反映各自按市场评价的贡献。从宏观经济循环看，高质量发展要求实现生产、分配、流通、消费循环畅通，国民经济重大比例关系和空间布局比较合理，经济发展比较平稳，不出现大的起落。

“新”的发展环境。从国际看，世界百年未有之大变局加速演变，国际环境日趋错综复杂。一方面，和平与发展仍然是时代主题，新一轮科技革命和产业变革正在深入发展，国际力量对比正在深刻调整，人类命运共同体理念深入人心。另一方面，国际形势的不稳定性不确定性明显增加，新冠肺炎疫情全球大流行的影响和后果广泛深远，经济全球化遭遇逆流，民粹主义、排外主义抬头，单边主义、保护主义、霸权主义对世界和平与发展构成威胁，国际经济、科技、文化、安全、政治等格局都在发生深刻复杂变化，世界进入动荡变革期，今后一个时期我们将面对更多逆风逆水的外部环境。从国内看，我国制度优势显著，治理效能提升，经济长期向好，物质基础雄厚，人力资源丰富，市场空间广阔，发展韧性强大，社会大局稳定，继续发展具有多方面优势和条件，同时也面临不少困难和挑战。特别是我国经济面临周期性因素和结构性因素叠加、短期问题和长期问题交织、外部冲击和新冠肺炎疫情冲击等多重影响。可以说，我国发展面临前所未有的复杂环境。

“新”的发展难度。新的发展任务、发展主题和发展环境，也意味新发展阶段面临着前所未有的发展难度。比如，按照十九届五中全会的部署，2035 年要实现人均国内生产总值达到中等发达国家水平，约 2 万美元。这意味着按现有不变价格计算，到 2035 年我国国内生产总值将在现有 100 万亿元人民币的基础上翻一番，达到 200 万亿元人民币。实现第一个 100 万亿，如果从 1949 年算起我们用了 71 年，即便从 1978 年改革开放算起也用了 42 年，这还是在大多数时期没有考虑环境承载力、资源匮乏、气候变化、国际竞争加剧等约束情况下实现的，加之我国计划到 2030 年碳排放要达到峰值，2060 年实现碳中和，所以我们要用 15 年实现国内生产总值翻一番的发展任务，其难度是可想而知的。

总起来看，这个新发展阶段，是我国由世界上最大的发展中国家向世界上最大的中等发达国家转变的发展阶段；是由基本实现了工业化，朝着工业化向纵深发展、产业结构向高级化演进，全面实现工业化、信息化、智能化融合的新型工业化的发展阶段；是由仍然存在相当程度的城乡二元结构，向以人为核心的新型城镇化不断推进，全面实现农业农村现代化和城乡社会一体化的发展阶段；是由经济社会发展不平衡不充分、中等收入群体占总人口比例比较少、东西部发展差距较大，转变为中等收入群体占总人口大多数、区域发展差距明显缩小、全体人民共同富裕基本实现的发展阶段；是由科技创新水平与世界先进水平有较大差距，转变为在诸多科技领域处于世界前沿水平、我国建成世界科技强国的发展阶段；是通过全面深化改革，建成高水平社会主义市场经济体制，形成系统完备、科学规范、运行有效的制度体系，实现国家治理体系和治理能力现代化的发展阶段；是推进物质文明和精神文明相协调、人与自然和谐共生，促进物的全面丰富和人的全面发展，综合国力和国际影响力在世界领先的发展阶段；是实现富国和强军相统一，在基本实现国防和军队现代化基础上，把人民军队全面建成世界一流军队的发展阶段；是坚持走和平发展道路，积极参与构建国际政治经济新秩序，拥有与大国强国地位相匹配的话语权，为人类作出新的重大贡献的发展阶段。归根到底一句话：这是从全面建成小康社会向全面建成社会主义现代化强国“升级转段”的发展阶段。

显而易见，进入这样的新发展阶段，实现新发展阶段的目标任务，对于实现中华民族伟大复兴具有决定性意义。中华民族有 5000 多年的文明历史，创造了灿烂的中华文明，为人类作出了卓越贡献，鸦片战争之后遭受前所未有的苦难和危机，陷入积贫积弱、任人宰割的悲惨境地。从那时以来，实现民族复兴成为一代又一代中华儿女的伟大梦想和不懈追求。这个复兴，是经济、政治、文化、科技、军事和国际地位等全面的复兴，其根本目标就是实现国家富强、人民幸福，中华民族以强健的身姿巍然屹立于世界民族之林。

为了这个复兴，无数仁人志士前赴后继、矢志不渝。辛亥革命和五四运动带来中国历史的巨大变化，成为民族复兴进程中的重大标志性事件。中国共产党的诞生，使民族复兴事业顿时焕然一新。新中国的成立，开始了人民当家作主和社会主义基础上推进民族复兴的历史进程。40多年的改革开放，赋予这个复兴以新的强大生机和蓬勃活力。党的十八大以来，党和国家事业取得历史性成就、发生历史性变革，特别是全面建成小康社会使中华民族伟大复兴向前迈出新的一大步，展现出前所未有的光明前景。回顾历史，中国从来没有像今天这样走近世界舞台的中央，中华民族从来没有像今天这样接近伟大复兴的目标。这是经历了多少奋斗和牺牲、艰辛和苦难才赢得的伟大成就，必须倍加珍惜、再接再厉，坚韧不拔、排除万难向着民族复兴既定目标持续不断地迈进。进入新发展阶段，正是中华民族伟大复兴进程中的历史性大跨越；建成富强民主文明和谐美丽的社会主义现代化强国，正是实现中华民族伟大复兴的一个根本标志和核心内容。到那个时候，我们这个有着悠久文明历史、由56个民族组成的中华民族，我们这个拥有14亿多人口、960多万平方公里国土的东方大国，用百年时间走完西方国家几百年走完的现代化历程，有超过现有发达国家人口总量1.5倍的中国人民迈入现代化社会。这样的发展成就，这样的历史性巨变，真正是中国历史乃至人类发展史上前所未有、不可复制的奇迹！

进入新发展阶段，完成新发展阶段的目标任务，对于展现科学社会主义的历史必然性、对于振兴世界社会主义具有十分重大的意义。世界社会主义500年，经历了从空想到科学、从理论到实践、从一国实践到多国发展、从遭受严重挫折到逐渐走出低谷的发展变化历程。以中国特色社会主义发展取得的巨大成就特别是党的十八大以来取得的历史性成就为标志，世界上两种社会制度、两种意识形态的对比态势正在发生有利于社会主义的深刻变化。“中国之治”与“西方之乱”的鲜明对比，进一步显现出新时代中国特色社会主义的显著优势，进一步表明社会主义始终具有蓬勃的生机活力。邓小平同志在上个世纪80年代便指出：“我们中国要用本世纪末期的二十年，再加上下个世纪的前五十年，共七十年的时间，努力向世界证明社会主义优于资本主义。我们要用发展生产力和科学技术的实践，用精神文明、物质文明建设的实践，证明社会主义制度优于资本主义制度，让发达的资本主义国家的人民认识到，社会主义确实比资本主义好。”他还满怀信心地预言："到下世纪中叶，能够接近世界发达国家的水平，那才是大变化。到那时，社会主义中国的分量和作用就不同了，我们就可以对人类有较大的贡献。"邓小平同志的这些战略预见和战略谋划，在当代中国共产党人和中国人民的接续奋斗中正在逐步变为现实，在习近平新时代中国特色社会主义思想指引下，经过全党全国人民在新发展阶段的苦干实干，一定会完全实现。放眼过去、现在和未来，科学社会主义理论和实践深刻改变了人类社会的发展进程和整个世界的格局，中国特色社会主义谱写了世界社会主义 500 年来最华彩的篇章。新时代新发展阶段的中国特色社会主义，必将以全面建成社会主义现代化国家的决定性成就，来雄辩证明科学社会主义的强大生机活力、证明社会主义制度的显著优越性。

进入新发展阶段，完成新发展阶段的目标任务，对于推动人类进步事业发展具有十分重大的意义。当今中国是一个全方位开放和全面深化改革的中国，是一个同国际社会互联互动变得空前紧密的中国，是一个对内决策的国际意义和对外决策的国内影响显著提升的中国，我们在谋划和实现自身发展进步的同时，必然也全面深刻地影响着世界。环顾五洲四海，当今世界正经历百年未有之大变局，治理赤字、信任赤字、和平赤字、发展赤字困扰全球，贫富分化、恐怖主义、气候变化、疫情流行等问题层出不穷，尤其是广大发展中国家普遍面临着发展经济、提高人民生活水平的课题。中国特色社会主义的成功实践和巨大成就，破除了近现代以来西方社会发展模式的一统天下，成为开辟人类社会发展新道路的伟大创举。新时代新发展阶段，沿着中国特色社会主义道路全面实现中国的现代化，用自身的成功彰显了中国特色社会主义道路、理论、制度、文化的巨大优势，大大拓展了发展中国家走向现代化的路径，给世界上那些既希望加快发展又希望保持自身独立性的国家和民族提供了全新选择，为解决人类问题贡献了中国智慧和中国方案。这无疑是具有重大现实意义和深远历史意义的伟大事业！

综合分析新发展阶段的国内外形势，我国既具备过去难以想象的良好发展条件，也面临改革开放以来发展环境最为严峻复杂、安全风险最多最大的困难和挑战。尽管当前和今后一个时期我国发展仍处于重要战略机遇期，但机遇和挑战都有新的发展变化。国际格局发展演变的复杂性、世界经济调整的曲折性、逆全球化动向的顽固性、国际矛盾斗争的尖锐性、国际秩序重塑的长期性，都变得越来越突出。这就需要从实现中华民族伟大复兴的战略全局出发加强运筹和谋划，辩证看待新发展阶段的新机遇新挑战，既增强机遇意识又增强风险意识，更加重视统筹国内国际两个大局，更加重视统筹发展安全两件大事，积极推动构建新型国际关系和人类命运共同体，在维护国家主权、安全、发展利益中努力维护我国发展的重要战略机遇期，积极营造对我国发展有利的国际国内环境。这里的关键还在于集中精力办好自己的事，把促进国内发展放在首要位置，统筹各方力量和行动，充分调动一切积极因素，加快深层次改革，扩大高水平对外开放，推动高质量发展，使一切有利于社会生产力发展的创造力量充分涌流，尽快提升综合国力和人民生活水平。这是我们战胜各种风险挑战，在危机中育先机、于变局中开新局的最可靠基础。

“十四五”时期是新发展阶段的开局起步期，是我国实现新的更大发展的关键时期，实施好“十四五”规划事关我国经济社会持续健康发展、事关全面实现社会主义现代化大局，意义重大而深远。“十四五”时期，我国发展面临矛盾叠加、风险增多局面，但总体上仍然处于可以大有作为的战略机遇期。我们要坚定不移贯彻新发展理念，坚持稳中求进工作总基调，以推动高质量发展为主题，以深化供给侧结构性改革为主线，以改革创新为根本动力，以满足人民日益增长的美好生活需要为根本目的，加快建设现代化经济体系，加快构建以国内大循环为主体、国内国际双循环相互促进的新发展格局，推进国家治理体系和治理能力现代化，实现经济行稳致远、社会安定和谐，为全面建设社会主义现代化国家开好局、起好步。

在新发展阶段保持经济社会持续健康发展，根本取决于党在经济社会发展中充分发挥领导核心作用。党的领导是中国特色社会主义最本质的特征，是中国特色社会主义制度的最大优势。必须坚持党对经济社会发展工作的集中统一领导，切实贯彻党把方向、谋大局、定政策、促改革的要求，推动全党深入学习贯彻习近平新时代中国特色社会主义思想，增强“四个意识”、坚定“四个自信”、做到“两个维护”，完善上下贯通、执行有力的组织体系，确保党中央决策部署有效落实，为实现“十四五”规划和新发展阶段目标任务提供坚强保证。

展望新发展阶段这30年上下，我们面对的是一个新机遇新挑战层出不穷的世界，是一个国际体系和国际秩序深度调整的世界，是一个国际力量对比深刻变化的世界。这30年，正是中华民族实现伟大复兴的“攻坚冲刺期”，也是中国共产党带领中国人民而今迈步从头越的又一个“创业期”。沧海横流，方显英雄本色。有以习近平同志为核心的党中央坚强领导，有习近平新时代中国特色社会主义思想的科学引领，有 14 亿多中国人民聚合起来的磅礴伟力，我们完全有信心有底气实现新发展阶段的奋斗目标，为人类进步事业创造中国经验、提供中国方案。这是充分展示人类雄心和智慧的伟大创举，是何等崇高而豪迈的千秋伟业，我们中国共产党人和中国人民都应该为之满腔热情地不懈奋斗！

马克思主义发展观的中国实践与中国创新

党的十八届五中全会鲜明提出创新、协调、绿色、开放、共享的发展理念，具有重大的理论意义和实践意义。“十三五”规划建议紧紧围绕这五大发展理念谋篇布局，提出若干重大战略、重大工程、重大举措，因之成为一个有创新的发展理念作为灵魂而贯穿始终的、关于发展的纲领性文件。学习贯彻十八届五中全会精神，关键是要把这五大发展理念学习领会好、贯彻落实好。

五大发展理念实现了对发展观的中国创新

发展是人类社会的永恒主题，发展也是马克思主义的永恒主题。从经济社会发展到人的自由全面发展，从西方社会开创资本主义生产方式的发展到东方社会跨越“卡夫丁峡谷”的发展，马克思主义发展观以其强大的逻辑力量和鲜明的立场情怀不仅科学地阐释了人类社会的发展，更有力地塑造了人类社会的发展。历史证明，马克思主义发展观从来不是抽象的教条，其现实形态总是在与具体国家、具体时代、具体实践相结合的过程中焕发生机、丰富发展的。马克思主义发展观的中国实践是马克思主义中国化的题中应有之义，中国共产党人正是在坚定不移坚持马克思主义发展观的同时，又用新的实践新的创造不断丰富发展着马克思主义发展观。从社会主义建设初期毛泽东高屋建瓴的《论十大关系》，到改革开放之初邓小平英明提出“以经济建设为中心”和“发展是硬道理”的精辟论断，再到后来我们党强调发展是党执政兴国的第一要务，强调坚持科学发展、坚持全面协调可持续发展，中国共产党人对发展的认识不断深化，对发展的实践不断积累，马克思主义发展观随着实践、时代也不断地与时俱进。

发展观的科学和进步，铸就了发展实践的奇迹和发展成果的辉煌。制造大国的世界第一、经济总量的世界第二、对世界经济发展30%的贡献率、远超世界经济平均增长率3到4个百分点等等这些耀眼的指标，让中国“十三五”的发展已经站在了一个很高的起点上。但是新起点也伴随着新挑战，新目标更是提出新要求。如何在我国经济发展阶段性特征呈现重大转换、战略机遇期内涵发生深刻变化的背景下，适应新常态、把握新常态、引领新常态，不仅完美收官全面建成小康、完成第一个百年目标，而且未雨绸缪为第二个百年目标奠定良好基础，所有这些都迫切要求中国的发展要有新作为，发展观要有新突破。

党的十八届五中全会深刻总结国内外发展经验教训，深刻分析中国社会当前和未来发展大势，自觉运用共产党执政规律、社会主义建设规律、人类社会发展规律，在此基础上鲜明提出创新、协调、绿色、开放、共享五大发展理念，用发展理念统领发展思路、发展方向、发展着力点，用发展理念彰显价值、重申立场、宣誓决心，再一次实现了马克思主义发展观的时代创新，也开辟了当代中国发展的新境界。

五大发展理念彰显对发展价值的历史自觉

为什么发展，实现什么样的发展，是人类社会在发展历程中面临的首要问题，更是当代中国共产党人必须解决好的首要问题。发展当然是硬道理，发展毫无疑问是第一要务，但发展本身不是也不能成为目的，发展必有其目的归宿，发展必有其价值指向。价值指向不同，发展结果迥异。

就当代中国社会来说，发展既不能是为发展而发展，更不能是为少数人发展，我们的发展过程一定要人人能参与、人人都尽力，我们的发展成果一定要人人可享有。正如习近平总书记所指出的，人民对美好生活的向往，就是我们的奋斗目标。把人民的期待变成我们的行动，把人民的希望变成生活的现实，让人民群众有幸福感，有获得感，这就是我们中国共产党人致力于发展的价值取向和根本目的所在。“十三五”发展坚持以人民为中心的发展思想，把坚持人民主体地位摆在发展的指导原则之首，用共享发展为发展理念筑基兜底，先后衔接，相互呼应，彰显了中国共产党人对发展价值的历史自觉。

马克思在《1857—1858 年经济学手稿》中有这样一段论述：“在一切社会形式中都有一种一定的生产决定其他一切生产的地位和影响，因而它的关系也决定其他一切关系的地位和影响。这是一种普照的光，它掩盖了一切其他色彩，改变着它们的特点。”在“十三五”发展中，以人民为中心就是这样一种“普照的光”。在它的普照之下，创新发展是为了给人民群众创造更高水平、更有质量的生活，协调发展是为了让不同地域、不同民族的人民群众都能与整个国家的发展保持大体同步，绿色发展是通过形成人与自然和谐发展回应人民群众对美好生活的追求，开放发展让人民群众在更大范围内、在更高水平上分享经济全球化带来的巨大红利，共享发展更是中国特色社会主义本质在发展领域的展开，让中国社会的发展朝着共同富裕的方向稳步前进。

发展为了人民，发展依靠人民，有了这样的发展理念，不论是全面脱贫还是居民收入同步增长乃至全民参保、普及高中阶段教育等等这些事关人民群众最关心最直接最现实利益的政策设计，在"十三五"发展战略中就会水到渠成。

五大发展理念体现对发展规律的科学遵循

发展不能想当然，发展更不能蛮干，必须遵循经济规律、自然规律、社会规律等发展规律。遵循经济规律讲的是发展的科学性。习近平总书记指出，一个国家经济增长，有快有慢是正常的，不能说只能加速、不能减速，这不符合经济规律。遵循自然规律讲的是发展的可持续性，要始终牢记绿水青山就是金山银山，"像保护眼睛一样保护生态环境，像对待生命一样对待生态环境"。遵循社会规律讲的是发展的包容性，让更多人共同享有人生出彩的机会，共同享有梦想成真的机会，共同享有同祖国和时代一起成长与进步的机会。

五大发展理念充分体现了对发展规律的科学遵循与正确运用：

——要在我国发展动力转换过程中做到“换挡”不失速，不可能总是依靠惯性，要有新引擎，这引擎来自创新，因为创新是引领发展的第一动力；要在国际发展竞争日趋激烈环境中拔得头筹，不能总是因循守旧，这突破同样离不开创新，所以创新居于国家发展全局的核心位置。

——发展是一个系统工程，必须全国一盘棋，善于“弹钢琴”。保持经济社会、城乡区域、软实力硬实力、“新四化”以及经济国防等等各种重大关系协调推进，这是发展的基本方式，只有这样才能有效避免发展不平衡问题，增强发展整体性。

——告别了发展的最初级阶段，解决了生存的最基本需要，绿色发展自然进入发展视野。经济要上台阶，生态文明也要上台阶，在大厦林立、车水马龙的同时还要“望得见山、看得见水、记得住乡愁”。建设美丽中国是我们的使命，保障全球生态安全是大国的担当。

——作为国家繁荣发展的必由之路，开放发展是中国过去30多年的成功经验，也是未来发展的当然选择。只不过在全球经济版图深刻变动的大背景下，开放是双向开放，市场是深度融合，模式是内外联动，中国社会不仅要提高在产品制造上的话语权，更要积极参与全球经济治理和公共产品供给，提高在全球经济治理中的制度性话语权。

——通过共享让人民群众感受到公平正义进而满足人民期待当然是中国社会发展的最高指向，但反过来，对公平正义的追求和人民群众需求的被满足又将极大激发人民群众的积极性和创造性，并转化为最强大的发展动力。

五大发展理念是对科学发展观的坚持与发展

科学发展观科学地回答了实现什么样的发展、怎样发展这一事关当代中国发展的根本问题，是中国共产党人进入新世纪以来对发展认识所达到的最高水平、所取得的最新成果，是马克思主义关于发展的世界观和方法论的集中体现。五大发展理念是针对我国发展中的突出矛盾和问题提出来的，集中体现了新的发展环境和发展条件下我国发展的思路、方向和着力点，进一步深化了我们党对经济社会发展规律的认识。

五大发展理念坚定不移地坚持了科学发展观。无论是强调坚持以经济建设为中心还是重申发展是第一要务，无论是突出问题导向还是着力体制机制，五大发展理念与科学发展观从价值指向、立场情怀到思维模式、策略选择等各个方面都是高度一致、一以贯之、一脉相承的。科学发展观的核心是以人为本，五大发展理念同样把以人民为中心作为发展必须坚持的首要原则与根本思想。解放思想、实事求是、与时俱进、求真务实是科学发展观最鲜明的精神实质，同样也是五大发展理念最突出的实践品格。

五大发展理念又创造性地丰富和发展了科学发展观。坚持是为了发展，发展是最好的坚持。尽管我国仍处于并将长期处于社会主义初级阶段的基本国情没有变，人民日益增长的物质文化需要同落后的社会生产之间的矛盾这一社会主要矛盾没有变，我国依然是世界上最大发展中国家的国际地位没有变，我国仍处于发展重要战略机遇期没有变。但是与新世纪之初相比，在发展的阶段性特征中又呈现出了新的特征，战略机遇期的内涵也发生了深刻变化，由此指导我国发展的理念也需要相应地变化。

五大发展理念以新迎新，以变应变，用新的内涵丰富科学发展观，用新的实践深化科学发展观，用新的创造发展科学发展观。在这里，创新发展不再仅仅是建设创新型国家这样一个单项指标，而是要“让创新贯穿党和国家一切工作，让创新在全社会蔚然成风”；协调发展也大大拓展了新内涵，要求硬实力与软实力相协调，“在增强国家硬实力的同时注重提升国家软实力”；至于从生态文明高度推进的绿色发展，注重提高“在全球经济治理中的制度性话语权”的开放发展，以及使全体人民“有更多获得感”的共享发展等等，也都以新的内涵和要求使科学发展观焕发出新的光辉，引领着新实践的辉煌。

五大发展理念推动对发展全局的深刻变革

在经济新常态背景下，随着发展方位、发展环境、发展条件的变化，中国社会在过去数十年中已经适应、习惯的发展方式越来越力不从心、越来越不管用甚至不能用了。但近些年来中国发展方式的转变却步履艰难。究其原因，除了路径依赖的行为惯性外，不敢转、不想转的心态也在拖后腿，因循守旧的发展理念甚至还会有意无意去固化一些不合理的体制机制与行为模式。

习近平总书记指出，发展理念是发展行动的先导。要实现发展实践的变革，必须确立新的发展理念，用新的发展理念引领发展行动。正是在这个意义上，我们讲五大发展理念既是事关我国发展全局的一场深刻变革，又会进一步推动我国发展全局的深刻变革。

首先是发展方式的深刻变革。“中国制造2025”的实施将推动工业制造业转型升级，“制造强国”呼之欲出；“互联网+”推动信息化与工业化深度融合，新技术新概念新业态方兴未艾；“大众创业、万众创新”不仅是中国经济繁荣的“新引擎”，还会成为社会和谐有活力的“新引擎”。把这一切整合起来就是迈向工业4.0的全新经济发展范式，有的学者甚至称之为中国的“新工业革命”。

还有发展体制的深刻变革。从促进创新的体制架构到城乡发展一体化体制机制，从最严格的环境保护制度到开放型经济新体制，以及更加公平更可持续的社会保障制度、覆盖城乡的基本医疗卫生制度和现代医院管理制度，甚至还包括党领导经济社会发展工作体制机制等等一些基础性制度体系，都将在五大发展理念引领下更加成熟更加定型。

这样的变革还会体现在社会心态、行为模式、交往方式、利益格局等更多的方面。归结起来一句话：新理念引领新变革，新变革造就新发展。只要把五大发展理念真正树立起来并切实贯彻下去，中国社会的发展必将以新战略赢得新优势，以新作为开拓新境界。

中国共产党与当代中国治理之道

中国共产党是一个成立百年依然保持强大生机活力、执掌全国政权70多年依然保持强大政治基础和群众基础的马克思主义政党。经过中国共产党和中国人民的持续奋斗，具有5000多年文明历史的中华民族全面迈向现代化，具有500年历史的社会主义理想在世界上人口最多的国家成功开辟出现实可行的正确道路并取得巨大成就，新中国从“一穷二白”跃升为世界第二大经济体。今天，中国人民实现了从站起来到富起来、强起来的历史性飞跃，在中国共产党领导下正阔步行进在实现“两个一百年”奋斗目标、实现中华民族伟大复兴中国梦的征程上。中国共产党领导下的中国取得这样的发展奇迹和治理成就，在中国历史上是前无古人的，在世界历史上也是极为罕见的。

纵观中国共产党治国理政的历史，我认为可以分为三个时期。

第一个时期，是始于新中国成立的艰辛探索时期。由于治理社会主义国家是一项全新的极具挑战性的事业，在当时并无成功经验可循，而且社会主义国家处于资本主义国家的包围、封锁和绞杀之中，我们党在治国理政方面曾走过一些弯路，但依然取得了巨大的治理成效。特别是领导中国人民彻底结束了旧中国一盘散沙的局面，建立了真正属于人民的国家，确立了社会主义基本制度，完成了中华民族有史以来最为广泛而深刻的社会变革，为治国理政奠定了根本的政治前提和制度基础。这个时期的成就是开创性的、历史性的，是很了不起的。

第二个时期，是始于 20 世纪 70 年代末的改革开放时期。中国共产党领导进行的改革开放是一场新的伟大革命，极大激发了中国各族人民的创造性，极大解放和发展了中国的社会生产力，极大增强了社会发展活力，开辟了中国特色社会主义道路，形成了中国特色社会主义理论体系，确立了中国特色社会主义制度。尤其是推动国家治理逐步走上了制度化法治化道路，为推进国家治理体系和治理能力现代化奠定了坚实的理论基础、制度基础、物质基础。这个时期的成就也是开创性的、历史性的，是很了不起的。

第三个时期，是始于党的十八大以来的全面深化改革时期。中国共产党作出全面深化改革的战略部署，大刀阔斧，励精图治，致力于完善和发展中国特色社会主义制度、推进国家治理体系和治理能力现代化，推出一系列重大战略举措，出台一系列重大方针政策，推进一系列重大工作部署，解决了许多长期想解决而没有解决的难题，办成了许多过去想办而没有办成的大事，实现了治国理政在理论上、政策上、实践上的一系列重大突破，推动中国特色社会主义进入了新的发展阶段，不仅在治党治国治军各个方面取得举世瞩目的成就，还为全球治理作出重大贡献，丰富和发展了当代中国的治理之道。这个时期尽管时间还不长，但开启了一个伟大时期的新篇章，展现出一个伟大时期的新态势，取得的成就同样是开创性的、历史性的，是很了不起的。

实践证明，中国共产党的当代中国治理之道，是造福中国人民、越来越多惠及世界人民的人间正道，为解决人类问题和世界难题贡献了中国智慧、提供了中国方案。领略中国共产党领导的“中国之治”，把握当代中国治理之道，以下 6 个方面尤为重要。

第一，党的领导是治理之核。中国共产党在国家治理体系中处于核心地位，这是中国共产党治国理政的成功经验和基本事实，也是中国共产党在国家治理中的显著特征。中国共产党作为中国工人阶级的先锋队、中国人民和中华民族的先锋队，除了中国人民和中华民族的根本利益，没有自身的特殊利益。这与那些被垄断利益集团绑架、为垄断利益集团服务的西方资产阶级政党截然不同。正因为没有自己的特殊利益，中国共产党才有资格有底气代表最广大人民的整体利益，才能够有效防范利益集团的纠缠、冲破利益固化的藩篱，从而成为国家治理体系中当之无愧的坚强核心。相比之下，西方资产阶级政党是一个出生时就与特殊利益集团有着千丝万缕关系、只有在特殊利益集团的帮助下才能够执政的政治组织。关于这一点，早在1965年，美国著名经济学家奥尔森在其《集体行动的逻辑》中就进行了深刻揭示，从中可以看出利益集团是如何绑架政府和法律法规，进而影响政党的。国际著名财经专家纳波利奥尼曾经形象地指出："政党这一政治机器越来越像一个银行或对冲基金，将从大多数中小股东处获得的收益交给了董事会。"简而言之，西方的政党已经成为"政党有限公司"。所以代表各利益集团的西方政党之间往往极尽攻讦、互撕、打压之能事，强调去权威化、强调分权、强调社会自治的西方国家治理理论就是在这样的背景下产生的，个中缘由不言而喻。

习近平总书记强调："在国家治理体系的大棋局中，

党中央是坐镇中军帐的‘帅’，车马炮各展其长，一盘棋大局分明。党政军民学，东西南北中，党是领导一切的。”实践证明，只有坚持党的领导，发挥党总揽全局、协调各方的领导核心作用，才能实现党的领导、人民当家作主、依法治国有机统一，从而防止西方政治体制中的“互相牵扯，议而不决，决而不行”的局面，不断释放民主集中制的威力，发挥社会主义制度集中力量办大事、攻难事的优势。也只有坚持党的领导，我们国家才具有强大的社会整合能力和战略规划定力，有效协调政府力量、市场力量、社会力量，实现政府、市场、社会和民众多方共治，既避免“政府失灵”，又纠正“市场失灵”，极大地提高经济效率、激发社会活力、扩大人民民主、实现社会正义，不断迈向国家治理的最佳境界。

第二，独立自主是治理之魂。中国共产党在领导革命、建设、改革实践中，历来坚持独立自主开拓前进道路。因为中国有独特的国情、独特的历史文化传统，必须把国家和民族发展放在自己力量的基点上，坚定不移走自己的道路。习近平总书记在纪念毛泽东同志诞辰 120 周年座谈会上总结指出：“独立自主是立党立国的基本原则。”在对外关系中，中国共产党历来主张独立自主。20 世纪 50 年代著名的“万隆会议”就是亚非国家第一次在没有殖民国家参加的情况下召开的大型国际会议，会上形成的被称为“万隆精神”的十项基本原则已经成为公认的处理国际关系的基本准则，其要义就是主张独立自主，这无疑是当今全球治理和国家治理的灵魂所在。

世界上没有放之四海而皆准的具体治理模式，也没有一成不变的发展道路。目前全球治理中的“乱象”，不少都是因为一些国家未能独立自主选择自己的道路，加上外部势力“乱插手”“帮倒忙”造成的。“鞋子合不合脚，自己穿了才知道。”各个国家具体采取什么样的治理模式，应当由各个国家的人民自主决定。坚持独立自主，就是要捍卫世界的多样性和文明的多元性，坚持国家不论大小、强弱、贫富都应该平等相待，各个国家的事情由各个国家的人民当家作主，各个国家的命运掌握在自己手里，支持各个国家“走自己的路”而不是听命于外部势力、任外部势力摆布。作为社会主义中国，不论过去、现在和将来，我们都把国家和民族发展的主动权掌握在自己手中，坚持民族自尊心和自信心，既不走封闭僵化的老路，也不走改旗易帜的邪路，坚定不移走好实现中华民族伟大复兴的正路。

第三，改革创新是治理之源。习近平总书记强调：“唯改革者进，唯创新者强，唯改革创新者胜。”改革创新在国家治理活动中具有引领性、动力性作用。改革本身就是创新，而且能从体制机制上破除创新阻力，因而是根本性的创新。理念左右行动。国家治理的理念要创新，不能身体已经进入新的时代，思维方式、行为模式还停留在过去，抱残守缺、明日黄花是治理不好国家的。从毛泽东思想、邓小平理论、“三个代表”重要思想、科学发展观到习近平新时代中国特色社会主义思想，党的理论创新集中体现了国家治理理念的不断创新。体制机制要改革创新，要顺应变化的形势、变化的实践及时变革制度和体制机制，既做到使制度不断成熟定型，又充分保持制度和体制机制的活力与弹性。

中国共产党一直认为，社会主义是在变革中不断完善的社会。经过长期不懈的努力，我们国家形成了人民代表大会制度的根本政治制度，中国共产党领导的多党合作和政治协商制度、民族区域自治制度以及基层群众自治制度等基本政治制度，公有制为主体、多种所有制经济共同发展的基本经济制度，中国特色社会主义法治体系，使市场在资源配置中起决定性作用和更好发挥政府作用的调控制度，以按劳分配为主体、多种分配方式并存并结合生产要素参与分配的分配制度，以及建立在这些制度基础上的经济体制、政治体制、文化体制、社会体制、生态体制等各项具体制度，这些构成了社会主义中国国家治理的“四梁八柱”。改革创新永远在路上。经过改革开放特别是党的十八大以来的全面深化改革，我们党坚持把改革进行到底，把创新摆在国家发展全局的核心位置，不断推进理论创新、制度创新、科技创新、文化创新等各方面创新，实现国家治理的重大创新，开创了社会主义中国国家治理新局面，推动党和国家事业发生了历史性变革。

第四，科学发展是治理之基。治理绝不是也不能是纸上谈兵，在一切治理活动的背后必须有坚实的经济基础和强大的物质准备。经济发展了，人民群众日益丰富的物质文化生活得到改善，国家治理也就做好了一大半。新中国的缔造者毛泽东同志在建国后多次提出“发展要快一点”的要求；中国改革开放的总设计师邓小平同志也多次强调“发展是硬道理”。基于这样的认识，中国共产党强调把发展作为治国理政的第一要务，始终坚持以经济建设为中心，牢固树立创新、协调、绿色、开放、共享的新发展理念。当代中国能够取得国家治理奇迹，最为坚实的基础就是多年来中国社会一直保持着快速发展、科学发展，经济建设、政治建设、文化建设、社会建设、生态文明建设取得举世瞩目的成就，中国正在重返世界舞台中央。中国的发展，不仅使中国人民稳步地走上了富裕安康的广阔道路，为中国的长治久安打下了坚实基础，而且为世界发展和人类文明进步作出了重大贡献。

第五，共建共享是治理之本。“共建共享”是权利的体现，代表着公平正义，自古以来就是人们的美好追求。从古希腊哲学家柏拉图的《理想国》到欧洲文艺复兴时期托马斯·莫尔的《乌托邦》，从中国古代孔子提出“大同社会”到近代康有为的《大同书》，这些美好设想中都有“共建共享”的愿望。无论是中国共产党人矢志不渝的最高理想——共产主义，还是近几年习近平总书记在世界上反复倡导的“人类命运共同体”，都强调“共”，可以说共建共享才是国家治理和世界治理的根本所在。离开共建共享，治理无异于缘木求鱼。共建是共享的基础和前提，没有高水平的共建就没有高质量的共享；共享是共建的目的和归宿，高质量的共享促进更高水平的共建。中国共产党始终坚持以人民为中心，把共同富裕视为中国特色社会主义的根本原则，科学驾驭和调控资本，动员和组织全体人民参与共建，在发展中促进全民共享、全面共享，使全体人民朝着共同富裕方向稳步前进。

人类和平和世界繁荣也离不开共建共享。中国共产党倡导建设“人类命运共同体”，就是要动员世界各国行动起来，共同承担全球治理的责任与义务，共同推进全球治理体制变革，共同应对全球性挑战，着力解决人类面临的治理赤字、信任赤字、和平赤字、发展赤字四大难题，让不同国家、不同阶层、不同人群共享全球发展的成果和收益，从而推动全球治理走向更加公正合理。

第六，交流互鉴是治理之要。众所周知，在联合国教科文组织总部大楼前的石碑上，用多种语言镌刻着这样一句话："战争起源于人之思想，故务需于人之思想中筑起保卫和平之屏障。"我理解，只有承认文明的多彩、以平等的态度交流、以包容的胸怀互鉴，才能"于人之思想中筑起保卫和平之屏障"。人类文明发展史反复证明，交流互鉴是增进各国人民友谊的重要桥梁，是推动人类社会进步的重要纽带，是维护世界和平的重要动力。我们可以想一想，为什么古代丝绸之路能够成为四大文明的发祥地、三大宗教的汇聚地、多民族文化的衍生地？我们还可以再想一想，现在的中东地区为什么战火纷飞、动荡不安、极端势力肆虐？从中不难得出这样一个结论：文明本身并不会引发冲突，但对另一种文明缺乏包容和互鉴，却是隔阂、纷争、仇怨和动荡冲突的重要根源。

具有"美人之美、美美与共"品质的中华文明，堪称与不同文明交流互鉴而得以辉煌博大的典范。作为中华文明的坚定继承者和发扬光大者，中国共产党是一个善于学习的政党，既向历史学习，也向实践学习，还注重学习借鉴人类文明的一切有益成果。中国的改革开放之所以成就巨大，很重要的就是吸取了世界上先进的技术和管理经验。事实反复证明，文明是在交流中演进的，只有互学互鉴，见贤思齐，从善如流，才能推动治理不断进步和完善。今天，提出“一带一路”倡议和“人类命运共同体”构想并为之努力的以习近平总书记为代表的当代中国共产党人，正积极成为文明交流互鉴的忠实践行者、推动者和示范者。

世界因交流而繁荣，文明因互鉴而精彩。让我们携起手来，通过跨国界、跨时空、跨文明的交流互鉴活动，把文明的多样性和各国的差异性转化为促进共同发展的活力和动力，不断建设人类命运共同体，努力实现世界的持久和平与繁荣！

改革开放以来党和国家全部理论和实践的主题

以党的十一届三中全会为标志，中国实行改革开放已经 40 多年了。40 多年最鲜明的特征是改革开放，40 多年党和国家全部理论和实践的主题是中国特色社会主义。改革开放成就彰显了中国特色社会主义的巨大优越性和旺盛生命力，中国特色社会主义检验和证明了改革开放的历史必然性和强大推动力。实践充分证明：只有改革开放才能坚持和发展社会主义，只有中国特色社会主义才能发展和强大中国。

改革开放的根本成就是开创并坚持和发展了中国特色社会主义

在中国这样的东方大国建设社会主义是一项全新的伟

大事业，无论在人类社会发展史上还是世界社会主义发展史上都没有先例，只能在实践中艰辛探索。中国共产党在探索中取得了理论和实践上许多重大成果，也不可避免走了一些弯路。

党的十一届三中全会开始的改革开放，就是在坚持党的领导和社会主义基本制度的前提下，全面纠正“文化大革命”及之前“左”的错误，自觉调整和改革生产关系同生产力、上层建筑同经济基础之间不相适应的方面和环节，解放和发展社会生产力，解放和增强社会活力，推动社会主义制度自我完善和发展，建设中国特色社会主义。40 多年来，改革从农村到城市，从试点到推广，从经济体制改革到各方面体制改革再到全面深化改革，从对内搞活到对外开放，从部分地区和领域对外开放到全方位多层次宽领域对外开放，走过了波澜壮阔的不平凡历程，创造了人类发展史上的奇迹。改革开放对于中国、中华民族、中国共产党的重大意义，对于马克思主义和科学社会主义的重大意义，对于当今世界的重大意义，可以说出很多很多。归结到一点就是：开创并坚持和发展了中国特色社会主义。

改革开放开辟和拓展了中国特色社会主义道路

道路问题至关重要，道路决定命运。改革开放前我们之所以出现这样那样的失误，走过这样那样的弯路，关键就在于对社会主义建设道路问题没有完全搞清楚。邓小平在党的十二大第一次明确提出：“把马克思主义的普遍真理同我国的具体实际结合起来，走自己的道路，建设有中国特色的社会主义，这就是我们总结长期历史经验得出的基本结论。”十二大迄今，中国共产党共召开了七次党的全国代表大会，每次党代会政治报告的主题词都有“中国特色社会主义”。

40 多年来，随着改革开放的逐步展开和不断深化，我们对什么是中国特色社会主义道路的认识也不断深入和全面。从以阶级斗争为纲到以经济建设为中心，从封闭半封闭到对外开放，从社会主义计划经济到社会主义市场经济，从单一公有制结构到公有制为主体、多种所有制经济共同发展，从按劳分配到按劳分配为主体、多种分配方式并存，从社会主义物质文明、精神文明“两手抓”到“五位一体”总体布局，从提出和平与发展两大时代主题到建设持久和平、共同繁荣的和谐世界再到构建人类命运共同体，从坚持和完善党的领导到坚持和加强党的全面领导，如此等等，都有力地推动中国特色社会主义实践不断深入、中国特色社会主义道路不断拓展。

经过改革开放40多年的探索和实践，中国特色社会主义道路越来越清晰，这就是：在中国共产党领导下，立足基本国情，以经济建设为中心，坚持四项基本原则，坚持改革开放，解放和发展社会生产力，巩固和完善社会主义制度，建设社会主义市场经济、社会主义民主政治、社会主义先进文化、社会主义和谐社会、社会主义生态文明，促进人的全面发展，逐步实现全体人民共同富裕，建设富强民主文明和谐美丽的社会主义现代化强国。这条道路，接续了历史的选择，反映了人民的意愿，也体现了人类文明进步的走向和趋势，是经过实践检验完全正确的道路。

改革开放创立和发展了中国特色社会主义理论体系

中国特色社会主义是在有着5000多年文明史、14亿人口、960多万平方公里土地上展开的极为宏大的社会实践，必须以科学理论为指导。40 多年来，中国共产党坚持把马克思主义基本原理同改革开放实践和时代特征结合起来，坚持解放思想和实事求是的统一，大力发扬求真务实精神，不断深化对共产党执政规律、社会主义建设规律、人类社会发展规律的认识，自觉把思想认识从那些不合时宜的观念、做法和体制的束缚中解放出来，从对马克思主义错误的和教条式的理解中解放出来，从主观主义和形而上学的桎梏中解放出来，创造性地探索和回答什么是社会主义、怎样建设社会主义，建设什么样的党、怎样建设党，实现什么样的发展、怎样发展，又创造性地探索和回答新时代坚持和发展什么样的中国特色社会主义、怎样坚持和发展中国特色社会主义。正是在带领中国人民不断回答时代之问、实践之问、人民之问的过程中，中国共产党形成和发展了包括邓小平理论、“三个代表”重要思想、科学发展观、习近平新时代中国特色社会主义思想在内的中国特色社会主义理论体系。这一理论体系坚持和发展了马克思列宁主义、毛泽东思想，凝结了几代中国共产党人带领人民不懈探索实践的智慧和心血，是中国共产党最可宝贵的政治和精神财富，是全国各族人民团结奋斗的共同思想基础。

习近平新时代中国特色社会主义思想，是马克思主义中国化最新成果。这一思想坚持和运用辩证唯物主义和历史唯物主义，强调树立战略思维、创新思维、辩证思维、历史思维、底线思维，丰富和发展了马克思主义哲学；这一思想提出新发展理念、供给侧结构性改革、加快构建开放型经济新体制、建设现代化经济体系等一系列新理念新思想新战略，谱写了马克思主义政治经济学新篇章；这一思想坚持科学社会主义基本原则，发展了中国特色社会主义道路、理论、制度、文化，使科学社会主义在21世纪中国焕发出强大生机活力。毫无疑问，习近平新时代中国特色社会主义思想开辟了马克思主义新境界，极大丰富和发展了中国特色社会主义理论体系，是当代中国马克思主义、21世纪马克思主义。

改革开放健全和完善了中国特色社会主义制度

中国特色社会主义制度，是在马克思主义指导下，立足中国国情、吸收借鉴古今中外人类创造的优秀制度文明成果、经过长期探索和实践形成发展起来的，是具有鲜明中国特色、明显制度优势、强大自我完善能力的先进制度。人民代表大会制度作为根本政治制度，体现着中国特色社会主义制度的本质，是中国人民当家作主的根本途径，也是中国共产党在国家政权中充分发扬民主、贯彻群众路线的最好实现形式。中国共产党领导的多党合作和政治协商制度、民族区域自治制度以及基层群众自治制度等基本政治制度，以公有制为主体、多种所有制经济共同发展的基本经济制度，规定着国家政治生活、经济生活的基本原则。建立在根本政治制度、基本政治制度和基本经济制度基础之上的经济体制、政治体制、文化体制、社会体制、生态文明体制和党的建设制度等，以及中国特色社会主义法律体系，在我国经济建设、政治建设、文化建设、社会建设、生态文明建设和依法治国等各个方面发挥着举足轻重的作用，推动着我国经济社会全面协调可持续发展。

改革开放，既是开创并坚持和发展中国特色社会主义的过程，也是完善和发展中国特色社会主义制度、彰显这一制度独特优势的过程。中国共产党作为国家最高政治领导力量的优势，中国特色社会主义制度自我完善的优势、高效运转的优势和集中力量办大事的优势等等，在改革开放中得到充分体现，有力地促进了中国特色社会主义经济、政治、文化、社会、生态文明等协调发展。

习近平总书记指出："中国特色社会主义制度是特色鲜明、富有效率的，但还不是尽善尽美、成熟定型的。中国特色社会主义事业不断发展，中国特色社会主义制度也需要不断完善。”在新时代，中国特色社会主义制度建设的根本任务，就是在习近平新时代中国特色社会主义思想指引下，推进国家治理体系和治理能力现代化，通过实践基础上的体制创新、制度创新，构建系统完备、科学规范、运行有效的制度体系，使各方面制度更加完善、更加成熟、更加定型、更加管用，为坚持和发展中国特色社会主义提供根本制度保障。

改革开放发展和繁荣了中国特色社会主义文化

文化是民族的精神血脉、国家的精神世界、人民的精神生活，体现的是深层次的精神追求和精神坚守，在推动人类社会发展中具有不可替代的重要作用。中国连续几千年发展至今的历史从未中断，形成了独具特色、博大精深的中华文化，这在世界上是独一无二的。中华民族之所以成为世界上伟大的民族，就在于它创造了灿烂的中华文化。中华民族之所以是中华民族，就在于它是以中华文化为精神标识和身份标签的。实现中华民族伟大复兴，一定是包括文化复兴在内的全面复兴；没有文化的繁荣兴盛，不可能有中华民族的伟大复兴。

改革开放一个重大成果，就是发展和繁荣了中国特色社会主义文化。中国特色社会主义文化，以中华优秀传统文化为根基，以马克思主义为指导，以社会主义核心价值观为灵魂，以中国共产党领导人民在革命、建设、改革中创造的革命文化和社会主义先进文化为主体内容，以中国特色社会主义伟大实践为现实舞台，吸收借鉴人类文化优秀成果，是面向现代化、面向世界、面向未来的，民族的科学的大众的社会主义文化。在这一强大精神力量的凝聚和激励下，中国共产党带领人民团结奋进，在改革开放中创造了中国特色社会主义事业的辉煌成就。习近平总书记指出："文化自信是一个国家、一个民族发展中更基本、更深沉、更持久的力量。"中国特色社会主义是生长在中国大地上的，大力弘扬中国特色社会主义文化，增强对中华文化的认同，才能更好地坚定中国特色社会主义道路自信、理论自信、制度自信，走我们自己的路才具有深厚历史底蕴和强大前进动力。改革开放，正是基于中国特色社会主义文化自信，巩固了党和人民团结奋斗的思想基础，在全社会形成了奋发向上的精神力量，构筑起了实现中华民族伟大复兴的精神家园，使中华民族以更加自信、更加自强的姿态屹立于世界民族之林。

总起来说，改革开放以来中国共产党在社会主义道路、理论、制度、文化上进行了一系列革命性变革，开创了中国特色社会主义的崭新天地。道路、理论、制度、文化相互贯通、相互作用，构成中国特色社会主义大厦的四根坚实支柱。中国特色社会主义道路是实现社会主义现代化、创造人民美好生活的必由之路，中国特色社会主义理论体系是指导党和人民实现中华民族伟大复兴的正确理论，中国特色社会主义制度是当代中国发展进步的根本制度保障，中国特色社会主义文化是激励全党全国各族人民奋勇前进的强大精神力量。在改革开放全面深化和不断发展的历史进程中，中国特色社会主义道路必将越走越宽广，中国特色社会主义理论体系必将越来越丰富，中国特色社会主义制度必将越来越成熟定型，中国特色社会主义文化必将越来越繁荣兴盛。这是极具重大意义的。

中国特色社会主义是社会主义而不是其他什么主义

改革开放以来，中国人民的面貌、社会主义中国的面貌、中国共产党的面貌之所以能够发生历史性变化，最根本的就是在改革开放中开创并坚持和发展了中国特色社会主义。中国特色社会主义之所以能够引领中国不断发展进步，最根本的就是既破除了对马克思主义的教条式理解，又抵制了抛弃社会主义基本制度的错误主张；既坚持了科学社会主义基本原则，又具有鲜明的时代特征和中国特色。中国特色社会主义具有非常丰富的内涵，以下仅从几个方面谈一些认识。

中国特色社会主义是中国共产党全面领导的社会主义

无产阶级革命和社会主义社会必须由无产阶级政党来

领导，是马克思、恩格斯明确提出的科学社会主义一条基本原则，也是被一百多年世界社会主义实践证明完全正确的宝贵经验。没有无产阶级政党领导，能有俄国十月革命的胜利，能有第二次世界大战后一批社会主义国家的建立吗？没有中国共产党的领导，能有中国新民主主义革命和社会主义革命的成功，能有今天中国特色社会主义事业的大好局面吗？这 40 多年，中国改革开放和社会主义现代化建设任务的艰巨性和繁重性世所罕见，在改革发展稳定中所面临矛盾和问题的规模和复杂性世所罕见，在前进中所面临的困难和风险也世所罕见。中国人民之所以能够从容应对，妥善解决这些矛盾和问题、战胜这些困难和风险，最根本的就是中国共产党发挥了中流砥柱作用和领导核心作用。苏联解体后，前苏共中央政治局委员利加乔夫对比中国的情况后尖锐地指出："为什么我国的所谓改革导致一个世界大国解体，使千百万人民陷于贫困，处于无权地位，把我们俄罗斯抛到了资本主义一边；而中国的经济改革却把国家引导到建设、进步、改善人民生活的道路上，使中国进入了世界大国的地位呢？"他认为："第一个也是最重要的因素是中国共产党的领导作用。"习近平总书记强调，中国特色社会主义最本质的特征是中国共产党领导，中国特色社会主义制度的最大优势是中国共产党领导。真是一语中的，说到了根子上。

中国特色社会主义是坚持社会主义市场经济改革方向的社会主义

在社会主义条件下搞市场经济，马克思、恩格斯没有讲过，其他社会主义国家也没有干过。把社会主义制度同市场经济有机结合起来，发展社会主义市场经济，是中国特色社会主义一个鲜明特征，也是中国共产党对科学社会主义和马克思主义政治经济学的历史性贡献。实践证明，计划经济不等于社会主义，市场经济也不等于资本主义，计划和市场都是发展经济的手段。党的十四大把建立社会主义市场经济体制确立为我国经济体制改革的目标，使多年来争论不清的关于计划与市场的关系在认识上和实践上取得了重大突破性进展。在建立和完善社会主义市场经济体制进程中，既充分发挥市场的决定性作用，使经济活动遵循价值规律、适应供需变化、体现竞争原则，又更好发挥政府作用，注重加强和完善宏观调控，克服市场自身存在的缺陷，以促进国民经济充满活力、富有效率、健康运行。尊重和发挥市场的积极作用，决定了势必实行公有制为主体、多种所有制经济共同发展的基本经济制度和按劳分配为主体、多种分配方式并存的分配制度。40 多年来，中国经济快速发展，经济总量已稳居世界第二，综合国力极大增强，国际地位显著提高，这与选择和发展社会主义市场经济是紧密联系在一起的。离开社会主义市场经济，离开“有效的市场”和“有为的政府”二者的统一，就谈不上中国特色社会主义。

中国特色社会主义是“五位一体”统筹发展、经济社会全面进步的社会主义

社会主义社会作为人类历史上崭新的社会形态，是在经济发展基础上全面进步的社会。物质贫乏不是社会主义，精神空虚、文化落后也不是社会主义；没有民主不是社会主义，没有法治也不是社会主义，社会无序、生态恶劣同样不是社会主义。只有经济、政治、文化、社会、生态文明都搞好，才是中国特色社会主义。改革开放以来，中国共产党对社会主义现代化建设总体布局的认识不断深化。党的十二大提出建设社会主义物质文明、精神文明的任务，党的十六大正式扩展为经济建设、政治建设、文化建设“三位一体”，党的十七大增加社会建设变为“四位一体”，党的十八大增加生态文明建设正式提出“五位一体”总体

布局。“五位一体”总体布局是一个有机整体，经济建设是根本，政治建设是保障，文化建设是灵魂，社会建设是条件，生态文明建设是基础，共同致力于全面提升全民族的物质文明、政治文明、精神文明、社会文明、生态文明水平，统一于把我国建成富强民主文明和谐美丽的社会主义现代化强国总目标。在新时代，统筹推进“五位一体”总体布局，目标方向就是建设现代化经济体系，发展社会主义民主政治，推动社会主义文化繁荣兴盛，加强和创新社会治理，提高保障和改善民生水平，加快生态文明建设，谱写坚持和发展中国特色社会主义新篇章。

中国特色社会主义是坚持共享发展、最终达到共同富裕的社会主义

平均主义不是社会主义，两极分化也不是社会主义。坚持共享发展，实现共同富裕，是社会主义的本质规定，也是中国共产党人一以贯之的追求。毛泽东在 1955 年曾讲过：“现在我们实行这么一种制度，这么一种计划，是可以一年一年走向更富更强的，一年一年可以看到更富更强些。而这个富，是共同的富，这个强，是共同的强，大家都有份。”邓小平讲：“社会主义的本质，是解放生产

力，发展生产力，消灭剥削，消除两极分化，最终达到共同富裕。”改革开放以来，中国共产党始终坚持把实现好、维护好、发展好最广大人民根本利益作为一切工作的出发点和落脚点，始终坚持发展为了人民、发展依靠人民、发展成果由人民共享。允许一部分地区一部分人通过诚实劳动和合法经营先富起来，带动和帮助其他地区和其他群众，最终达到全国各地区的普遍繁荣和全体人民的共同富裕，这是改革开放中长期坚持的一个大政策。它符合经济发展客观规律的要求，是社会主义优越性在经济上的重要体现。消除贫困，是实现共同富裕的重要前提和艰巨任务。改革开放以来，中国 7 亿多贫困人口摆脱绝对贫困，党的十八大以来通过精准扶贫、精准脱贫使贫困人口减少 6800 多万，创造了人类减贫史上的奇迹。习近平总书记讲：“我们追求的发展是造福人民的发展，我们追求的富裕是全体人民共同富裕。”这个宣示，明确了新时代坚持和发展中国特色社会主义的价值定向。

中国特色社会主义是致力于和平发展、合作共赢的社会主义

和平发展、公平正义是马克思主义和科学社会主义的

价值追求。社会主义与资本主义不同道路、不同制度的较量将长期存在，发展方向、发展模式的矛盾冲突不会停止。西方敌对势力不愿看到社会主义中国发展壮大，对中国进行政治诋毁、战略遏制、全面施压等也不会停止。中国共产党是为中国人民谋幸福的政党，也是为人类进步事业而奋斗的政党，始终把为人类作出新的更大贡献作为自己的使命。改革开放以来，中国坚持走和平发展道路，奉行互利共赢的开放战略，推动建设相互尊重、公平正义、合作共赢的新型国际关系，推动构建人类命运共同体，都不是韬光养晦的权宜之计，不是麻痹世界的策略选择，更不是谋求自己的势力范围，而是要同各国人民一道把人类和平与发展的崇高事业推向前进，是思想自觉和实践自觉的统一。从文化基因看，中华民族是爱好和平的民族，中国文化中没有霸权主义的元素。从历史传统看，中国没有称霸世界的传统，中国雄踞世界之巅逾千年，带给世界的是和平安宁，而不是烽火连天。从外交方针和国际战略看，中国坚持和平共处五项原则，永远不称霸、永远不搞扩张，是一以贯之的。从现实境遇看，中国没有以大欺小、倚强凌弱的冲动，中国始终是世界和平的建设者、全球发展的贡献者、国际秩序的维护者。

这里作一个小结：中国特色社会主义是社会主义而不

是其他什么主义，它体现了科学社会主义理论逻辑和中国社会发展历史逻辑的辩证统一，是根植于中国大地、反映中国人民意愿、适应中国和时代发展进步要求的科学社会主义。在当代中国，坚持和发展中国特色社会主义，就是真正坚持社会主义，就是真正坚持马克思列宁主义、毛泽东思想。

在改革开放中坚持和发展中国特色社会主义

改革开放40多年，在中国共产党领导下，中国走完了发达国家几百年走过的发展历程，创造了世界历史上的发展奇迹，走出了一条与西方国家完全不同的社会主义现代化道路，形成了“中国之治”与“西方之乱”的鲜明对照。这个伟大实践给我们提供了许多宝贵启示。

党在社会主义初级阶段的基本理论、基本路线、基本方略一定要毫不动摇、一以贯之地坚持

40多年来，中国共产党在理论上和实践上具有决定性意义的重大成果和贡献，就是作出我国处于并将长期处于社会主义初级阶段的战略判断，据此创立和贯彻包括邓

小平理论、“三个代表”重要思想、科学发展观、习近平新时代中国特色社会主义思想在内的中国特色社会主义理论体系，制定和贯彻“一个中心、两个基本点”的基本路线，形成和贯彻“十四个坚持”的基本方略。党在社会主义初级阶段的基本理论、基本路线、基本方略是相互联系、相互贯通的。基本理论是党的根本指导思想和行动指南；基本路线是指导全党活动的总方针总政策；基本方略是指导全党实践的基本遵循和行动纲领，它们统一于中国特色社会主义道路、理论、制度、文化，贯穿于坚持和发展中国特色社会主义实践之中。这“三基本”是党和人民历尽千辛万苦、付出各种代价得来的，是党和人民须臾不可或缺的政治财富，必须倍加珍惜，始终不渝坚持。只有坚持“三基本”，才能排除这样那样的干扰，避免出现系统性风险和颠覆性错误，沿着中国特色社会主义方向去实现既定的目标。坚持“三基本”毫不动摇，核心是坚持党的十一届三中全会以来的路线方针政策毫不动摇，坚持习近平新时代中国特色社会主义思想毫不动摇，既不走封闭僵化的老路，也不走改旗易帜的邪路，而是坚定不移走中国特色社会主义道路。能不能做到这一条，各级领导层是关键。领导干部要认真学习掌握“三基本”特别是习近平新时代中国特色社会主义思想，提高把握政治大局和政治方向的能力和水平，提高运用马克思主义指导应对重大挑战、抵御重大风险、克服重大阻力、化解重大矛盾、解决重大问题的能力和水平，坚持和发展中国特色社会主义就有了基本保证。

以经济建设为中心、集中力量解放和发展社会生产力的战略思想一定要毫不动摇、一以贯之地坚持

生产力是一切社会发展的最终决定力量，解放和发展社会生产力是社会主义的根本任务。在社会主义初级阶段这个不发达阶段，我国社会主要矛盾是人民日益增长的物质文化需要同落后的社会生产之间的矛盾，这就要求我们必须更加重视和始终坚持发展生产力，必须把经济建设作为全党全国工作的中心，各项工作都要服从和服务于这个中心。改革开放前我们一个很大失误，就是长期以阶级斗争为纲。新时期进行拨乱反正，最根本的就是果断地把党和国家的工作重心转移到以经济建设为中心的现代化建设上来。改革开放 40 多年，正是靠聚精会神搞建设、一心一意谋发展，中国大踏步赶上了时代。中国特色社会主义进入新时代，我国社会的主要矛盾已经转化为人民日益增

长的美好生活需要和不平衡不充分的发展之间的矛盾，但我国仍处于并将长期处于社会主义初级阶段的基本国情没有变，我国是世界最大发展中国家的国际地位没有变，集中力量解放和发展社会生产力仍然是我们的中心任务。无论遇到什么情况，都不能动摇和影响经济建设这个中心，都要心无旁骛地抓好发展这个党执政兴国的第一要务。这也就是习近平总书记指出的："只要国内外大势没有发生根本变化，坚持以经济建设为中心就不能也不应该改变。这是坚持党的基本路线一百年不动摇的根本要求，也是解决当代中国一切问题的根本要求。"

解放思想、实事求是、与时俱进这个马克思主义活的灵魂一定要毫不动摇、一以贯之地坚持

人是生产力中最活跃的因素。解放和发展社会生产力，说到底首先是解放人，解放人的思想，解放人的精神世界。回想40多年前那场真理标准问题大讨论，像一场强劲的春风荡漾神州大地，极大解放了亿万人民的思想，也极大解放了社会活力，为实行改革开放奠定了坚实的思想基础。党的十一届三中全会确定的指导方针，就是解放

思想、开动脑筋、实事求是、团结一致向前看。当年如果不解放思想，怎么可能摆脱“两个凡是”的束缚，实现党和国家工作重心的转移？怎么可能允许个体经济和私营经济发展壮大？又怎么可能确立社会主义市场经济体制的改革目标？大一点说，改革开放的哪一个突破，不是坚持解放思想、实事求是、与时俱进的结果？不是坚持“三个有利于”标准的结果？解放思想、实事求是、与时俱进，是马克思主义活的灵魂，也是习近平新时代中国特色社会主义思想活的灵魂，是我们适应新形势、认识新事物、完成新任务的根本思想武器。随着中国特色社会主义事业不断发展，新情况新问题新矛盾会层出不穷，可以预料和难以预料的困难和风险同样会层出不穷。既不能把书本上的个别论断当作束缚自己思想和手脚的教条，也不能使实践中已见成效的东西成为影响继续前进的包袱。还是要坚持马克思主义的发展观点，坚持实践是检验真理的唯一标准，坚持一切从实际出发，鼓励解放思想、创新创造，鼓励讲真话、讲实话，着力营造放开手脚干事业、甩开膀子勇作为的更好环境。这是新时代坚持和发展中国特色社会主义、实现“两个一百年”奋斗目标的内在要求和希望所在。

以人民为中心的发展思想和尊重人民首创精神的历史唯物主义观点一定要毫不动摇、一以贯之地坚持

改革开放是人民的要求和党的主张的内在统一，是亿万人民自己的事业，必须尊重人民主体地位，发挥人民首创精神。回望40多年改革开放历程，“人民”是贯穿始终的一条主线。中国共产党坚持人民创造历史这一马克思主义科学原理，真诚代表中国最广大人民的根本利益，最广泛调动人民群众的积极性、主动性、创造性，从人民的实践创造中汲取丰富智慧，从人民的发展要求中获得前进动力，使全体人民满腔热情地投身改革开放伟大事业。党坚持全心全意为人民服务的根本宗旨，通过改革发展为人民群众谋幸福，把人民拥护不拥护、赞成不赞成、高兴不高兴、答应不答应作为衡量一切工作得失的根本标准，使改革开放始终拥有不竭的力量源泉。在40多年改革开放进程中，没有一种力量比人民更强大，没有一种根基比人心更坚实。习近平总书记指出：“改革开放在认识和实践上的每一次突破和深化，改革开放中每一个新生事物的产生和发展，改革开放每一个领域和环节经验的创造和积

累，无不来自亿万人民的智慧和实践。”改革开放的成功，归根到底在于顺应了中国人民要发展、要创新、要过美好生活的历史要求。在新时代，无论改革开放的领域拓展到哪里，无论外部条件发生什么样的变化，只要始终与人民想在一起、干在一起，就没有克服不了的困难，就没有越不过的沟坎。

全面深化改革、全方位对外开放的基本国策一定要毫不动摇、一以贯之地坚持

40多年改革开放，破除了阻碍国家和民族发展的一切思想和体制障碍，开辟了中国道路，释放了中国活力，凝聚了中国力量，推动中国实现了从赶上时代到引领时代的伟大跨越，书写了国家和民族发展史上的壮丽篇章，不仅深刻改变了中国，也深刻影响了世界。特别是党的十八大以来，以习近平同志为核心的党中央以前所未有的决心和力度推进全面深化改革，敢于向顽瘴痼疾开刀，勇于突破利益固化藩篱，落实新发展理念，建设现代化经济体系，推动形成了更高层次改革开放新格局，由此推动党和国家事业取得历史性成就、发生历史性变革。实践充分证明，改革开放是坚持和发展中国特色社会主义的必由之

路，是决定当代中国命运的关键一招，也是决定实现“两个一百年”奋斗目标、实现中华民族伟大复兴的关键一招。进入新时代，改革开放面临着新形势新任务新挑战，推进改革的复杂程度、敏感程度、艰巨程度不亚于40多年前，国际上单边主义、保护主义愈演愈烈，开放还是封闭、前进还是后退，人类面临着新的重大抉择。改革的任务越艰巨，开放的挑战越严峻，改革开放的劲头越不能松、力度越不能减，改革开放的旗帜越要举得更高。在习近平新时代中国特色社会主义思想指引下，以逢山开路、遇河架桥的精神和坚韧不拔的毅力把全面深化改革进行到底、把对外开放的大门越开越大，就一定能不断闯关夺隘，在更高起点、更高层次上开创改革开放新局面。

抓住机遇而不可丧失机遇的清醒认识和战略定力一定要毫不动摇、一以贯之地坚持

能不能抓住机遇，历来是关系一个国家、一个民族兴衰成败的大问题。中国15世纪前经济技术一直处于世界领先地位，15世纪后之所以逐渐落后，最根本的就在于丧失了一些重要的发展机遇。40多年前，我们抓住加快

发展的有利时机，以摸着石头过河的勇气和杀出一条血路的决心实行改革开放，使中国在落后世界现代化进程一个多世纪后终于大踏步赶上了现代化的最新浪潮。古今中外历史一再证明：抓住了机遇，落后的国家和民族就可能实现超越式发展，走在时代发展的前列；丧失了机遇，原本强盛的国家和民族也会不进反退，成为时代发展的落伍者。现在，我们比历史上任何时期都更接近实现中华民族伟大复兴的目标，比历史上任何时期都更有信心、更有能力也更有条件实现这个目标。中国发展经过长期量的积累进入质的提升阶段，已经由高速增长阶段转向高质量发展阶段，加上规模巨大、开放度高的国内市场已成为中国可持续发展的强大内生动力，中国发展的主动权更加牢牢掌握在我们自己手里。当今世界正经历百年未有之大变局，单边主义和霸权主义滋长蔓延，世界格局走向多极化步伐加快。综合分析国内外形势，中国仍处于一个大有可为的历史机遇期。如何继续抓住和用好这个历史机遇期，主要取决于我们自己的战略、策略和作为。中华民族伟大复兴绝不会轻轻松松就能实现，各种风险和挑战一定不少。重要的是，要登高望远，着眼大局，始终坚守中华民族伟大复兴进程决不能迟滞更不能中断这个最高利益，始终保持战略定力，不为任何风险所惧，不为任何干扰所惑，坚定不移向着“两个一百年”奋斗目标前进。这正是党的十八大以来以习近平同志为核心的党中央带领全党一直在做的事情。

中国共产党勇于自我革命的鲜明品格和政治优势一定要毫不动摇、一以贯之地坚持

改革开放给党的肌体注入新的强大生机和活力，也使党面临新的严峻考验。中国共产党领导改革开放这场社会革命，自身必须过硬，必须敢于进行自我革命。40 多年来，党坚持在改革开放中加强和改进自身建设，采取了一系列自我革命的举措，包括进行整党和开展“三讲”教育活动、“三个代表”重要思想学习教育活动、保持共产党员先进性教育活动、深入学习实践科学发展观活动、党的群众路线教育实践活动等党内集中教育，取得了预期效果。党的十八大以来，党中央大力度推进全面从严治党，敢于直面问题，敢于刀刃向内，敢于刮骨疗伤，敢于壮士断腕，实现了党自身面貌的深度重塑和自身战斗力的大幅提升，实现了党心军心民心的有力凝聚，有力推动了改革开放不断向深度和广度发展。如同改革开放没有完成时一

样，党的自我革命也永远在路上。特别要看到，党面临的“四大考验”是长期复杂的，面临的“四种危险”是尖锐严峻的，防止跌入“历史周期率”、始终保持和巩固党的执政地位，是党在整个执政过程中都要高度重视并不断解决好的根本问题。习近平总书记2018年1月在一次重要讲话中，深入分析了古今中外治乱兴衰的经验教训，得出“功成名就时做到居安思危、保持创业初期那种励精图治的精神状态不容易，执掌政权后做到节俭内敛、敬终如始不容易，承平时期严以治吏、防腐戒奢不容易，重大变革关头顺乎潮流、顺应民心不容易”的重要论断。这“四个不容易”高深精辟，警示我们堡垒最容易从内部攻破，只有把从严从紧从实的要求贯穿和体现到党的建设全过程，不断增强党自我净化、自我完善、自我革新、自我提高的能力，才能赢得最广大人民的长期支持和拥护，才能确保始终拥有执政地位。这是整个党的建设长期的根本性任务。

20世纪以来，中国先后发生了三次伟大社会革命，产生了孙中山、毛泽东、邓小平这三位站在时代前列的伟大人物。孙中山领导辛亥革命推翻了统治中国几千年的君主专制制度，为中国的进步打开了闸门。毛泽东领导新民主主义革命和社会主义革命取得胜利，为当代中国一切发展进步奠定了根本政治前提和制度基础。邓小平领导改革开放这场新的伟大革命开创了中国特色社会主义，引领中国人民走上了实现国家现代化和中华民族伟大复兴的康庄大道。

今天，中国进入了改革开放新时代、进入了中国特色社会主义新时代。这是一个在中国特色社会主义道路上全面建成小康社会，进而全面建成社会主义现代化强国、实现中华民族伟大复兴的新时代，一个继往开来、成就千秋伟业的新时代。数风流人物，还看今朝。让我们在习近平新时代中国特色社会主义思想伟大旗帜指引下，在以习近平同志为核心的党中央坚强领导下，撸起袖子加油干吧！

第五部分

文化创新

当代中国哲学社会科学之魂

习近平总书记在哲学社会科学工作座谈会上的讲话发表以来，我国哲学社会科学领域发生了可喜变化，广大哲学社会科学工作者意气风发，形成了着力构建中国特色哲学社会科学的浓厚氛围。一个很重要的方面，就是马克思主义在哲学社会科学领域指导地位不断巩固，哲学社会科学工作者坚持以马克思主义为指导的自觉性不断提高。实践证明，马克思主义是我国哲学社会科学之魂，坚持以马克思主义为指导是当代中国哲学社会科学区别于其他哲学社会科学的根本标志，繁荣发展中国特色哲学社会科学必须毫不动摇坚持马克思主义指导地位。

坚持马克思主义指导地位，就要在坚定理论自觉、真懂真信马克思主义上毫不动摇

哲学社会科学坚持以马克思主义为指导，是近代以来我国发展历程赋予的规定性和必然性。近代以来的历史和

现实表明，什么时候我们马克思主义指导地位坚持得好，哲学社会科学乃至整个中国社会就发展得好；什么时候我们放松了对马克思主义指导地位的坚持，哲学社会科学乃至整个中国社会发展就会走入误区，遭受挫折。

哲学社会科学坚持以马克思主义为指导的这种规定性和必然性，来自马克思主义的理论品格与实践品格。马克思主义以无可辩驳的事实和不容置疑的逻辑揭示了人类社会发展的普遍规律。像关于世界的物质性及其发展规律、人类社会及其发展规律、认识的本质及其发展规律等原理，为我们研究把握哲学社会科学各个学科各个领域提供了基本的世界观和方法论。只有真正弄懂了马克思主义，才能在揭示共产党执政规律、社会主义建设规律、人类社会发展规律上不断有所发现、有所创造，才能更好识别各种唯心主义观点，更好抵御各种历史虚无主义谬论。

真懂真信马克思主义，不是抽象的，而是实在的。不一定甚至不必“言必称马”，但一定是行必依、事必用马克思主义立场观点方法。哲学社会科学学科门类很多，每个学科都有自己的基本概念、研究范式、分析框架、特殊方法，但马克思主义的基本观点和基本方法在哲学社会科学研究中总是普遍管用、长期管用、根本管用的。比如，唯物论与一切从实际出发的原则、实践论与实践标准、生产力最终决定论与生产力标准、人民主体论与人民利益标准、辩证法与辩证分析方法、矛盾论与矛盾分析方法、系统论与系统分析方法、价值论和价值评价方法、历史观与历史主义方法等等。这些都是我们从事哲学社会科学研究不应该背离也不能背离的。我们必须有这样的理论自觉和理论坚定。

坚持马克思主义指导地位，就要在坚定政治立场、牢固树立以人民为中心的研究导向上毫不动摇

为什么人的问题是哲学社会科学研究的根本性、原则性问题。世界上没有纯而又纯的哲学社会科学。不论哲学社会科学工作者是否有这样的意识，他选择的研究主题，选取的研究材料，依赖的研究路径，使用的研究方法，形成的研究成果，可以说一定程度上都反映了研究者本人的政治立场、意识形态和价值判断。换句话说，哲学社会科学研究一开始，就既定了价值立场，就预设了价值前提，不可能有所谓“价值中立”与“价值超然”。

我国是人民当家作主的社会主义国家，哲学社会科学承载着为时代立言、为人民立命的使命，承载着上层建筑

的功能，承载着坚持和发展中国特色社会主义的职责，毫无疑问应当为社会主义服务、为人民服务。坚持人民立场，代表人民利益，为人民做学问，是我国哲学社会科学的特色所在、使命所在、价值所在、生命所在。

立场问题从来不是虚幻的，而是实实在在存在着的。不同性质的社会有不同的立场倾向。在资本主义社会，资本逻辑是社会的主导逻辑，权力受命于资本、受制于资本也服务于资本，这就决定了资产阶级学者总体上代表的是“资本”的利益。在中国，“人民”是真正的主人，代表人民利益是中国特色哲学社会科学的最高利益所在，为人民著书立说是我国哲学社会科学工作者的崇高使命所系。在少数人和多数人的利益拉锯中，在“资本”和“人民”的利益博弈中，我国哲学社会科学工作者应该有自己的坚守和定力，自觉选择站在最大多数人一边，为人民做学问、替人民发声，做人民利益的忠实代言人。坚持这一条，就在根本上坚持了马克思主义；背离这一条，就在根本上背离了马克思主义。

因此，坚持人民是历史创造者的观点，树立为人民做学问的理想，尊重人民主体地位，聚焦人民实践创造，自觉把个人学术追求同国家和民族发展紧紧联系在一起，努力多出经得起实践、人民、历史检验的研究成果，既是当今时代对我国哲学社会科学工作者的崇高要求，也是在当代中国毫不动摇坚持马克思主义在哲学社会科学领域指导地位的具体体现。

坚持马克思主义指导地位，就要在运用科学的思维方法、掌握“伟大的认识工具”上毫不动摇

对于哲学社会科学各学科来说，究竟怎么用马克思主义才是真用呢？最重要的，就是将马克思主义的精髓和活的灵魂，也就是马克思主义基本原理及贯穿其中的立场观点方法，内化为学养、外化为研究方法，转化为“伟大的认识工具”。恩格斯早就说过：“马克思的整体世界观不是教义，而是方法。它提供的不是现成的教条，而是进一步研究的出发点和研究使用的方法。”马克思主义不可能取代任何一门具体的哲学社会学科，也不可能为任何一门社会学科的研究提供具体的学术结论。不能以实用主义态度对待马克思主义，不能因为出现了马克思主义经典作家没有讲过的东西，就认为马克思主义不管用了；也不能以教条主义态度对待马克思主义，不能因为马克思主义经典作家没有说过的就不能说、不敢说。

马克思主义在哲学社会科学研究各个环节、各个阶段都有用武之地。在“研究什么”上，关键是做到从问题出发，坚持问题意识和问题导向，坚持实事求是的思想路线。问题是时代的先声，是理论的生长点。中国特色哲学社会科学，就要研究中国发展和中国共产党执政面临的重大理论和实践问题，更好揭示中国社会发展、人类社会发展的大逻辑大趋势，提出解决问题的正确思路和有效办法。在“怎么研究”上，关键是做到坚持科学的思维方法论，既包括马克思主义立场观点方法，也包括具体的社会科学方法论。要吸收借鉴西方社会科学研究的有益方法，但不能食洋不化。方法决定看法，方法不一样，看法就不一样，结论也不一样。要看到，在历史学研究中，不坚持历史唯物主义，只强调历史细节、历史情节，就不可能真正对历史进行科学研究；在新闻学研究中，不坚持马克思主义的新闻观，就不可能真正建立科学的社会主义新闻传播学；在政治学研究中，不坚持马克思主义的政治观，就很难建立科学的社会主义政治学。在“评价研究得怎么样”上，关键是坚持科学的真理标准即马克思主义的实践标准，拿事实说话。

坚持马克思主义指导地位，就要在立足中国实际、回答时代问题、推进理论创新上毫不动摇

当代中国正经历着我国历史上最为广泛而深刻的社会变革，也正在进行着人类历史上最为宏大而独特的实践创新。这种前无古人的伟大实践，不是简单延续我国历史文化的母版，不是简单套用马克思主义经典作家设想的模板，不是其他国家社会主义实践的再版，也不是国外现代化发展的翻版，没有也不可能找到现成的教科书。因此，对于当代中国哲学社会科学研究来说，必然的选择就是以我们正在做的事情为中心，从我国改革发展的实践中挖掘新材料、发现新问题、提出新观点、构建新理论。

比如，如何在经济基础发生深刻变化，人们思想活动的独立性、选择性、多变性、差异性明显增加的新形势下，通过卓有成效的方式夯实马克思主义在意识形态领域的指导地位，培育和践行社会主义核心价值观，巩固全党全国各族人民团结奋斗的共同思想基础，需要理论创新；如何在我国经济发展进入新常态、国际发展环境深刻变化的新形势下，贯彻落实新发展理念、加快转变经济发展方

式、提高发展质量和效益，进而更好保障和改善民生、促进社会公平正义，需要理论创新；如何在改革进入攻坚期和深水区、各种深层次矛盾和问题不断呈现、各类风险和挑战不断增多的新形势下，切实提高改革决策水平、推进国家治理体系和治理能力现代化，需要理论创新；如何在我们党面临“四大考验”“四种危险”、全面从严治党进入重要阶段的新形势下，不断提高党的领导水平和执政水平、增强拒腐防变和抵御风险能力，使党始终成为中国特色社会主义事业坚强领导核心，需要理论创新；等等。

改革开放以来，正是我们坚持理论创新，正确回答了什么是社会主义、怎样建设社会主义，建设什么样的党、怎样建设党，实现什么样的发展、怎样发展等重大课题，不断根据新的实践推出新的理论，才形成了一系列具有原创性、时代性的概念和理论，进而形成了当代中国的马克思主义，极大推进和丰富了 21 世纪马克思主义。实践是发展着的，新情况新问题是不断涌现的，立足中国实际，回答时代问题，哲学社会科学才能实现自身价值。当代中国哲学社会科学发展的理论逻辑与实践逻辑都表明，如果不能及时研究、提出、运用新思想、新理念、新办法，理论就会苍白无力，哲学社会科学就会“肌无力”，坚持马克思主义指导地位也就会成为一句空话。

坚持马克思主义指导地位，就要在坚定文化自信、推动中华文化创造性转化和创新性发展上毫不动摇

习近平总书记指出："一个抛弃了或者背叛了自己历史文化的民族，不仅不可能发展起来，而且很可能上演一场历史悲剧。"不忘本来才能开辟未来，善于继承才能更好创新。在哲学社会科学领域坚持马克思主义指导地位，不是、不能也不会割断中华历史文化传统，而恰恰是要更好地把历史文化传统发扬光大，在发扬光大中华优秀传统文化中，发扬光大当代中国哲学社会科学。

中华文化积淀着中华民族最深沉的精神追求，包含着中华民族最根本的精神基因，代表着中华民族独特的精神标识，是中华民族生生不息、发展壮大的丰厚滋养。中华传统文化是我们民族的"根"和"魂"，如果抛弃传统、丢掉根本，就等于割断了自己的精神命脉。坚持马克思主义指导地位，就是要坚持马克思主义方法，坚持马克思主义态度，对中华优秀传统文化进行创造性转换和创新性发展。

我们要按照时代特点和要求，对那些至今仍有借鉴价

值的内涵和陈旧的表现形式加以改造，赋予其新的时代内涵和现代表达形式，以激活其生命力；我们要按照时代的新进步新进展，对中华优秀传统文化的内涵加以补充、拓展、完善，以增强其影响力和感召力。当代中国社会依然是一个努力追求讲仁爱、重民本、守诚信、崇正义、尚和合、求大同的社会。同时我们一定要看到今日中国社会的“仁爱”与当年封建社会形态下的“仁爱”有本质不同；今日中国社会的“民本”是社会主义社会形态下的“民本”，而不是封建皇帝头脑中的“民本”；今日中国社会的“大同”追求是立足于“每个人的自由发展是一切人自由发展的前提”，而不是小国寡民、老死不相往来的互不干涉。所以，在不割断血脉、不丢失基因的同时，我们一定要坚持与时俱进、推陈出新，使中华民族最基本的文化基因与当代文化相适应、与现代社会相协调，把跨越时空、超越国界、富有永恒魅力、具有当代价值的文化精神弘扬起来。

接续中华文化之脉、中华文明之脉，直接出发点当然是解决当代中国的问题、解决中华民族发展的问题。而解决好民族性问题，就有更强能力去解决世界性问题；把中国实践总结好，就有更强能力为解决世界性问题提供思路和办法。在这方面，中华文化确实可以“跨越时空、超越国界”，“富有永恒魅力、具有当代价值”。当今天的世界面对越来越严峻的环境问题时，“天人合一”为人类修复自己的家园送上一剂良药；当今天的世界因为各种各样的利益纠纷与冲突擦枪走火的时候，“和而不同”恐怕是实现各得其所的唯一选择；当人类社会越来越沉湎于社会发展方式“唯一解”的时候，“生生不息”告诉世界还有别样的可能性、别样的精彩。汲取传统智慧的当代中国哲学社会科学，一定会再次塑造出“为人类文明作贡献的中国”。

多年来，中央党校深入贯彻落实习近平总书记哲学社会科学工作座谈会讲话精神，在党校教学科研和各项工作中毫不动摇地坚持马克思主义指导地位。我们坚持姓“马”姓“共”，在课堂、讲坛、论坛上旗帜鲜明讲马克思主义、讲共产主义、讲中国特色社会主义，坚决反对和抵制各种错误思潮；在学科建设上唯“马”是瞻、向“党”靠拢，重点发展马克思主义理论、马克思主义哲学、马克思主义政治经济学、科学社会主义、中共党史和党的建设等“马”字号和“党”字号学科，不断壮大马克思主义学科群；在人才培养上多措并举、突出重点，着力突出国民教育研究生培养的党校特色，办好全国哲学社会科学教学科研骨干理论研修班，实施“马克思主义理论骨干人才培养计划”，努力把中央党校打造成为名副其实的马克思主义理论人才培养高地和输送基地。下一步，我们还要下大气力抓好相关工作。

坚定党内政治文化自信的底气来自哪里

加强党内政治文化建设，是习近平总书记在党的十八届六中全会讲话中提出的新的重要思想。在十八届中央纪委七次全会上，他又对党内政治文化建设作了进一步阐述。

文化是一种无形的观念，却能深刻影响有形的存在，对一个国家、一个民族、一个政党的生存和发展来说，是更基本、更深层、更持久的力量。马克思主义是吸收世界文明优秀成果的产物。马克思主义政党是占据人类文明制高点的政党。从马克思强调无产阶级政党必须有“自己的精神武器”，到恩格斯强调“一个新的纲领毕竟总是一面公开树立起来的旗帜”，到列宁把加强政治文化建设作为防止俄共沦为旧文化的“被征服者”的重要举措，再到以毛泽东同志为代表的中国共产党人高度重视先进思想文化的武装，可以说加强党内政治文化建设，始终是马克思主义政党保持先进性和纯洁性，增强创造力凝聚力战斗力的根本举措。在新的历史条件下，习近平总书记强调加强党内政治文化建设，强调以良好党内政治文化引领党内政治生活健康发展、促进政治生态持续好转，抓住了关键，抓住了根本，为全面从严治党注入了强大的持久的力量。

习近平总书记指出："我们的党内政治文化，是以马克思主义为指导、以中华优秀传统文化为基础、以革命文化为源头、以社会主义先进文化为主体、充分体现中国共产党党性的文化。"这样的党内政治文化，在历史中生成，在实践中发展，在传承中延续，在战斗中自强，体现了真理性和价值性、民族性和时代性、先进性和战斗性、传承性和开放性的统一。这样的党内政治文化，内生于党的肌体，塑造了一个具有伟大革命精神的马克思主义政党，体现在党内政治生活的方方面面，引领我们党取得了举世瞩目的成就，构成了我们党独特的精神标识。

在十八届中央纪委七次全会上，习近平总书记是在"依靠文化自信坚定理想信念"这样一个标题下、作为深入推进全面从严治党的治本之举来讲党内政治文化的。他在庆祝中国共产党成立 95 周年大会上讲到："当今世界，要说哪个政党、哪个国家、哪个民族能够自信的话，那中国共产党、中华人民共和国、中华民族是最有理由自信的。”他在这里提出了重要的概念，就是“政党自信”“国家自信”“民族自信”，而在我们党的政党自信中，党内政治文化的自信是很重要的方面。为什么这样说呢？我理解，至少有这么三点。

第一，我们的党内政治文化占据了真理和道义的高地，我们的底气和自信来自于真理的力量、道义的力量。习近平总书记在中央纪委三次全会上指出：“我们党作为马克思主义执政党，不但要有强大的真理力量，而且要有强大的人格力量。”这段话，是对我们党突出优势的集中概括，也是对党内政治文化鲜明特点的集中概括。

真理的力量来自于我们信仰的主义，来自于我们党的正确理论。马克思主义是党内政治文化的基本遵循，社会主义先进文化是党内政治文化的主体内容。马克思主义以无可辩驳的事实和不容置疑的逻辑揭示了人类社会的发展规律，为人类社会发展、为全人类解放指明了正确方向，也为中国革命、建设、改革提供了行动指南。今天的世界没有偏离马克思、恩格斯所描述的人类社会发展大趋势，马克思主义仍然是我们解释世界和改造世界的伟大认识工具。今天的中国遵循的是马克思主义的基本原理和立场观点方法，中国特色社会主义道路、理论、制度、文化正是马克思主义中国化的伟大成果。中国道路的巨大成功，为马克思主义的科学性，为社会主义先进文化的正确性提供了伟大样本。我们信仰的主义，乃是科学真理；我们开辟的道路，乃是成功样板，这是我们坚定党内政治文化自信的最大理由、最大底气，任何时候都不输理。

道义的力量来自于我们党的优良传统和优良作风，来自于我们党倡导和弘扬的核心价值观。党的优良传统、优良作风和价值追求孕育于革命年代，传承了红色基因；成长于当代，赋予了时代色彩。在长期奋斗实践中，我们党形成了包括红船精神、井冈山精神、长征精神、延安精神、西柏坡精神、大庆精神、“两弹一星”精神等等在内的红色精神谱系，形成了忠诚老实、光明坦荡、公道正派、实事求是、艰苦奋斗、清正廉洁为核心内容的政党价值观，形成了理论联系实际、密切联系群众、批评和自我批评的优良作风，形成了全心全意为人民服务的根本宗旨。这些优良作风、精神追求和核心价值，既传承了中华优秀传统文化的思想精髓，又引领了社会主义先进文化的发展方向；既占领了道德的高地，又弘扬了时代的主旋律，构成了党内政治文化的重要内容。不论过去、现在还是将来，都是我们党应当倍加珍惜的宝贵财富。

第二，我们的党内政治文化将古今中外政治文明的优质基因熔为一炉，我们的底气和自信来自于不忘本来、吸收外来、面向未来的文化气质。党内政治文化自信本质上是一种兼收并蓄、开放包容、吐故纳新的自信。我们党立足时代之潮头，发掘传统政治文明之幽光，熔铸现代西方文明之精华，彰显了大国大党的恢宏气度。

我们党不是历史虚无主义的政党。我们党植根中国大地，从中国历史深处走来，深受中华优秀传统文化的丰厚滋养。中国古代政治文明中蕴含的治国理念、仁政思想、为官传统、德行操守、道德境界、实践精神、担当意识、爱国情怀等优质基因，经过创造性转化和创新性发展，已经成为党内政治文化的有机成分，成为与社会主义先进文化相适应、与中国特色社会主义相协调、与改革开放新时代相契合的珍贵财富。

我们党不是狭隘民族主义的政党。“海纳百川，有容乃大。”西方政治文化对规则意识、法治观念、科学精神、人本思维等的强调，同样为我们的党内政治文化提供了养分。一个成熟自信的马克思主义政党，既有坚守自我的定力，也有自我革新的能力；既有自美其美的勇气，也有美人之美的胸襟；既能正视自身弱点，也敢于吸收别人优长。保持自我的优长与特色，辩证取舍外来文化，将别人的好与自己的好相加，结果一定比别人更好。

我们党不是因循守旧的保守政党。中国改革发展的伟大实践是创新党内政治文化的丰腴沃土。我们党始终跟上时代脚步，保持与时俱进，自觉适应经济社会发展新要求，适应人民群众新期待，适应伟大斗争新特点，为党内政治文化注入新的时代内涵，使党内政治文化始终成为引领时代发展、引领社会风尚的先进文化。

第三，我们的党内政治文化始终保持健康向上的主基调，我们的底气和自信来自于激浊扬清、扶正祛邪、引领风尚的正能量。我们党生活在社会现实中，党内政治生态同社会生态一样，也会受到这样那样的污染；党内政治文化如同社会文化一样，也会受到这样那样的消极影响。现实就是，一个时期以来，在一些地方和部门，由于党的领导弱化、党的建设缺失、管党治党宽松软，由于封建腐朽文化的影响和商品交换原则的侵蚀，党内政治生活随意化、形式化、平淡化、庸俗化现象蔓延，个人主义、分散主义、自由主义、好人主义盛行，系统性、塌方式、家族式腐败不时出现。这种状况，对党的形象造成很大损害。

党的十八大以来，以习近平同志为核心的党中央高度重视发挥党内政治文化的引领作用，把筑牢信仰之基、补足精神之“钙”作为首要任务，把坚定正确的政治立场、政治方向、政治定力作为根本要求，坚持标本兼治、综合施策，激浊扬清、扶正祛邪，推动管党治党取得重大成就，党风政风和社会风气呈现新气象。实践证明，我们的党内政治文化主基调是健康向上的。党内政治生活能不能保持积极健康，党内政治生态能不能保持风清气正，关键在于能不能保持和发扬我们党先进的党内政治文化。

70 多年前，爱国华侨领袖陈嘉庚在比较了国民党的奢靡政治文化与共产党的清廉政治文化之后，发自肺腑地说："中国的希望在延安。"今天，在以习近平同志为核心的党中央坚强领导下，我们的党内政治文化日益纯净，中国正阔步行走在重返世界之巅的道路上，中国时代的决定性开启将是不可阻挡的大潮流。我们完全有理由相信，世界的希望在东方，东方的希望在中国，中国的希望在中国共产党。

党内政治生态也要山清水秀

党内政治生态这个概念，是习近平总书记 2013 年 1 月在十八届中央纪委二次全会上第一次提出来的。此后他又多次强调这个问题。习近平总书记关于净化党内政治生态的重要思想，是党的十八大以来党中央治国理政新理念新思想新战略的重要内容，体现了新一届中央领导集体全面从严治党的深谋远虑和坚定决心。

（一）

党内政治生态是党内政治制度、政治生活、政治文化等要素相互作用的结果。健康洁净的党内政治生态，严肃认真的党内政治生活，是党的优良作风的生成土壤，是增强“四自”能力、解决自身矛盾和问题的有效途径和方法，是党组织教育管理党员和党员进行党性锻炼的主要平台和熔炉，是保持党的先进性和纯洁性、提高党的创造力凝聚力战斗力的重要条件，是中国共产党区别于其他非马克思主义政党的鲜明标志。

中国共产党是中国工人阶级的先锋队，同时是中国人民和中华民族的先锋队，有着崇高的革命理想和严密的组织体系。党的这个性质和特点，决定了她必须有严肃的党内政治生活、有良好的党内政治生态。党内政治生活不健康不严肃，党内政治生态受污染变恶化，党就会人心涣散、弊病丛生，党的事业就会受到损失，党的领导地位就有丧失的危险。

中国共产党生活在社会中，党的作风作为政治生态的外在反映，与社会风气相互作用。市场经济条件下的商品交换原则，对外开放条件下乘隙而入的各种错误思潮，社会变动条件下的思想多样多元多变，不可避免地渗透和反映到党内政治生活中来。一段时期以来，党内政治生活不认真不严肃现象比较普遍，庸俗化、随意化倾向比较突出，少数地方和单位政治生态严重恶化，甚至出现系统性、塌方式腐败，状况堪忧。党的十八大以来，党中央把严肃党内政治生活、净化党内政治生态摆在更加突出的位置，坚持思想建党和依规治党一起抓，激浊和扬清一起抓，治标和治本一起抓，坚持全面从严治党，解决了党内存在的许多突出矛盾和问题，党内政治生活和政治生态明显好转。

总结历史经验可以看到，党的政治路线和思想路线正确与否，对党内政治生活和政治生态起着至关重要的作用。党内政治生活和政治生态比较好的时期，都是路线对头的时期；而政治生活和政治生态不好的时期，都是路线出了问题的时期。延安时期、新中国建立初期和改革开放新时期，党内之所以出现生动活泼的政治局面，最根本的就在于恢复了马克思主义的思想路线，并在此基础上形成了正确的政治路线和组织路线。净化党内政治生态，严肃党内政治生活，最重要的是围绕坚持党的政治路线、思想路线、组织路线、群众路线，坚持和完善民主集中制、严格党的组织生活等重点内容，坚持问题导向，坚持精准发力，扎扎实实地抓，驰而不息地抓。

中国共产党面临的“四大考验”“四种危险”是长期的、复杂的、尖锐的，因此严肃党内政治生活、净化党内政治生态是一项长期而艰巨的任务。我们必须坚定不移、锲而不舍把这项党的建设基础工程抓实抓好，努力营造绝对忠诚、坚定看齐的组织生态，勇于改革、敢闯敢试的创新生态，敢于担当、积极作为的干事生态，五湖四海、任人唯贤的用人生态，纲纪严明、清正廉洁的反腐生态。这样的优良政治生态培育营造起来了，严肃认真的党内政治生活开展起来了，就一定能够进一步形成干部奋发有为的好状态和干群团结一心的好势态，就一定能够进一步提振干部队伍、提升全党素质、提质改革发展。

（二）

党内政治生活、政治生态之所以出现这样那样的问题，根子在于一些党员、干部理想信念这个“压舱石”发生了动摇，世界观、人生观、价值观这个“总开关”出现了偏差。有的认为马克思主义已经过时、共产主义虚无缥缈，精神空虚，意志薄弱，不信真理信金钱，不信马列信宗教。有的把配偶子女移居国外，随时准备“跳船”。如此等等。习近平总书记多次强调：“理想信念动摇是最危险的动摇，理想信念滑坡是最危险的滑坡。”所以，严肃党内政治生活，必须把坚定理想信念作为固本培元、凝魂聚气的战略性工程来抓，引导党员、干部筑牢信念之基、补足精神之钙、把稳思想之舵。

中国共产党之所以叫共产党，就是因为从成立之日起党就把共产主义确立为远大理想；中国共产党之所以能够经受一次次挫折而又一次次奋起，归根到底是因为党有远大理想和崇高追求。正是这种由信仰而生的凝聚力，吸引了一批又一批中国工人阶级和中国人民、中华民族的先进分子加入中国共产党的队伍，造就了一批又一批“不爱财、不为官，不怕死，就为这个事业，为心中的主义的‘真人’”。李大钊、夏明翰、方志敏、赵一曼、杨靖宇、刘胡兰、江姐等千千万万慷慨赴死的共产党员，都用大义凛然的英雄壮举诠释了共产党人对远大理想的坚贞。邓小平同志说得好：“为什么我们过去能在非常困难的情况下奋斗出来，战胜千难万险使革命胜利呢？就是因为我们有理想，有马克思主义信仰，有共产主义信念。”

习近平总书记指出，一个政党的衰落，往往从理想信念的丧失或缺失开始。这话千真万确。曾几何时，信仰的力量使苏联共产党在只有 20 万党员的情况下夺取了政权，在有 200 万党员的情况下打败了法西斯侵略者；然而也正是信仰的坍塌，让这个党在有 2000 万党员时失去了政权。信仰缺失，精神迷茫，也是我们一些领导干部贪腐变质的总根子。为什么有些管灵魂的出卖灵魂，管反腐的带头腐败，管干部的带头卖官鬻爵，讲艰苦奋斗的带头贪图享乐？从根本上说就是这些人理想信念这个“总开关”出了严重问题。现在，社会深刻变革、思想激烈交锋，给共产党人的理想信念带来前所未有的冲击。社会环境越是错综复杂，共产党人越要加强党性修养，坚定心中的信仰，挺起信念的脊梁，永远不要失去共产党人安身立命的根本。

净化党内政治生态，打牢理想信念根基，必须把加强思想政治建设摆在首位，坚持不懈强化理论武装。要引导党员、干部深入学习马克思列宁主义、毛泽东思想、中国特色社会主义理论体系，特别要深入学习习近平新时代中国特色社会主义思想，坚定中国特色社会主义道路自信、理论自信、制度自信、文化自信。要加强党性教育和道德教育，引导党员、干部增强党的意识、党员意识、宗旨意识，正确处理是和非、公和私、得和失的关系，弘扬和践行社会主义核心价值观，重品行、正操守、养心性。邪不压正。正气上来了，邪气就会下去，党内政治生态就会逐步得到净化。

（三）

中国共产党最强调纪律和规矩，因为这是党团结统一的重要保证，也是提高党的创造力凝聚力战斗力的重要保证。党在长期斗争中形成了包括政治纪律、组织纪律、廉洁纪律、群众纪律、工作纪律和生活纪律等各方面的纪律，形成了包括党章党规、优良传统和工作惯例在内的党的规矩。现在，一些干部出问题，往往是从不守纪律、破坏规矩开始的；一些地方政治生态出问题，也往往是纲纪不彰、法度松弛导致的。营造良好政治生态，就要让纪律和规矩严起来。

党的十八大以来，党中央坚持把纪律和规矩挺在前面，推动全党尊崇维护党章、学习贯彻党章，严明政治纪律和政治规矩，引导党员干部牢记“五个必须”，防止“七个有之”。坚持高标准和守底线相结合，修订廉洁自律准则、党纪处分条例，探索实践监督执纪“四种形态”。坚持以零容忍态度惩治腐败，发挥巡视利剑作用，严厉查处违纪违法案件，清除各种政治“污染源”。通过严肃党纪，广大党员、干部受到警醒、警示、警戒，遵规守纪意识明显增强。接下来要做的，就是再接再厉、乘胜推进，不断巩固和扩大党的纪律建设成效。

严肃党内政治生活，净化党内政治生态，必须把严明政治纪律和政治规矩摆在首要位置。政治纪律是全党在政治方向、政治立场、政治言论、政治行动方面必须遵守的基本规范，是最重要、最根本、最关键的纪律。如果政治纪律和政治规矩得不到遵守，其他纪律和规矩都会失守。这些年，为什么党内政治生活出现不健康状况？为什么党内政治生态会受到污染？关键是一些党员、干部视党的政治纪律和政治规矩为“纸老虎”“稻草人”，有的甚至到了我行我素、胆大妄为的地步。特别是极个别人不仅经济贪腐，而且政治野心膨胀，无视党纪国法，拉山头、搞宗派，严重破坏党的团结和集中统一，影响极为恶劣。严肃党的政治纪律，一定要教育引导党员、干部切实增强“四个意识”，自觉做到“四个服从”，始终在思想上政治上行动上同以习近平同志为核心的党中央保持高度一致，坚决维护党中央权威，坚守党员、干部的政治原则和行为准则。

（四）

用人上的不正之风和腐败现象对政治生态危害最大，端正用人导向是净化党内生态的治本之策。用一贤人则群贤毕至，见贤思齐就蔚然成风。风清气正、选贤任能，是党内政治生态良好的一个显著标志。反过来，党内政治生态健康、政治生活健全，才有利于那些德才兼备的干部脱颖而出。如果出现“劣币驱逐良币”的逆淘汰，就一定会对政治生态造成极大破坏。现实中，一些地方和部门用人腐败和不正之风问题比较突出，违规用人问题比较普遍。有的凭关系选人用人，拿官职做交易，明目张胆买官卖官。有的以人划线、以地域划线、以单位划线，培植亲信、排斥异己，拉帮结派、收买人心，搞小山头、小圈子、小团伙，导致有的干部搞人身依附、寻找政治靠山，跟个人不跟组织，提拔后只感谢个人不感谢组织。实践一再证明，选人用人上的腐败如同“慢性毒药”，对政治生态的破坏具有系统性和长期性，危害甚烈。

党的十八大以来，党中央修订颁布《党政领导干部选拔任用工作条例》，采取有力措施防止干部“带病提拔”，大力推进干部能上能下，全面从严管理监督干部，效果明显。重要的是乘势推进，坚持不折不扣按《条例》办事、按规矩办事，严格选拔条件资格，严格选拔任用程序，严格选拔纪律要求，严把政治关、品行关、作风关、廉政关、能力关，把真正的好干部选出来。长期以来社会上流传着一句话：说你行你就行不行也行，说你不行你就不行行也不行。这反映了一些地方和单位的领导选人用人比较随意，同时也说明衡量干部缺乏具体标准。党的十八大以来，习近平总书记明确提出了好干部的标准，即信念坚定、为民服务、勤政务实、敢于担当、清正廉洁。选人用人，就要拿这 20 个字来衡量。各级党组织要履行好管干部用干部的主体责任，决不允许个人或少数人说了算。

尤其要大力整治跑官要官、买官卖官、拉票贿选、说情打招呼等不正之风，对违反组织人事纪律的实行“零容忍”。坚决不让投机钻营者得利、不让买官卖官者得逞、不让脚踏实地的好干部吃亏。真正让那些忠诚、干净、担当的好干部得到褒奖和重用，让那些唱对台戏、身在曹营心在汉、阳奉阴违、阿谀奉迎、弄虚作假、不干实事、会跑会要的干部没市场、受惩戒，以用人环境的风清气正促进政治生态的山清水秀。

（五）

净化党内政治生态，严肃党内政治生活，领导干部是关键要素，以上率下是管用办法。必须从党的各级领导干部和领导机关做起，尤其要从党的高级干部和党中央领导机构做起。1982 年，党的十二大报告就指出：“历史的严重曲折告诉我们，党内政治生活是否正常，首先是党中央和各级领导机构的政治生活是否正常，确实是关系党和国家命运的根本问题。”

党的十八大以来，党中央坚定不移反对和惩治腐败，坚持“苍蝇”“老虎”一起打，成效显著，深得党心民心。如何使党内政治生态进一步健康洁净起来，使党内政治生活健全认真起来？特别是怎样进一步完善党内法规，加强党内监督特别是对“一把手”的监督，不断扎紧制度的笼子，从体制机制上营造良好的政治生态和政治环境，不仅有利于那些德才兼备的优秀干部能够脱颖而出，而且有利于防止那些贪腐分子、变质分子特别是政治品质低劣、政治野心膨胀又善于投机钻营的人得到提拔重用，尤其是防止这样的人进入党的中央委员会和中央领导层，这是需要高度重视和必须解决好的重大问题。

党的十八大以来，习近平总书记反复强调加强中央政治局自身建设，坚持领导带头、以身作则，层层立标杆、作示范，充分表明以习近平同志为核心的党中央在从严管党治党上高度的政治清醒和政治勇气。八项规定，首先是针对中央政治局改进工作作风的八项规定。中央政治局带头开展党的群众路线教育实践活动，带头围绕落实八项规定进行对照检查，开展批评和自我批评。中央政治局同样带头开展“三严三实”专题教育，围绕践行“三严三实”要求召开专题民主生活会，进行党性分析。这种亲力亲为、以上率下的行动，这种踏石留印、抓铁有痕的决心，有效遏制了党内政治生态恶化的趋势，促进了党风、政风和社会风气逐步好转。我们相信，在以习近平同志为核心的党中央示范带动下，各级领导干部特别是高级干部都能以上率下，真正做到坚守正道、弘扬正气，襟怀坦白、光明磊落，坚持原则、恪守规矩，严肃纲纪、疾恶如仇，艰苦奋斗、清正廉洁，让普通干部看到榜样，让普通党员看到希望，让人民群众看到信心，那就一定能够形成党内更加健康的政治生态，就一定能够造成党内更加生动活泼的政治局面。

大国复兴，话语不能缺席

话语权，是国之重器。大国复兴，话语不能缺席。

强大话语往往背靠强大国家。古往今来，中心国家的话语在每一时代都是世界上占主导地位的话语，综合国力强大的国家在每一时代都是占据世界舞台中心的国家。历史上，中国曾经长期雄踞世界之巅的位置，时间长达一千多年。从汉唐盛世直至康乾盛世，中国的农耕文明历经千年进化，达到辉煌的极致。因此，中华古典话语，以其璀璨的内涵、深沉的智慧、优雅的姿势，辐射四方。近则泽被四邻，新罗和高丽、日本、琉球、越南及东南亚诸国，世受华风濡染；远则播及世界，在中亚、西亚、欧洲、非洲等遥远的地方，引起一阵阵文化激动。中华古典话语从古而今未曾断裂，“中华文化圈”成为与西方基督教文化圈、阿拉伯伊斯兰教文化圈、印度婆罗门教文化圈交相辉映的世界四大文化圈之一，备受景仰。

话语衰落往往源于国家衰落。近代以来，由于技术进步和生产力发展引发的社会制度形态变迁，建立在农业文明基础上的封建制度不可避免地被以工业文明为基础的资本主义制度所侵蚀、所取代、所超越。体现在国力竞争与国家地位上，从鸦片战争开始，在西方列强坚船利炮轰击下，中国逐步陷入半殖民地半封建社会的黑暗深渊，中华民族不仅因为落后而挨打，也因为落后而失语进而挨骂。而与之同时，西方话语上升为世界的主导话语，以其强势占领了文化高地，掌握了话语内容的定义权、话语议题的设置权、话语争议的裁判权。西方或以布道师身份出场，将地域性话语上升为普及性话语，谋求殖民于世界；或以裁判者面貌出现，以西方是非为标准，对其他国家的话语、行为乃至世界观、价值观品头论足、说三道四。伴随着西方话语汹涌而至，中华古典话语被迫挤入历史暗角，失去了本来的荣光。

话语复兴寄希望于民族复兴，话语复兴也始于民族复兴。中华人民共和国的成立，是开天辟地的历史大事件，是中华民族走向复兴的一个历史性伟大开端，也是中国话语在 20 世纪中叶走向世界的开始。像关于“三个世界”的划分、关于和平共处五项原则等等就是当年中国话语对世界的贡献。

弹指一挥间，今日之中国，前所未有地靠近世界舞台中心，前所未有地接近实现中华民族伟大复兴的目标，前所未有地具有实现这个目标的能力和信心。中国在时隔几个世纪之后，终于站在了民族复兴的门槛上；中国重回世界之巅，已然成为 21 世纪最为确定的历史大趋势。现在的中国，“物质上的强大”正在成为现实，但这绝不是中华民族孜孜以求的全部梦想，中国绝不能成为一个物质发达而精神贫困的“跛脚大国”。习近平总书记指出：“实现我们的发展目标，不仅要在物质上强大起来，而且要在精神上强大起来。”一个政治经济强大的中国必然是精神文化同样甚至更加强大的中国。

近年来，随着中华民族大踏步走向复兴，中国在国际上的经济话语权和制度性话语权得到了大幅提升，开始与国力相匹配并相互促进。在 APEC 峰会、G20 峰会、达沃斯论坛、“一带一路”国际合作高峰论坛上，中国举动牵动世界目光，低迷的全球经济、失调的全球治理无不期盼中国方案。中国没有让世界失望，而是交出了亮丽答卷。如今的中国，不仅事实上成为 21 世纪经济全球化的捍卫者、推动者、引领者，更在世界观和价值观的层面上重构了 21 世纪经济全球化的新形态，让世界重新理解全球化、重新拥抱全球化。当联合国、WTO、国际货币基金组织、世界银行、上海合作组织、金砖国家机制以及其他相关国际组织，无不期待听到中国声音时，中国亦大度分享自己的智慧。从人类命运共同体到文明多样性，从合作共赢到包容互鉴，中国为世界描绘出一幅充满希望的新图景。

当然我们也有短板。在“西强我弱”的总体格局没有根本改变的背景下，我们在国际上的“声音还比较小，还处于有理说不出、说了传不开的境地”。但我们的短板不在于文化和价值观的层面，而在于对文化价值观的自觉与自信相对不足方面，在于我们把传统话语进行创造性转换与创新性发展相对滞后方面，在于对打破西方话语垄断准备不足等方面。

比如，在近代西方资本主义社会开疆拓土阶段，当然会对中华优秀传统文化中讲仁爱、重民本、守诚信、崇正义、尚和合、求大同的价值不屑一顾，甚至我们自己一度也对自己的文化文明产生怀疑。但是当今天的世界面对越来越严峻的环境问题时，“天人合一”为人类修复自己的家园送上一剂良药；当今天的世界因为各种各样的利益纠纷与冲突而你死我活、战火纷飞时，“和而不同”恐怕是实现各得其所的唯一选择。所以，不是我们的文化价值观不好，不是我们的文化价值观已经过时，而是我们没有发掘出中华民族最基本的文化基因中与当代文化相适应、与现代社会相协调的那种跨越时空、超越国度、富有永恒魅力的宝藏，没有把它用现代社会能接受、能理解、能认同的话语表达讲清楚说明白。

同时，由于意识形态差异，由于欧美自以为是地秉持西方中心论立场，必然不可能对非西方发展道路、非西方文化价值观抱有同情的理解和善意的认同。所以，尽管我们通过走自己的路取得了超越西方的发展奇迹，这一点西方社会已无法否认也不再闭起眼睛简单否认，但中西社会之间在制度模式和文化价值观念上的话语鸿沟仍然非常大。我们不能指望让西方人来客观描绘中国，也不能指望用西方话语来准确阐述中国。曾经一段时间，我们在这方面是有比较惨痛教训的。明明社会主义市场经济创造了发展奇迹，可是由于西方理论不能有效解释，被一些人扣上“不合格”的帽子；明明中国民主政治发展之路让中国人民当家作了主人，可是由于与西方民主形式不一致，同样被一些人视为“专制”等等。亡羊补牢，犹未为晚。通过构建中国学派来解读中国实践、彰显中国价值，是中国话语复兴的基础性工作。

习近平总书记高度重视话语体系建设，多次强调要“讲好中国故事，传播好中国声音”。做好这项工作，关键是要以我们正在做的事情为中心，从我国改革发展的实践中挖掘新材料、发现新问题、提出新观点、构建新理论。这样宏大的事业，靠少数几个人的努力显然是不够的，靠一两个学科单兵突进也是不可能的，需要广大哲学社会科学工作者勠力同心，需要哲学社会科学的各个学科协同共进，聚集起磅礴的伟力，形成导向明确的态势。

21 世纪是中华民族复兴的世纪，也是中国话语复兴的世纪。我们之所以有这个信心和底气，是因为中国的成功实践已经提供了丰厚的土壤，中国道路不仅很好地解决了中国发展的问题，而且为解决世界性问题提出了很好的思路和办法；中国学术共同体已经形成了建构中国话语体系的集体自觉，中国特色、中国风格、中国气派成了话语建设的着力点，不再唯西方马首是瞻，不再奉西方话语为圭臬。再就是国际社会前所未有地期待来自中国的声音，愿意下功夫通过掌握中国概念来理解中国逻辑，不再简单地套用西方概念来比附。包括联合国在内的一些国际组织把“人类命运共同体”写入他们的会议文件，传递出的正是这样一种信号。

我们之所以对中国话语在 21 世纪复兴充满信心、很有底气，还因为习近平新时代中国特色社会主义思想本身就包含了一整套既具有中国鲜明特色又具有普遍指导意义的新概念新话语新表述。像习近平总书记提出的包括

“中国梦”“一带一路”“共同价值”“人类命运共同体”“合作共赢为核心的新型国际关系”等标识性概念，事实上已经成为国际话语场的核心议题和基本共识。

这里最重要的，是因为中华民族的复兴有以习近平同志为核心的党中央坚强领导，中国话语的复兴有习近平新时代中国特色社会主义思想的指引。党的十八大以来，以习近平同志为核心的党中央团结带领全党全国各族人民，继往开来、励精图治、举旗定向、谋篇布局、攻坚克难、强基固本，开辟了治国理政新境界，开创了党和国家事业发展新局面，极大地鼓舞了党心军心民心。如今，民族复兴的路线图已经绘就，中华民族已经阔步行进在通往复兴的康庄大道上，中国话语复兴自然有了坚实的基础。

展望整个 21 世纪，世界上最成功的样本毫无疑问是中国，最精彩的景观毫无疑问在中国，解释这个样本的中国话语毫无疑问就是最引人瞩目的全球话语。我们有理由相信，在不太远的将来，中国的发展优势、制度优势、治理优势终将转化为国际舞台上的话语优势。国际话语的中国时代计日可期。

中国是行动的巨人，也终将成为话语的强者。

新时代新思想与中国话语建构

中国话语高端论坛是中央党校（国家行政学院）着力打造的一个学术研讨平台，旨在落实习近平总书记关于构建中国话语体系重要指示精神，加强党校与全国哲学社会科学界的交流合作，目前已举办了三届，引起广泛关注，取得良好的社会反响。习近平新时代中国特色社会主义思想是新时代中国共产党的思想旗帜，是国家政治生活和社会生活的根本指针，是当代中国马克思主义、21世纪马克思主义，对构建中国话语体系具有根本的指导作用。

党的十八大以来，习近平总书记高度重视中国话语体系建设，围绕新时代中国话语是什么、为什么、怎么样、怎么建，提出了一系列具有原创性、开创性、时代性的重大思想观点，形成了逻辑严密、内涵丰富的一整套重要论述。结合个人学习体会，可以从以下10个方面加以概括。

强调国际舆论格局依然是西强我弱，要下大气力解决中国在学术思想、学术话语上的能力和水平同我国综合国力和国际地位不相称的问题。习近平总书记指出，客观地讲，国际舆论格局依然是西强我弱，但这个格局不是不可改变、不可扭转的，关键看我们如何做工作。我国是哲学社会科学大国，但目前在学术命题、学术思想、学术观点、学术标准、学术话语上的能力和水平同我国综合国力和国际地位还不太相称。在解读中国实践、构建中国理论上，我们应该最有发言权，但实际上我国哲学社会科学在国际上的声音还比较小，西方主要媒体左右着世界舆论，我们时常处于有理没处说、说了也传不开的被动境地。这个问题要下大气力解决。

强调中国话语体系的支撑基础是中国特色哲学社会科学体系。习近平总书记指出，我们在国际上有理说不清的一个重要原因，是我们的对外传播话语体系没有完全建立起来。话语的背后是思想、是道。支撑话语体系的基础是哲学社会科学体系。没有自己的哲学社会科学体系，就没有话语权。要按照立足中国、借鉴国外，挖掘历史、把握当代，关怀人类、面向未来的思路，着力构建中国特色哲学社会科学，在指导思想、学科体系、学术体系、话语体系等方面充分体现中国特色、中国风格、中国气派。要不断推进学科体系、学术体系、话语体系建设和创新，努力构建一个全方位、全领域、全要素的哲学社会科学体系。

强调我国哲学社会科学以马克思主义为指导，这一条必须旗帜鲜明加以坚持。习近平总书记指出，当代中国哲学社会科学是以马克思主义进入我国为起点的，是在马克思主义指导下逐步发展起来的。坚持以马克思主义为指导，是当代中国哲学社会科学区别于其他哲学社会科学的根本标志。不坚持以马克思主义为指导，哲学社会科学就会失去灵魂、迷失方向，最终也不能发挥应有作用。当前，在坚持以马克思主义为指导问题上，绝大部分同志认识是清醒的、态度是坚定的。也有一些同志对马克思主义理解不深、不透，在建设以马克思主义为指导的学科体系、学术体系、话语体系上高水平成果不多，在有的领域中马克思主义被边缘化、空泛化、标签化，在一些学科中“失语”、教材中“失踪”、论坛上“失声”。这种状况必须引起我们高度重视。

强调构建中国话语体系的立足点是中国特色社会主义伟大实践。习近平总书记指出，新时代改革开放和社会主义现代化建设的丰富实践是理论和政策研究的“富矿”。只有以我国实际为研究起点，提出具有主体性、原创性的理论观点，构建具有自身特质的学科体系、学术体系、话语体系，我国哲学社会科学才能形成自己的特色和优势。哲学社会科学工作者要走出象牙塔，多到实地调查研究，了解百姓生活状况、把握群众思想脉搏，着眼群众需要解疑释惑、阐明道理，把学问写进群众心坎里，把论文写在祖国大地上。

强调意识形态工作是党的一项极端重要的工作，必须牢牢掌握意识形态工作领导权、管理权、话语权。习近平总书记指出，意识形态工作是为国家立心、为民族立魂的工作。一个政权的瓦解往往是从思想领域开始的，政治动荡、政权更迭可能在一夜之间发生，但思想演化是个长期过程。思想防线被攻破了，其他防线也就很难守住。当今世界，意识形态领域看不见硝烟的战争无处不在，政治领域没有枪炮的较量一直未停。在意识形态领域斗争上，我们没有任何妥协、退让的余地。必须把意识形态工作的领导权、管理权、话语权牢牢掌握在手中，任何时候都不能旁落，否则就要犯无可挽回的历史性错误。

强调要不断巩固壮大主流思想舆论，在重大政治原则和大是大非问题上敢于发声亮剑。习近平总书记指出，当今时代，社会思想观念和价值取向日趋活跃，主流的和非主流的同时并存，先进的和落后的相互交织，社会思潮纷纭激荡。思想舆论领域大致有红色、黑色、灰色“三个地带”。红色地带是我们的主阵地，一定要守住；黑色地带主要是负面的东西，要敢于亮剑，大大压缩其地盘；灰色地带要大张旗鼓争取，使其转化为红色地带。在事关大是大非和政治原则问题上，必须增强主动性、掌握主动权、打好主动仗。

强调争取国际话语权、提高国家文化软实力是必须解决好的一个重大问题。习近平总书记指出，提高国家文化软实力，关系我国在世界文化格局中的定位，关系我国国际地位和国际影响力，关系“两个一百年”奋斗目标和中华民族伟大复兴中国梦的实现。国际话语权是国家文化软实力的重要组成部分。落后就要挨打，贫穷就要挨饿，失语就要挨骂。形象地讲，长期以来，我们党带领人民就是要不断解决“挨打”“挨饿”“挨骂”这三大问题。经过几代人不懈奋斗，前两个问题基本得到解决，但“挨骂”问题还没有得到根本解决。我们走的是正路、行的是大道，必须增强底气、鼓起士气，坚持不懈讲好中国故事，形成同我国综合国力相适应的国际话语权。

强调要讲好中国故事，阐释好中国特色，更好用中国理论解读中国实践。习近平总书记指出，讲好中国故事，就是要用中国理论解释中国实践，用中国实践升华中国理论，更加鲜明地展示中国思想，更加响亮地提出中国主张。宣传阐释中国特色，要讲清楚每个国家和民族的历史传统、文化积淀、基本国情不同，其发展道路必然有着自己的特色；讲清楚中华文化积淀着中华民族最深沉的精神追求，是中华民族生生不息、发展壮大的丰厚滋养；讲清楚中华优秀传统文化是中华民族的突出优势，是我们最深厚的文化软实力；讲清楚中国特色社会主义植根于中华文化沃土、反映中国人民意愿、适应中国和时代发展进步要求，有着深厚历史渊源和广泛现实基础。要加强国际传播能力建设，精心构建对外话语体系，发挥好新兴媒体作用，增强对外话语的创造力、感召力、公信力，讲好中国故事，传播好中国声音，阐释好中国特色。

强调要围绕人类面临的共同难题提出中国理念、中国主张、中国方案。“世界怎么了，我们怎么办”？这是习近平总书记发出的“世界之问”。他强调，要围绕我国和世界发展面临的重大问题，着力提出能够体现中国立场、中国智慧、中国价值的理念、主张、方案。我们不仅要让世界知道“舌尖上的中国”，还要让世界知道“学术中的中国”“理论中的中国”“哲学社会科学中的中国”，让世界知道“发展中的中国”“开放中的中国”“为人类文明作贡献的中国”。要善于提炼标识性概念，打造易于为国际社会所理解和接受的新概念、新范畴、新表述，引导国际学术界展开研究和讨论。要加大中国方案、中国理念传播力度，使其成为世界表述中国故事的源头、读懂中国的标识。

强调要创新对外话语表述方式，向世界展现一个真实、立体、全面的中国。习近平总书记指出，由于西方长期掌握着“文化霸权”、进行宣传鼓动，当代中国价值观念存在太多被扭曲的解释、被屏蔽的真相、被颠倒的事实。要下大气力加强国际传播能力建设，加快提升中国话语的国际影响力，让全世界都能听到并听清中国声音。要注重塑造我国的国家形象，重点展示中国历史底蕴深厚、各民族多元一体、文化多样和谐的文明大国形象，政治清明、经济发展、文化繁荣、社会稳定、人民团结、山河秀美的东方大国形象，坚持和平发展、促进共同发展、维护国际公平正义、为人类作出贡献的负责任大国形象，对外更加开放、更加具有亲和力、充满希望、充满活力的社会主义大国形象。要创新对外话语表达方式，研究国外不同受众的习惯和特点，采用融通中外的概念、范畴、表述，塑造客观、清晰、正面的中国形象，向世界展现一个真实的中国、立体的中国、全面的中国。

以上这“十个强调”，指出了中国话语体系建设的重大意义、面临的严峻形势和努力的方向，指出了话语体系建设与加强意识形态工作、讲好中国故事、传播中国理念、提高文化软实力的关系，为新时代推进中国话语体系建设提供了基本遵循。构建当代中国话语体系，最根本的就是要把习近平总书记的重要指示精神贯彻落实好，在实际工作中尤其要抓住灵魂、抓住纲，牢牢把握中国是一个社会主义大国这个重大实际，牢牢把握中国是一个人民当家作主的国家这个重要属性，牢牢把握中国是一个独立自主的发展中大国这个重大国情，牢牢把握中国是一个走向复兴的开放大国这个重大趋势，着力构建体现马克思主义立场、人民立场、中国立场、人类立场，具有中国特色、中国风格、中国气派的哲学社会科学学术体系、话语体系。

中国是一个社会主义大国，中国话语建构必须站稳马克思主义立场、社会主义立场，建构以马克思主义为指导的话语体系。习近平总书记指出："一个国家、一个民族不能没有灵魂，作为精神事业，文化文艺、哲学社会科学当然就是一个灵魂的创作，一是不能没有，一是不能混乱。"我们要建构的中国特色哲学社会科学和中国话语体系"特"在哪里呢？"特"就"特"在坚守马克思主义立场，"特"就"特"在是以马克思主义为指导的学科体系、学术体系、话语体系，正是这一条把中国话语体系与西方话语体系区别开来。马克思主义是中国话语体系的“真经”，“真经”没念好，总想着“西天取经”，就要贻误大事。当前，国内外各种敌对势力，总是企图将西方话语植入中国，用西方学术解读中国实践，企图让我们丢掉马克思主义这个根本。而我们有些人却没有看清这里面暗藏的玄机，认为西方“普世价值”为什么不能认同？西方的政治话语为什么不能借用？西方的现代化模式为什么不能照搬？西方的宗教文化为什么不能拿来？有的人奉西方理论、西方话语为金科玉律，不知不觉成了西方资本主义意识形态的吹鼓手，这是必须高度警惕和重视的。其实，西方话语根植于西方样本，绝不具有无条件的真理性，也会陷入无所适从的迷茫之中。今天，我们依然处在马克思主义所指明的历史时代，马克思主义在中国的成功，科学社会主义在中国的成功，这是我们建构以马克思主义为指导的话语体系的最大底气。

中国是一个人民当家作主的国家，中国话语建构必须站稳人民立场，为人民代言，发出人民的心声。新中国成立以来，党和国家一切工作的出发点和落脚点，都是实现好、维护好、发展好最广大人民根本利益。话语主导权也不例外，必须维护人民利益，必须牢牢掌握在人民手中。习近平总书记指出：“文学艺术创造、哲学社会科学研究首先要搞清楚为谁创作、为谁立言的问题，这是一个根本问题。”世界上没有纯而又纯的哲学社会科学，也没有纯而又纯的学术话语，不论研究者是否意识到这一点，他选择的研究主题，他提出的问题，他选取的材料，他选择的学术框架，他使用的学术概念和研究方法，都在某种程度上反映了他的利益、立场、意识形态和价值判断。或者说，哲学社会科学工作者一开口说话，价值立场就注入了，就这样那样地显示出来了。在资本主义国家，“资本”是真正的主人，资本逻辑是社会的主导逻辑，资产阶级学者是代表“资本”的利益，为“资本”代言的。在中国，“人民”是真正的主人，代表人民利益是中国特色哲学社会科学的最高利益所在，为人民著书立说是我国哲学社会科学工作者的崇高使命所系。在极少数人和绝大多数人的利益选择中，在资本和人民的利益关系中，我国哲学社会科学工作者应该有自己的原则和底线，自觉选择站在人民一边，为人民做学问，替人民发声，做人民利益的忠实代言人。

中国是一个独立自主的发展中大国，中国话语建构必须站稳中国立场，提升中国话语的主体性、原创性，把牢中国道路的解释权、涉及中国议题的话语权。中国话语建构，关乎国家的文化主权、道德高地，关乎民族的文化安全、精神独立，关乎党和国家的兴衰荣辱、前途命运。习近平总书记指出："解决中国的问题，提出解决人类问题的中国方案，要坚持中国人的世界观、方法论。"今天，多元话语体系在国际舞台竞相绽放、激烈博弈，一些理论观点和学术成果可以用来说明一些国家和民族的发展历程，在一定地域和历史文化中具有合理性，但如果硬要把它们套在各国各民族头上、用它们来对人类生活进行格式化并以此为裁判，那就是荒谬的了。对国外的理论、概念、话语、方法，要有分析、有鉴别，适用的就拿来用，不适用的就不要生搬硬套。冷战结束以来，在西方价值观念鼓捣下，一些国家被折腾得不成样子，有的四分五裂，有的战火纷飞，有的整天乱哄哄的。伊拉克、叙利亚、利比亚这些国家就是典型！如果我们用西方资本主义价值体系来剪裁我们的实践，用西方资本主义评价体系来衡量我国发展，用西方资本主义话语体系来讲述中国故事，符合西方标准就是现代的就是好的，不符合西方标准就是落后的就是陈旧的，就要批判、攻击，那是毫无道理的，其后果不堪设想。世界五彩斑斓，西方代替不了缤纷的世界。按照西方学术、西方话语塑造整个世界，这是西方力量所不及的，也是不可能实现的。中国成功开辟了中国道路，发展了中国理论，也一定能建构成熟的话语体系。

中国是一个走向复兴的开放中国，中国话语建构必须站稳人类立场，推动构建人类命运共同体，推动全球话语体系重构，为人类文明作出更大贡献。自启蒙运动以来，西方话语逐步确立了在全球的统治地位，主导了全球性议题的解释权、话语权。比如：关于民主政治的未来走向，“历史终结论”一度占据了绝对话语权；关于不同文明的相处之道，“文明冲突论”“文明优越论”曾长期掌握主导性话语权；关于人类文明的未来图景，“西方中心论”迄今依然占有很大的话语空间；关于两种制度的竞争博弈，“世界趋同论”一度甚嚣尘上；关于现代化的道路选择，“现代化=西方化”曾长期被奉为公理。事实表明，西方世界的话语权更多的是建立在力量之上。这种由绝对力量支撑起来的话语权力，终将随着西方世界绝对力量的起伏而波动，随着国际力量对比的变化而变化。不推进全球话语体系的重构，就不可能走向全球正义的新秩序。党的十八大以来，习近平总书记站在人类立场上，提出了诸多体现中国智慧的标识性概念、标识性范畴，为全球话语体系重构作出了中国的原创性贡献。比如：中国倡导正确义利观，反对丛林法则、零和博弈；倡导全球治理观，反对一方主导、几方共治；倡导新发展观，反对梯度发展逻辑；倡导新安全观，反对结盟对抗、排他性安全观；倡导新文明观，反对文明优越、文明冲突；倡导义利兼顾的信任观，反对肆意退群、肆意废约；倡导“自主选择”的制度观，反对制度输出、颜色革命；倡导全人类共同价值，反对普世主义、西方中心主义；倡导新型国际关系，反对干涉内政、强权政治；倡导新型大国关系，反对国强必霸、修昔底德陷阱；倡导构建人类命运共同体，反对依附体系、中心—边缘结构；等等。这些标识性话语展现出强大的真理魅力和实践伟力，深刻改变了国际话语的传统格局，西方诸多标识性话语正遭遇前所未有的解释危机，其统治力、解释力、话语权大为衰减，世界舞台从此不再只有一个声音。天是世界的天，地是中国的地，眼睛朝向人类最先进的方面，脚踏中国最坚实的大地，中华民族有信心为人类进步事业作出更大贡献，中国的话语创造有信心为世界贡献特殊的声响和色彩。我们广大哲学社会科学工作者应该坚定信心、砥砺前行，立时代之潮头、通古今之变化、发思想之先声，积极为党和人民述学立论、建言献策，积极为中国话语建构和传播贡献智慧、贡献力量，让中国声音响彻世界。

中华民族伟大复兴与中国话语的崛起

话语体系建设是当代中国理论建设、思想建设、文化建设的重要方面，是维护文化安全、捍卫文化主权的重要方略，是讲好中国故事、构建中国话语的必然要求。党的十八大以来，习近平总书记高度重视话语体系建设，反复强调要“讲好中国故事，传播好中国声音”，切实扭转我国在国际上“有理说不出、说了传不开”的境地。近年来，在以习近平同志为核心的党中央坚强领导下，中华民族伟大复兴进程与话语体系建设同向共进，中国话语在国际上的影响力、认同度稳步提升，话语体系建设取得切实进展。

话语崛起与民族复兴共命运

话语权属于国家文化软实力，对内可以引领社会舆论、塑造良好社会政治心态，对外能捍卫国家文化主权、影响国际舆论。话语权是国之重器。大国兴起，往往伴随着话语的崛起。一个物质富裕而精神塌陷、话语贫困的民族，不可能屹立于世界民族之林。正如习近平总书记指出的："块头大不等于强，体重大不等于壮，有时是虚胖。"

历史上，悠久灿烂的中华文明锻造了强大的思想文化凝聚力和引领力，向世界贡献了富有魅力和影响力的思想体系、价值体系、话语体系等，成为人类文明宝库中至为珍贵的财富。中华古典话语，如"仁者爱人""无为而治""近悦远来"等以其厚重的内涵、深沉的智慧、优雅的姿态，引领文明风尚，泽被邻国四方，至今备受世人景仰。

近代以来，由于封建制度腐朽没落，昔日东方大国渐渐落后于时代，滑落到了被开除球籍的边缘。从鸦片战争开始，在西方列强坚船利炮之下，中国逐步跌入灾难深重的黑暗深渊，中华民族不仅因落后而挨打，也因落后而失去了话语自信、文化自信。伴随着世界中心地位的转移，西方话语逐渐上升为世界主导话语，占领了思想文化高地，掌握了国际规则的制定权，国际话语的解释定义权、议题设置权、争议裁量权。西方或以布道师身份出场，谋求将地域性话语上升为普世性话语，殖民于世界；或以裁判者面貌出现，以西方是非为是非，对其他国家评头论足、说三道四。伴随着西方话语汹涌而至，中华古典话语被挤入历史暗角，遮蔽了璀璨的荣光。

中华人民共和国的成立，是中华民族走向复兴的伟大历史开端，也是中国话语走向世界的伟大历史开端。像和平共处五项原则、“三个世界”划分等，就是当年中国话语对国际话语体系的贡献。今日之中国迎来了从大国走向强国的历史新起点。现在中国经济上、物质上的强大正在成为现实，但这绝不是中华民族孜孜以求的梦想的全部，中国绝不能成为一个物质发达而精神贫困、失语失声的“跛脚大国”。习近平总书记指出：“实现我们的发展目标，不仅要在物质上强大起来，而且要在精神上强大起来。”一个物质强大的中国，还必须是一个精神自立、文化自强、话语自觉的中国。如果物质的丰饶伴随着精神的退化，经济的崛起伴随着文明的塌陷，体量的壮大伴随着话语的贫弱，那么这样的“大国”不可能成为世界意义上的现代化强国。

近年来，随着中国走向复兴，中国话语的国际影响力得到大幅提升，但与中国的文明古国身份、世界大国地位还不能完全匹配。究其原因，是由于国际话语权的大小首先取决于实力。在国际话语场，有了强大的国家力量，就有了无声的话语权。通常情况是，谁拥有了压倒性的硬实力，谁就拥有了压倒性的话语权。今天，国际话语权争夺的焦点首先是规则的制定权，然后才是道义原则上的“谁说的话更在理”。当今的国际秩序，西方发达国家依然掌握着主要的国际话语权，但基于人类共同利益基础上的国际政治经济新秩序的构建日益成为各国的迫切愿望和世界发展的潮流。在此背景下，中国提出的共同价值观、新安全观、文明观、新型大国关系等新理念，获得了世界的广泛认同；西方提出的“历史终结论”“文明冲突论”“西方中心论”“普世价值论”，伴随着金融危机以来西方经济的一蹶不振而日渐式微。中国话语与中国复兴共命运，在中国日渐走向世界舞台中央的过程中，中国话语的崛起指日可待。

二十一世纪是中国话语崛起的世纪

21 世纪是中华民族伟大复兴的世纪，也是中国话语崛起的世纪。新时代的中国既是行动的巨人，也必将成为话语的引领者。

我们之所以有这个信心和底气，是因为中国是一个有追求、有深度、有成功实践的国度，中国完全有理由讲好中国故事。新中国成立以来，中国共产党团结带领全国人民砥砺奋进，书写了社会主义革命和建设的中国故事、改革开放新时期的中国故事、党的十八大以来发生历史性转折的中国故事，书写了创造世所罕见的经济发展奇迹和社会稳定奇迹的中国故事，书写了贡献世界和平与人类进步事业的中国故事，这为中国话语建构提供了最坚实的底气、最深刻的基础、最厚重的源泉。中国故事来源于人类历史上绝无仅有的独特环境中。当代中国无论在何种意义上都是一个世界级的伟大样本，超长时间的历史纵深、超大规模的经济体量、超大幅员的国土面积、超大数量的人口规模、从未间断的文化血脉和文化传统，正在经历着我国历史上乃至人类历史上最为宏阔最为广泛的实践创新。事实胜于雄辩，以西方发达国家为代表的资本主义模式，以苏联为代表的传统社会主义模式，以巴西为代表的拉美模式等，都不可与中国故事同日而语。中国故事是由中国共产党领导的，根植于中国的历史文化土壤，蕴含着中国的独特创造。以中国故事为源头活水的中国话语体系，一定会在国际话语体系中占据应有的位置。

我们之所以有这个信心和底气，是因为中国正前所未有地接近世界舞台中央，中国话语在世界范围崛起是历史大趋势。放眼世界，国际形势纷繁复杂，世界正处于百年未有之大变局。如何解局？如何布局？作为一个取得了卓越成就的发展中大国，国际社会期待聆听中国发出的声音，看到来自中国的方案，中国不能缺席。为了应对百年变局，习近平总书记提出了构建人类命运共同体的中国方案。习近平总书记在众多国内国际场合阐述、倡导人类命运共同体理念，得到国际社会的普遍认同，人类命运共同体理念多次被写入联合国决议。这一跨越时空的宏伟构想已经激荡起全球的广泛共鸣，联合国秘书长古特雷斯高度赞同这一中国理念，他说："我们践行多边主义的目的，就是要建立人类命运共同体。"第 71 届联合国大会主席彼得·汤姆森说，构建人类命运共同体，"这是人类在这个星球上的唯一未来"。中国作为负责任大国，必将以更加积极的姿态参与全球治理和重大国际行动，发出更加响亮的中国声音，中国话语必将成为国际舆论场上的一个最强音。

我们之所以有这个信心和底气，是因为中国的学术界理论界正在摆脱对西方话语的路径依赖，不断增强建构中国话语体系的集体自觉。我们必须清醒地认识到，试图通过西方理论的植入和西方话语的中介来讲述中国，最终呈现的不过是不着边际、不伦不类的中国形象。如今，是否能够构建中国话语体系，不是看是否符合西方的价值逻辑、贴近既有的历史经验，是否有某些政治人物、思想人物的概念作话语基础；而是看是否能够从中国实践中升华出中国理论、展示中国思想、提出中国主张，是否能够讲好中国故事、解码中国样本、破译中国密码。讲好中国故事，不能简单延续中华古典话语的母版，不能简单套用马克思主义经典话语的模板，不能简单复制“苏东”国家话语体系的样板，更不能沿袭西方话语体系的翻版，东拼西凑、东搬西挪是无法建构起中国话语的宏伟大厦的。习近平总书记指出：“这是一个需要理论而且一定能够产生理论的时代，这是一个需要思想而且一定能够产生思想的时代。”中国各条战线各个领域的理论工作者特别是马克思主义理论学科的专家学者不能辜负了这个时代，一定要坚定“四个自信”，脚踏中国大地，用中国话语讲好中国故事，写出科学社会主义的当代中国“新版本”，形成纵贯古今、融通内外的中国话语体系，开创用中国话语讲好中国故事的新时代。

努力为全球话语体系变革贡献中国智慧

近代以来，与资本主义国家经济飞速发展相对应，全球话语格局长期具有“西话主导、西强东弱”的特征。

进入21世纪，随着新兴经济体的群体性崛起，特别是中国特色社会主义进入新时代，中国健步走近世界舞台中央，一度固化的国际话语格局逐渐呈现出了多彩纷呈的迹象。

针对全球治理赤字、信任赤字、和平赤字、发展赤字，中国没有扮演悄无声息、缺乏自我主张的大国角色。习近平总书记明确提出："要围绕我国和世界发展面临的重大问题，着力提出能够体现中国立场、中国智慧、中国价值的理念、主张、方案。"党的十八大以来，以习近平同志为核心的党中央聚焦百年未有之大变局，主导创设了一批世界性议题，凝炼出一批叫得响、传得开的标识性概念，为全球话语格局变革贡献了中国智慧。

第一，优化全球治理的中国话语。在传统的全球治理体系中，治理主体要么是少数发达国家（比如七国集团），要么是发达国家占主导地位的国际机制（比如世界银行和国际货币基金组织），代表性和包容性不够，全球治理越位、治理缺位同时并存，治理赤字由来已久。大国主导、几方共治的传统治理逻辑，不符合全球正义的原则，没有反映国际力量对比的新变化。如何化解全球治理赤字？习近平总书记指出："我们要推进国际关系民主化，不能搞'一国独霸'或'几方共治'。世界命运应该由各国共同掌握，国际规则应该由各国共同书写，全球事务应该由各国共同治理，发展成果应该由各国共同分享。”习近平新时代中国特色社会主义思想，倡导共商共建共享的全球治理观，主张国际社会大家的事要由各国人民商量着办，不能由一家说了算，不能由少数人说了算。中国倡议的中非合作论坛、中阿合作论坛、“一带一路”国际合作高峰论坛，是践行共商共建共享原则的典范，为许多处于“边缘地带”的国家提供了公平参与全球治理的机会。

第二，增进全球信任的中国话语。当今世界，人类利益交融、命运与共、休戚相关。然而，一些西方国家固守零和博弈思维，秉持赢者通吃的丛林法则，以大欺小，舍义取利，国际竞争摩擦呈上升之势，博弈色彩明显加重，国际社会信任和合作受到侵蚀。“本国优先”“本国第一”公然上升为个别西方大国的执政理念，以本国利益为轴心，任意退群、肆意毁约，罔顾全球公义，制造信任危机。如何化解全球信任赤字？习近平总书记指出：“信任是国际关系中最好的黏合剂。”习近平新时代中国特色社会主义思想，倡导正确义利观，以义为先、义利兼顾，构建命运与共的全球伙伴关系；倡导把互尊互信挺在前头，坚持求同存异、聚同化异，增进战略互信，减少相互猜疑。中国提出的正确义利观、信任观，是对西方利益观和从林法则的超越，为世界各国相互信任、并肩前行，共同建设更加美好的世界提供了正确遵循。

第三，维护世界和平的中国话语。西方主导的世界安全秩序固守排他性安全观，强调霸权带来稳定，结盟带来安全，没有责任保障盟友之外的国家的安全等，不利于世界和平稳定。尽管和平发展、合作共赢成为时代潮流，但世界仍很不太平，地区冲突和局部战争持续不断，战争的“达摩克利斯之剑”仍然高悬在人类头上，和平赤字依然严峻。如何化解全球和平赤字？习近平总书记指出，和平是全人类的共同价值，“不能一个国家安全而其他国家不安全，一部分国家安全而另一部分国家不安全，更不能牺牲别国安全谋求自身所谓绝对安全”。习近平新时代中国特色社会主义思想，倡导“对话而不对抗、结伴而不结盟”的国际交往观，实现了对西方结盟机制和冷战思维的超越；倡导“共同、综合、合作、可持续”的新安全观，实现了对西方排他性安全观的超越；倡导“不冲突不对抗、相互尊重、合作共赢”的新型大国关系，实现了对大国必战、国强必霸的修昔底德陷阱的超越。

第四，促进共同发展的中国话语。长期以来，西方奉行线性发展、梯度进化的发展逻辑，发达国家在全球产业链中占领制高点，发展中国家被迫长期处于低端，世界发展差距愈拉愈大，致使收入分配不平等、发展空间不平衡成为全球经济发展面临的最突出问题。如何化解全球发展赤字？习近平新时代中国特色社会主义思想，倡导“创新、协调、绿色、开放、共享”的发展理念和“开放、融通、互利、共赢”的合作理念；提出打造富有活力的增长模式、开放共赢的合作模式、平衡普惠的发展模式，让世界各国人民共享经济全球化发展成果；提出“一带一路”国际合作倡议，为消解全球发展赤字作出了中国贡献。

总而言之，习近平总书记以上四个方面的标识性话语，已经成为世界“读懂中国的标识”、成为中国话语在全球治理体系中崛起的标志。当前重要的是，我们的理论界、学术界应当加强对习近平新时代中国特色社会主义思想的原创性话语的研究，善于创设世界性议题，善于提炼标识性概念，善于打造易于为国际社会所理解和接受的新概念、新范畴、新表述，着力提升推动全球话语体系变革的能力和本领。

展望未来，中国走向世界舞台中央的过程也是中国话语在全球话语体系中崛起的过程。到本世纪中叶，随着中国全面建成富强民主文明和谐美丽的社会主义现代化强国、实现中华民族伟大复兴的中国梦，中国的发展优势、中国特色社会主义的制度优势、中国共产党的治国理政优势、马克思主义中国化的真理优势、中华民族 5000 多年历史积淀的文明优势，终将转化为国际舞台上的中国话语优势。40 多年前，历史学家汤因比曾经预言：人类的希望在东方，中国文明将照亮 21 世纪。今天，在以习近平同志为核心的党中央坚强领导下，中国正阔步行进在民族复兴的大道上，中国话语在全球话语体系中崛起已经成为不可逆转的大逻辑。我们完全有理由坚信，推动全球话语体系朝着更加平等、开放、包容方向发展的希望在东方，东方的希望在中国，中国的希望在中国共产党。